校勘標點

退溪全書

1

특수고전협동번역사업 1차 연도 사업 연구진

연 구 책 임 ： 송재소(宋載卲)

책 임 교 열 ： 이상하(李相夏)

연 구 원 ： 이관성(李灌成), 강지희(姜志喜), 김성훈(金成勳), 김영죽(金玲竹)
　　　　　　　남성우(南誠佑), 서사봉(徐士奉), 조창록(曺蒼錄), 오보라(吳寶羅)

연구보조원 ： 장연수(張硯洙)

이 책은 2021년도 정부(교육부)의 재원으로 한국고전번역원의 지원을 받아
수행된 특수고전협동번역사업(난해서) 1차 연도 사업의 결과물임.

This work was supported by Institute for the Translation of Korean Classics - Grant funded
by the Korean Government.

校勘標點

退溪全書

1

李滉 著

詩

內集 卷1 ~ 續內集 卷5

보고사
BOGOSA

凡例

1. 本書는 社團法人 退溪學研究院에서 간행한 《定本 退溪全書》의 校勘·標點을 따르되, 필요에 따라 수정하였다.

2. 일반적인 이체자 및 관행적인 혼용자는 바로 代表字로 수정하고, 代表字 여부 판정은 韓國古典飜譯院 異體字 檢索 시스템을 準據로 하였다. 《定本 退溪全書》의 분명한 오류를 수정한 경우, 중요한 자구에 차이가 있는 경우, 오류가 의심되는 경우에는 교감기에 그 내용을 밝혔다.

3. 本書에 사용된 標點 符號는 《定本 退溪全書》를 따랐다.

   。 　疑問文과 感歎文을 제외한 文章의 끝에 쓴다.

   ？ 　疑問文의 끝에 쓴다.

   ！ 　感歎文이나 感歎詞의 끝, 강한 어조의 命令文·請誘文·反語文의 끝에 쓴다.

   ， 　한 文章 안에서 일반적으로 句의 구분이 필요한 곳에 쓴다.

   、 　한 句 안에서 並列된 단어 사이에 쓴다.

   ； 　複文 안에서 구조상 분명하게 並列된 語句 사이에 쓴다.

   ： 　완전한 引用文의 경우 引用符號와 함께 쓰거나 話題 혹은 小標題語로서 文章을 이끄는 語句 뒤에 쓴다.

   " " ' '　직접 引用된 말이나 強調해야 하는 말을 나타내는 데 쓰되, 1차 引用에는 " "를, 2차 引用에는 ' '를, 3차 引用에는 「 」를 쓴다.

   【 】 　원문의 注를 나타내는 데 쓴다.

   · 　書名號(《 》) 안에서 書名과 篇名 등을 구분하는 데 쓴다.

   《 》 　書名을 나타내는 데 쓴다.

   〈 〉 　篇名, 樂曲名, 書畫名 등을 나타내는 데 쓴다.

   《《 》》 　癸卯校正本과 續集에서 산절된 것을 樊南本에 의거해 복원한 경우에 쓴다.

   —— 　人名, 地名, 國名, 民族名, 建物名, 年號 등의 固有名詞를 나타내는 데 쓴다.

   □ 　缺落字 자리에 쓴다.

   ▨ 　毀損字 자리에 쓴다.

   { } 　보충할 글자를 나타내는 데 쓴다.

目次

退溪先生文集 內集 卷二

退溪先生文集 內集 卷三

退溪先生文集 內集 卷四

退溪先生文集 續內集 卷五

退溪先生文集

內集　卷一

過吉先生閭【癸巳】[1]

朝行過洛水, 洛水何漫漫?
午憩望鰲[2]山, 鰲[3]山鬱盤盤。
清流徹厚坤, 峭壁凌[4]高寒。
有村名鳳溪, 乃在山水間。
先生晦其中, 表閭朝命頒。
大義不可撓, 豈曰辭塵寰?
千載釣臺風, 再使激東韓。
扶持已無及, 植立永堅完。
丈夫貴大節, 平生知者難。
嗟爾世上人, 愼勿愛高官。

---

1 癸巳年(1533, 中宗28, 33세) 2월 1일경 善山에서 쓴 시로 추정된다. 初本·樊本에는 〈過吉先生閭【癸巳春】〉으로 되어 있다. 〔編輯考〕 이 시 이하부터 〈曉發北倉江入峽寄時甫〉까지 수록된 初本 제1책(71장)의 표지 안쪽 면에 추기 "士純校, 安道校."가 있다. 士純은 金誠一의 字이며, 安道는 退溪의 長孫이니 교정자를 밝힌 것이다. 初本 제1책은 목판본 권1에서 권2에 해당한다.

2 鰲 : 初本·樊本에는 "鼇"로 되어 있다.

3 鰲 : 初本·樊本에는 "鼇"로 되어 있다.

4 凌 : 庚本·擬本·甲本에는 "陵"으로 되어 있다.

月影臺[5]

老樹奇巖碧海堧，孤雲遊跡總成烟。
只今唯有高臺月，留得精神向我傳。

矗石樓[6]

落魄江湖知幾日？ 行吟時復上高樓。
橫空飛雨一時變，入眼長江萬古流。
往事蒼茫巢鶴老，覉懷搖蕩野雲浮。
繁華不屬詩人料，一笑無言俯碧洲。

與驪州牧李公純、訓導李峇遊神勒寺【乙未】[7]

京洛風塵一夢悠，從公聊作靜中遊。

---

5 癸巳年(1533, 中宗28, 33세) 2월 15일 昌原에서 쓴 시로 추정된다.

6 癸巳年(1533, 中宗28, 33세) 4월 초순 晉州에서 쓴 시로 추정된다.

7 乙未年(1535, 中宗30, 35세) 6월 하순 驪州에서 쓴 시로 추정된다. 初本에는 〈與驪州牧李公純、訓導李峇遊神勒寺【○乙未夏】〉로 되어 있다.

江山曉作雙眸畫，樓閣晴生六月秋。

問數可能探理窟，談仙直欲謝時流。

歸來穩放輕舟下，自喜猶能近白鷗。

【公嘗註《皇極內篇》，積功二十餘年而始就。是日，論《內篇》及《參同契》修

鍊之法。】

臨風樓【七夕】[8]

勝事由來天所慳，臨風樓上且偸閒。

樹遮午熱風生檻，雲破秋陰日映山。

老鶴飮多如酒渴，寒蟬吟苦欲詩斑。

萬竿[9]脩[10]竹臨池岸，塵土城中自不關。

嶺南樓[11]

樓觀危臨嶺海天，客來佳節菊花前。

8　乙未年(1535，中宗30，35세) 7월 7일 星州에서 쓴 시로 추정된다.

9　竿 : 初本의 교정기에 "竹"으로 되어 있고, 부전지에 "'竹'字，本藁作'竹'字，疑或
'竿'或'行'。"이라고 하였다.

10　脩 : 樊本에는 '修'로 되어 있다.

11　乙未年(1535，中宗30，35세) 7월 9일경 密陽에서 쓴 시로 추정된다.

退溪先生文集 內集 卷一　39

雲收湘岸青楓外，水落衡陽白鴈邊。
錦帳圍將廣寒月，玉簫吹入太清烟。
平生儘有騷人興，猶向尊前踏綺筵。

KNP0007(詩-內卷1-7)

感春【丙申】[12]

清晨無一事，披衣坐西軒。
家僮掃庭戶，寂寥還掩門。
細草生幽砌，佳樹散芳園。
杏花雨前稀，桃花夜來繁。
紅櫻香雪飄，縞李銀海飜。
好鳥如自矜，間關咔朝暄。
時光忽不留，幽懷悵難言。
三年京洛春，局促駒在轅。
悠悠竟何益？日夕愧國恩。
我家清洛上，熙熙樂閒村。
鄰里事東作，雞犬護籬垣。
圖書靜几席，烟霞映川原。
溪中魚與鳥，松下鶴與猿。
樂哉山中人，言歸謀酒尊。

---

12 丙申年(1536, 中宗31, 36세) 3월 서울에서 쓴 시로 추정된다.

KNP0008(詩-內卷1-8)

安東 愛蓮堂【幷序】[13]

堂舊爲亭, 在蓮池中。叔父松齋府君莅官日, 嘗有詩曰:
"琴韻泠泠雜雨聲, 敗荷無藕尙含淸。移葵間竹西牆下, 紅
綠分明各自旌。"後, 聾巖李先生繼爲府, 改構爲堂, 仍掛
松齋詩于壁。竹移于北牆, 而葵無處矣。

竹因風細笑無聲, 荷爲秋涼韻更淸。
不見西牆紅間綠, 空餘珠玉映簾旌。

KNP0009(詩-內卷1-9)

雨留新蕃縣[14]

已見中秋月欲虧, 南州行客尙逶遲。
紅雲北闕三千里, 白髮高堂十二時。
醉別故人風挽袖, 愁吟孤館雨催詩。
徒令倦僕知飢渴, 屈指歸程倂日期。

---

13 丙申年(1536, 中宗31, 36세) 8월 초순 安東에서 쓴 시로 추정된다. 初本·定草
本·庚本에는 〈安東 愛蓮堂〉으로 되어 있다.

14 丙申年(1536, 中宗31, 36세) 8월 18일 宜寧에서 쓴 시이다. 〔編輯考〕 이 시는
別集 卷1의 〈八月十八日, 還自宜寧, 雨留新蕃縣【一首見內集。】〉과 합편해야 한다.

歲季得鄉書，書懷[15]

鄉書十數紙，字字親舊筆。
晨興忽滿眼，讀盡更一一。
豈不喜平安？喜多情轉鬱。
憶我辭北堂，霜風菊花節。
西來何所爲？悶默繫袍笏。
但知趁公務，不暇憂病骨。
馳光忽不淹，逼此歲除日。
客枕多憂思，魂夢輒飛越。
撫躬良自愧，報國亦云缺。
胡不早收愚，歸安在蓬蓽？
力耕給公上，甘旨奉怡悅。
茲誠分所宜，久矣不自決。
強顏名利藪，掩抑徒自失。
猶能得酒狂，無計學眞訣。
敝[16]衣屢欲典，瓶粟行告竭。
宦情易成歇，鄉心不可遏。
感此遠餉意，珍重不在物。
兒童豈知此？呼叫索梨栗。
床前有筆硯，長吟聊自述。

---

15 丙申年(1536, 中宗31, 36세) 12월 서울에서 쓴 시로 추정된다.
16 敝 : 初本·定草本·樊本에는 "弊"로 되어 있다.

義州雜題十二絕【辛丑】[17]

(詩-內卷1-11)

鴨綠天塹

日暮邊城獨倚闌, 一聲羌笛戍樓間。

憑君欲識中原界, 笑指長江西岸山。

(詩-內卷1-12)

州城地利

雉堞峩峩地勢雄, 分疆遼左壓山戎。

國門鎖鑰如天設, 長得平安報夕烽。

(詩-內卷1-13)

山川形勝

龍淵雲氣曉[18]凄凄, 鶻岫摩空白日低。

坐待山城門欲閉, 角聲吹度大江西。

(詩-內卷1-14)

義順館

華館凌雲鴨水濱, 吾東盡禮爲王人。

---

17 辛丑年(1541, 中宗36, 41세) 5~6월 義州에서 쓴 시로 추정된다. 初本에는 제목
이 〈義州雜題。十二絕【○辛丑夏】〉로 되어 있다.

18 曉: 柳校에 "案《國朝詩刪》, '曉'作'晚'. 据下文'欲閉', 恐作'晚'爲是。"라고 하였다.

來迎鳳詔歡聲溢，去送龍章別恨新。

(詩-內卷1-15)

威化島

麗季狂謀敢逆天，飛龍景會尚田淵。
自從神勸回旌後，東海春融萬萬年。

(詩-內卷1-16)

三島禁耕

江分沃土勢漫漫，上國邊民雜此間。
已被皇恩疆界別，可無平日戒圖難？

(詩-內卷1-17)

聚勝亭

城中那得盡風流？水遠山長各自由。
試問東亭收勝處，一尊堪勸[19]故人留？

(詩-內卷1-18)

統軍亭

統軍亭上望江流，天際微茫入海洲。
正使變成春酒綠，古今難盡別離愁。

---

19 勸：養校에 "'勸'或疑'勒'。"이라고 하였다.

（詩-內卷1-19）

禁銀

一自南人蟻壞防，中朝嗤我等行商。

何能痛洗吾君恥？議法前時動廟堂。

（詩-內卷1-20）

斷渡【近朝議欲寬銀法。】

懷璧貪夫欲剖身，謀將舟檝斷通津。

微姦百計欺疏網，國是猶寬鼠輩人。

（詩-內卷1-21）

清心堂

虛檻疎櫳愛此堂，病夫安臥洗塵忙。

那堪主帥挑人醉？不分紅糚笑客涼。

（詩-內卷1-22）

閱馬

揀閱龍孫入帝閑，江頭齊出錦雲斑。

玉書寫就傳朝使，邊月多情照我還。

KNP0012（詩-內卷1-23）

聚勝亭韻，奉別洪公【春卿以聖節使赴京。】[20]

徙倚西山欲捫曛，平看鴉背閃餘紛。

虛簷夜納胡笳月，碧瓦晴連海戍雲。
漸近別懷如水遠，無邊詩興與公分。
但令日日參高座，清暑冰漿不要勳。

KNP0013(詩-內卷1-24)

平壤 練光亭，陪監司尙公【震】夜讌[21]

縹緲城頭翼瓦齊，登臨唯覺遠山低。
殘雲返照迎初席，玉笛瑤琴送早雞。
檻外長江橫似練，空中明月近堪梯。
唐公此意眞先得，恰把亭名二字題。
【亭名，唐公皇所命，且書額。】

KNP0014(詩-內卷1-25)

早秋夜坐[22]

傲屋近西城，空庭翳樹木。
群蟬得佳蔭[23]，日夕如相促。

---

20 辛丑年(1541，中宗36，41세) 5~6월 義州에서 쓴 시로 추정된다.
21 辛丑年(1541，中宗36，41세) 6월 10일경 平壤에서 쓴 시로 추정된다.
22 辛丑年(1541，中宗36，41세) 7월 서울에서 쓴 시로 추정된다.
23 蔭 : 定草本에는 "陰"으로 되어 있다.

須臾入黃昏，窗戶失炎溽。

新月出海來，皎皎臨牆曲。

蟲鳴在四壁，草露纍似沐。

感時忽興嘆，徂年水流速。

舊學苦已晚，新知良可恧。

沈痾喜負心，謬算難諧俗。

小人思獻愚，君子貴知足。

悠悠不成寐，耿耿照書燭。

KNP0015(詩-內卷1-26)

書堂，次金應霖秋懷[24]

秋入梧桐撼一年，纍思宿債負山川。

病中猶憶聖呼酒，貧裏寧甘兄事錢？

紫氣仙人函谷外，黃冠道士鑑湖邊。

平生謬厠金閨彥，不及渠家養寸田。

KNP0016(詩-內卷1-27)

讀東國史，用應霖韻[25]

蠻、觸乾坤計未良，孰爲猛獸孰群羊？

---

24 辛丑年(1541，中宗36，41세) 7~8월 서울에서 쓴 시로 추정된다.

爭疆爛沸雖從漢，開國神明實自唐。
但有名存離復合，不隨形滅臭兼香。
秋風白日書窗下，獨對遺編永憤傷。

KNP0017(詩-內卷1-28)

夕霽舟上，示應霖、景說[26]

不堪盡日群書擁，難負高秋積雨晴。
暮色漸迎山色暝，霞光時倒水光明。
愁連海上孤查遠，興遶江東一鴈橫。
暫出瀛洲弄烟艇，何如耕釣赴初盟？

KNP0018(詩-內卷1-29)

南樓壁上，有六言四韻，次韻示二君[27]

古意時時撫琴，幽愁日日關心。
澗底風生欲暮，天邊霞散輕陰。
須知糟粕非粗，及到淵源又深。

---

25 辛丑年(1541, 中宗36, 41세) 7~8월 서울에서 쓴 시로 추정된다.
26 辛丑年(1541, 中宗36, 41세) 7~8월 서울에서 쓴 시로 추정된다. 養校에 《目錄》, '說'字下有'閔箕'。"라고 하였다.
27 辛丑年(1541, 中宗36, 41세) 7~8월 서울에서 쓴 시로 추정된다.

與子方欣麗澤，都忘衰病侵尋。

KNP0019(詩-內卷1-30)

九月七日，午憩臨津亭【災傷御史】[28]

臨津渡上秋空碧，斜日淸江映石壁。

潮來潮去幾今古？ 大海西連數峯隔。

盤遊狡童厭法宮，輕薄詞臣昧夑積。

轟天簫鼓愁魚龍，軼霧優倡鬧鈿潟。

豈知眼中强跋扈，遊[29]魂已似浮烟釋？

皺巖明鏡足垂後，驪山禍胎謬傳昔。

楓林霜葉爛猩紅，沙岸蘆花衮雪白。

舟人只知爭渡急，鷗鷺無情事高格。

鵠山隱翳暮雲頭，憑闌[30]客子偏傷激。

KNP0020(詩-內卷1-31)

玉堂春雪，用歐公韻【壬寅○二月十四日內直，賦示閔叔道。】[31]

令節春將半，今朝雪候臻。

---

28 辛丑年(1541，中宗36，41세) 9월 7일 長湍에서 쓴 시로 추정된다.

29 遊：初本·定草本·樊本에는 "游"로 되어 있다.

30 闌：初本에는 "軒"으로 되어 있고, 樊本의 두주에 "'闌'，一本作'軒'."이라고 하였다.

氣爭方晚合，雲積忽窮垠。

入眼瓊花亂，飜空玉海新。

聽窻憐屑窣，看地愛輕勻。

鼇禁稀鳴索，天街絕響輪。

苦篁樽一節，高柏抗千鈞。

爲瑞將騰賀，迎豐且解顰。

霏微看到暮，浩蕩想連晨。

病憶重裘襲，恩慙內醞陳。

瑤城渾合沓，銀屋鬱盤囷。

地自同仙府，詩難語俗人。

沈吟倚闌處，疑是入長春。

泰安曉行，憶景明兄【時兄賑恤敬差在嶺南，滉以救荒摘[32]
奸御史往湖西。】[33]

郡城吹角夜開門，祇[34]爲王途急馳奔。

殘夢續鞍身兀兀，游光連海月痕痕。

---

31 壬寅年(1542, 中宗7, 42세) 2월 14일 서울에서 쓴 시이다.

32 摘 : 初本에는 "摛"으로 되어 있다.

33 壬寅年(1542, 中宗37, 42세) 3월 23일 泰安에서 쓴 시로 추정된다.

34 祇 : 初本・庚本・擬本・甲本・樊本에는 "秖"로 되어 있고, 定草本의 교정기에는
"祇"로 되어 있다.

驚人別鶴投孤嶼, 趁雨耕夫出遠村。
湖、嶺相望隔千里, 不知何處戒征轅?

宿清風寒碧樓[35]

半生堪愧北山靈, 一枕邯鄲久未醒。
薄暮客程催駟騎, 清宵仙館對雲屏。
重遊勝地如乘鶴, 欲和佳篇類點螢。
杜宇聲聲何所訴? 梨花如雪暗空庭。

鎭川東軒[36]

菲才直道詎追前? 懦性從來合佩弦。
民病欲蘇時雨後, 春光都盡客愁邊。
當軒翠樹圍靑幄, 照眼紅花羃紫烟。
荒政儘由賢守宰, 莫令幷棄艾三年。

---

35 壬寅年(1542, 中宗37, 42세) 3월 28일 淸風에서 쓴 시로 추정된다.
36 壬寅年(1542, 中宗37, 42세) 3월 30일 鎭川에서 쓴 시로 추정된다.

蓮亭小集[37]

清池虛檻逗微涼，高樹風生送夕陽。
紅燭不須催騕裹，待看新月滿華堂。

吾鄉李參判先生假歸，將因以乞身，鄉人在朝者，會餞於先生仲子寓舍，奉呈近體一首【時金子裕氏及家兄爲承旨，先生仲子架盧爲參奉，公幹爲京畿都事，滉忝舍人，南伯仁爲成均學正，又安大寶爲刑郞，以豐基鄉人同參。】[38]

引退非緣忘主恩，高年自合愛丘園。
一鄉會餞簪纓簇，二品辭歸齒德尊。
天爲宵歡收積雨，月因離恨照芳罇[39]。
憑風寄與詩僧道，林下如今可共論？

---

37 壬寅年(1542, 中宗37, 42세) 3월 30일 鎭川에서 쓴 시로 추정된다.
38 壬寅年(1542, 中宗37, 42세) 7월 16일 서울에서 쓴 시로 추정된다. 〔資料考〕이 작품은 李賢輔의 《聾巖集》 권5에도 〈送李參判南行〉이라는 제목으로 鄭士龍, 李瀣의 송별시와 함께 실려 있다.
39 罇 : 初本·定草本·樊本에는 "樽"으로 되어 있다.

秋日，南樓晚霽[40]

蕭蕭晚雨霽，決決小溪響。
湖雲薄未歸，天日淡猶朗。
小樓地勢高，孤座[41]几席爽。
騷情喜曠蕩，病眼怯[42]莽蒼。
落葉滿林蹊，涼風撼書幌。
萬物各歸根，龍蛇思蟄養。
邃古民大朴，末路世密網。
幽鳥亦何意？下啄還飛上。

湖上園亭偶出，效康節體[43]

何限名園漢水頭？閒來無處不堪遊。
白魚切玉家家興，黃菊排金院院秋。
酌酒喜臨高榭豁，題詩愛向曲闌幽。
更知易厭紅裙醉，要學沙鷗浩蕩游。

---

40 壬寅年(1542, 中宗37, 42세) 7~8월 서울에서 쓴 시로 추정된다.

41 座 : 庚本·甲本에는 "坐"로 되어 있다.

42 怯 : 初本·定草本·樊本에는 "㤲"으로 되어 있다.

43 壬寅年(1542, 中宗37, 42세) 7~8월 서울에서 쓴 시로 추정된다.

KNP0028(詩-內卷1-39)

與諸君同登狎鷗亭後岡[44]

斷阜瀕江勢欲騫[45]，與君登眺暢形魂。
浮雲遶堞齊神嶽，落日低空近海門。
萬世[46]經營槐穴夢，一時感慨菊花罇[47]。
沙禽豈管人間事？浩蕩風流無語言。

KNP0029(詩-內卷1-40)

原州 憑虛樓，有懷州教金質夫，次樓韻留贈【災傷御史】[48]

此地乖逢又此行，紛紛離合況平生？
頭因別久欲添雪，愁爲秋深更築城。
鳥過豪英多偉蹟，龍蟠形勢稱雄名。
思君坐數同襟樂，秖[49]在山中耦舌耕。

---

44 壬寅年(1542，中宗37，42세) 7~8월 서울에서 쓴 시로 추정된다.

45 騫：初本·定草本에는 "騫"으로 되어 있고, 定草本의 교정기에 "騫"으로 되어 있다.

46 世：두주에 "'世'，一本作'事'。"라고 하였고, 甲本·樊本에 동일한 두주가 있다.

47 罇：初本·定草本에는 "樽"으로 되어 있다.

48 壬寅年(1542，中宗37，42세) 8월 22일 原州에서 쓴 시로 추정된다.

49 秖：初本·定草本·甲本·樊本에는 "秖"로 되어 있다.

KNP0030(詩-內卷1-41)

酒泉縣 酒泉石。姜晉山韻[50]

神槽雷劈已上天，至今以酒名其泉。
人言土俗信荒怪，繼之好事非眞傳。
我疑造物本難測，厥初安知有由然？
當時仙釀非世法，糟牀日注靈波堧。
幔亭虹橋降眞侶，瀛罇嶽豆無論錢。
瓊漿如流樂且湛，官府久廢玉皇前。
上界有謫一念差，赫然下命六丁遷。
區區反爲龍所貪，一片誤落金沙淵。
復留一片豈無意？天戒衆飮官途邊。
世人不曉靈眞跡，渴喉但覺流饞涎。
謂神之怒坐一吏，謾說相誇今幾年？
徵奇詰異竟誰是？我欲就問騎鯨仙。

KNP0031(詩-內卷1-42)

錦江亭[51]

鵑啼山裂豈窮年？蜀水名同非偶然。
明滅曉簷迎海旭，飄蕭晚瓦掃秋烟。

---

50 壬寅年(1542, 中宗37, 42세) 8월 23일 酒泉에서 쓴 시로 추정된다.
51 壬寅年(1542, 中宗37, 42세) 8월 24일 寧越에서 쓴 시로 추정된다.

碧潭楓動魚游錦，靑壁雲生鶴踏氈。
更約道人攜鐵笛，爲來吹破老龍眠。

KNP0032(詩-內卷1-43)

洪川三馬峴，用景明兄〈竹嶺途中〉韻【幷序】[52]

　　昔，從家兄，自京還鄕，到竹嶺，時，秋景爛熳。兄於馬上，
　　占一絶云："楓林翠壁彩屛開，中有淸溪抱石臺。誤近忙途
　　知不幸，了無遊跡到蒼苔。" 余今每遇丹楓碧澗，輒誦此
　　詩，聊和以遣懷。兄今在銀臺。

澗水楓林相映開，彩屛麗句憶銀臺。
我今正作忙途客，佳處何緣步石苔？

KNP0033(詩-內卷1-44)

過淸平山，有感【幷序】[53]

　　春川之淸平山，卽古之慶雲山也。前朝李資玄棄官歸隱于

---

52 壬寅年(1542, 中宗37, 42세) 8월 28일 洪川에서 쓴 시로 추정된다. 〔資料考〕
이 시는 李澈의 문집 《溫溪逸稿》卷1에도 실려 있다. 初本·定草本에는 〈洪川三馬峴,
用景明兄〈竹嶺途中〉韻〉으로 되어 있다.
53 壬寅年(1542, 中宗37, 42세) 8월 30일 春川에서 쓴 시로 추정된다. 〔編輯考〕
이 시의 序文은 初本·中本·定草本·庚本에서는 산문 쪽에 실려 있다가 庚本修正補刻

此山。山有普⁵⁴賢院，資玄就而居之，號曰文殊寺。慶雲之
改號清平，亦由資玄而得之也。資玄生長閥閱，風流文雅，
冠絶當時，亦嘗筮仕，而登顯要矣。其於求富貴取青紫，
不啻如拾地芥。然乃能辭榮避位，高蹈遠引，蟬蛻於濁穢
之中，鴻冥於萬物之表。住此山，蓋至於三十七年之久，雖
卑辭厚禮，不足以屈其節，千駟萬鍾，不足以動其心，非
有所樂於胸中者，安能如是哉？余讀《東國通鑑》，嘗怪史
臣論資玄之辭，深加貶剝⁵⁵，至指爲貪鄙吝嗇，噫！何其甚
也？自古，高人逸士如資玄比者豈少哉？然類多出於畎畝
之中、草澤之遠，其與木石居、鹿豕遊，而飯糗茹草，乃
其素所積習，而其心安焉，其於長往而不返，固亦無難矣。
至若脫屣於聲利之場，抽身於紈綺之叢，不怨不悔，終始
不變如資玄者，蓋絶無而僅有之，斯不亦可尚哉？或謂資
玄之去，其跡涉於爲名，以是爲可貶，則吾又不知其說也。
夫枕流漱石，枯死巖穴之名，孰與於紆青拖紫，銘彝鼎，被
絃歌之名哉？自世俗之見言之，斯二者均謂之名，而苦樂
則懸絶。資玄於彼則望望然去之，若將浼焉，於此則昧昧
然就之，以是終其身而不顧。若是而稱曰："爲名而然"，此
豈近於人情之論歟？貪鄙吝嗇，其亦尙論之當乎？余以是

本에서부터 시 본문 앞에 실렸다. 初本・定草本・庚本에는 〈過淸平山〉으로 되어 있고,
養校에 "'有感'，《目錄》脫。"이라고 하였다.

54 普：두주에 "'普'舊本作'寶'，今依草本爲正。後凡與舊本異者，倣此。"라고 하였고,
樊本에 동일한 두주가 있다. 擬本에는 '寶'로 되어 있다.

55 剝：養校에 "'剝'恐'駁'。"이라고 하였다.

知其胸中必有所自樂者，而非世俗之云云者，余所以惓惓
於資玄者也。史稱資玄置田業，爲一方農民所苦，夫隱居
者，豈皆能上食槁壤，下飮黃泉，如蚯蚓然哉？不爲賣藥
與賣卜，則耕田以食其力矣。然則資玄之置田食力，亦何
足病焉？而必以是爲詬罵耶？此無乃當時士夫之貪榮嗜
利，役役於世途者，自見資玄之與己相去，不啻黃鵠之與
壞蟲，於其心，蓋亦有所不平焉，竊竊然伺其所爲而摘之，
以爲隱者之無求於世也，亦以置田業爲事乎？相與造爲不
根之謗者，未必無之，則所謂爲農民所苦者，安知非此輩
所誣耶？昔种明逸之晚節，亦有置田産之謗。然而尙論之
士，不過曰："盛名難副"而已，曰："淸議惜之"而已，安有
如今史氏刻害過甚之論耶？前史不闕而甚傳之，後史輕信
而驟論之，人之好議論，不樂成人之美，如是哉！余觀資
玄辭就徵表，有曰："以鳥養鳥，庶免鐘鼓之憂；觀魚知魚，
俾遂江海之樂。"噫！此其爲人之胸次，豈世俗譊譊者所能
窺其萬一哉？余之奉使而來也，過淸平山下，問驛吏，知
山中有曰淸平寺者，疑卽古所謂普賢院也。限於嚴程，不
得叩山門訪幽蹟，聊書此以發其嘗讀史而有感於胸中者如
右，而繼以詩云：

峽束江盤栈道傾，忽逢雲外出溪淸。
至今人說廬山社，是處君爲谷口耕。
白月滿空餘素抱，晴嵐無跡遺浮榮。
東韓隱逸誰修傳？莫指微疵屏白珩。

奉酬聾巖 李先生 靈芝精舍詩【并序○癸卯】[56]

吾鄉靈芝山, 有佛舍, 滉舊嘗往來讀書, 而山後亦有小築,
宦游思歸而未得, 因自號靈芝山人。先生旣歸, 愛是庵, 就
而重新之, 名曰精舍, 時杖屨逍遙其中。詩寄滉, 且曰:"足
下舊卜山麓, 自稱山人, 而今我先之, 無乃呼賓作主耶?
早晚, 當訟而辨之"云。滉感先生之高義, 叨承詩札以爲笑
謔, 不勝欣幸之至。謹次詩呈上, 惶恐再拜[57]。[58]

(詩-內卷1-45)

山北蝸廬是假容, 久纏縲鎖病仍攻。
願將美號輸眞隱, 不獨山南第一峯。

---

56 癸卯年(1543, 中宗38, 43세) 1~2月 서울에서 쓴 詩로 추정된다. 初本에는 〈奉酬
聾巖 李先生 靈芝精舍詩〉로 되어 있고, 추기 "癸卯"가 있다. 定草本·庚本에는 〈奉酬聾
巖 李先生 靈芝精舍詩【○癸卯】〉로 되어 있다.

57 拜 : 初本에는 뒤에 "癸卯"가 있다.

58 吾鄉……再拜 : 樊本에는 "吾鄉禮安有山, 曰靈芝, 溫溪會其北, 汾水抱其東, 遠
挹清凉, 近對龍頭, 蓋山之小而幽勝者也。舊有佛庵在山南, 滉常往來, 讀書於其中,
而山之後麓, 溫溪之上, 亦有小築, 而未竟也。宦遊多年, 疾病侵尋, 思歸而未得焉,
則因自號曰靈芝山人, 所以寓意也。去年秋, 吾鄉李參判公以老棄官而去, 愛是庵, 就
而重新之, 名曰靈芝精舍, 以爲頤神養性之所。公家在芝山之東, 汾水之西, 去精舍,
纔數里, 時與鄉間子姪, 杖屨逍遙於其中, 以詩寄京師。且謂滉曰:'足下舊卜于山麓,
稱爲主人, 而今我先之, 無乃回賓作主耶? 早晚下來, 當訟而辨之'云。公以耆年宿德,
高擧遠引, 而不辱與後生小子, 往復書札, 以爲笑謔, 其清眞蕭散樂易之風, 又足以使
人想味而興起也。滉不敢不復, 謹次來詩, 如左呈上, 惶恐死罪。"로 되어 있다.

(詩-內卷1-46)

精廬高架白雲巓，藥竈逍遙葛稚[59]川。

莫把高臺[60]名杜妄，聞風俗駕自回鞭。

【有小臺，名杜妄。[61]】

KNP0035(詩-內卷1-47~48)

題林士遂《關西行錄》後。二首[62]

(詩-內卷1-47)

捭闔奇謀漢子房，當年曾受石公方。

未翻巢窟龍庭界，先作干城鰈海疆。

絶域[63]病攻天拂亂，荒城雷鬪鬼驚忙。

豪吟百首凌雲氣，妙句何妨鐵石腸？[64]

(詩-內卷1-48)

狂胡射月遼東塞，壯士搜兵樂浪墟。

---

59 稚：初本·樊本에는 "雉"로 되어 있다. 樊本의 두주에 "一本, '雉'作'稚'。"라고 하였다.

60 高臺：樊本의 두주에 "'高臺'作'山臺'。"라고 하였다.

61 妄：初本·樊本에는 뒤에 "○以下癸卯"가 있다.

62 癸卯年(1543, 中宗38, 43세) 2~8월 서울에서 쓴 시로 추정된다. 《國朝詩刪》에 〈題林士遂《關西錄》後〉로 되어 있다.

63 域：樊本의 두주에 "一本, '域'作'島'。"라고 하였다.

64 腸：樊本에는 뒤에 別行으로 "霑胸"이 있다.

指顧威靈驅虎豹，風流談笑發詩書。

海航病得龍王藥，江閣吟窺帝子居。

唾手功名歸燕頷，太平容我老樵漁。

【時，國家將以朝命出兵助討胡，士遂以元帥從事官點兵關西，入薪島驅馬，
得病幾死乃甦。還抵黃州，遇大雷雨，有詩極道其壯觀。】

KNP0036(詩-內卷1-49)

當軒綠叢花【四季】[65]

門前老槐樹，日暮飢鳶蹲。

赤葉間翠林，凉風動西園。

返照斂城頭，悲蟲號草根。

深巷斷人來[66]，寥寥獨閉門。

當軒綠叢花，色映丹霞痕。

寂寞向晚意，凄涼結芳魂。

畸人厲孤操，靜女守舊恩。

脈脈如有懷，迢迢竟不言。

荏苒迫霜露，幽貞信乾坤。

感此堂上客，歲晏思彌敦。

---

65 癸卯年(1543，中宗38，43세) 가을 서울에서 쓴 시로 추정된다.

66 人來 : 樊本의 두주에 "一本, '人來'乙。"이라고 하였다.

舟上，示宋台叟[67]

泝洄同上[68]木蘭船，往事茫茫[69]知幾年？
暮雀競栖雲渚樹，殘霞倒影玉湖天。
仲由自可輕千乘，程尉何曾直一錢？
笑罷歸來風浪帖，蛟龍應亦讐雄篇。

九日，獨登書堂後翠微，寄林士遂。四首[70]

(詩-內卷1-51)

野菊猶多思，尊前小摘枝。
杯盤眞偶設，歌管豈曾隨？
望遠愁腸斷，登高病脚危。
陶然成一醉，短舞爲誰垂？

---

67 癸卯年(1543, 中宗38, 43세) 가을 서울에서 쓴 시로 추정된다.

68 泝洄同上 : 樊本의 두주에 "一本, '泝洄同上'作'狎鷗亭下'."라고 하였다.

69 往事茫茫 : 樊本의 두주에 "'往事茫茫'作'人去亭空'."이라고 하였다.

70 癸卯年(1543, 中宗38, 43세) 9월 9일 서울에서 쓴 시이다. 〔編輯考〕 이 시는
別集 卷1의 〈九日，獨登北山，次《瀛奎律髓》九日詩，寄士遂〉와 합편해야 한다. 初本
에는 〈九日，獨登書堂後翠微，寄林士遂〉로 되어 있다.

(詩-內卷1-52)

聖主開東觀，將期瑞世文。

愧添樗櫟散，欣覿鳳螭紛。

樂事清時得，幽香小坐聞。

故鄉千岫外，醉眼送歸雲。

(詩-內卷1-53)

思君那得暫時寬？ 醉把黃花誰共歡？

新月媚人還入手，長風欺客且吹冠。

千重眉黛依依列，一道冰紈湛湛寒。

景物隨緣易陳跡，急須摹取與君看。

(詩-內卷1-54)

今古茫茫似逝川，登臨佳景故依然。

同牀不識寧非貴？ 舉世相疵亦有傳。

語窄豈容罇[71]俎裏？ 愁城難著菊花前。

歸鴉落日都成畫，臥看東湖玉鏡天。

KNP0039(詩-內卷1-55)

送金厚之修撰，乞假歸覲，仍請外補養親，恩許之行[72]

君不見鯤魚化作垂天翼？ 九萬搏風竟奚適？

---

71 罇 ： 初本·定草本에는 "樽"으로 되어 있다.

下有區區斥鷃輩，搶楡控地皆眞樂。

又不見魏瓠種成實五石？不願爲瓢憂濩落。

何況作尊浮江湖，却笑莊生未甚達。

我昔與子遊[73]泮宮，一言道合欣相得。

君知處世如虛舟，我信散材同樗櫟。

富貴於我等浮雲[74]，偶然得之非吾求。

風雲感激偶一時，玉堂金馬接跡追時流。

恩榮合沓謬所當，歲月紛綸閱江浪。

道山同讀未見書，我齒已衰君方壯。

抽玄關發奧藏，經世謀猷兮賁國文章。

旨賜宮醞塵飛鞚，珍分御廚廩繼倉。

昔人已云[75]不敢當，矧余焉能不愧顔？

秋風蕭蕭吹漢水，我夢夜夜白石靑雲間。

靑雲白石我尙阻，海山千里君先去。

君言欲作反哺烏，乞得專城有蟹無監處。

人生至樂君有之，具慶堂前舞綵[76]衣。

此外萬事何足道？儻來軒冕如塵微。

不羨圖凌雲，不須擁旌麾。

子眞巖耕[77]名已振，原憲蓬居道非吝。

---

72 癸卯年(1543, 中宗38, 43세) 8월 서울에서 쓴 시로 추정된다. 〔資料考〕이 시는
金麟厚의 《河西先生全集》《附錄》卷2에도 실려 있다.

73 遊 : 初本·定草本에는 "游"로 되어 있다.

74 浮雲 : 養校에 "'浮雲'或作'雲浮'。"라고 하였다.

75 云 : 樊本의 두주에 "一本, '云'作'歎'。"이라고 하였다.

76 綵 : 樊本에는 "彩"로 되어 있다.

須知王式本不來，莫怪邴曼終難進。

送君歸搔我首，爲君歌《薄薄酒》。

相思莫惜寄玉音，我詩聊贈千金帚。

KNP0040(詩-內卷1-56~57)

次韻答金應霖、林士遂在東湖見寄。二首【甲辰○余癸卯冬，下鄕，病未還朝。春兩君寄詩來。】[78]

(詩-內卷1-56)

雪盡花開病臥村，消磨未盡只詩魂。

榮枯輾轉回雙轂，倚伏冥茫隔九閽。

芝朮養生顏益古，烟霞入骨語無煩。

山中氣味君知否?[79] 世事都無一句論。

(詩-內卷1-57)

金君[80]韶奏鳳來儀，林子兼將百步威。

---

77 嚴耕 : 初本에는 '嚴居'로 되어 있고, 樊本의 두주에 "岩耕, 一本作'嵓居'."라고 하였다.

78 甲辰年(1544, 中宗39, 44세) 2월 17일 禮安에서 쓴 시로 추정된다. 〔編輯考〕 이 시는 續集 卷1의 〈次韻, 答林士遂、金應霖【甲辰】〉과 합편해야 한다. 初本에는 〈次韻, 答金應霖、林士遂在東湖見寄【余癸卯冬, 下鄕, 病未還朝, 甲辰春, 兩君寄詩來。】〉로 되어 있고, 추기 "○甲辰"이 있다.

79 否 : 樊本의 두주에 "一本, '否'作'取'."라고 하였다.

80 金君 : 樊本의 두주에 "一本, '金君'作'君如'."라고 하였다.

故國春風留病客，神交書札到柴扉。
半成山屋謀曾拙，全落湖梅事太違。
知我不材君最甚，可無容得會稽歸？

【時，應霖爲銓郎，故屬以外補。】

KNP0041(詩-內卷1-58~59)

湖堂梅花，暮春始開，用東坡韻。二首【春赴召後。】[81]

(詩-內卷1-58)

我昔南遊訪梅村，風烟日日銷吟魂。
天涯獨對歎國艶，驛路折寄悲塵昏。
邇來京輦苦相憶，淸夢夜夜飛丘園。
那知此境是西湖？ 邂逅相看一笑溫。
芳心寂寞殿殘春，玉貌婥[82]約迎初暾。
伴鶴高人不出山，辭輦貞姬常掩門。
天敎晚發壓桃杏，妙處不盡騷人言。
媚嫵何妨鐵石腸？ 莫辭病裏携罍罇[83]。

---

81 甲辰年(1544, 中宗39, 44세) 3월 19일 서울에서 쓴 시이다. 〔資料考〕初本에
추기 "見《梅花詩》."가 있다. 初本에는 〈湖堂梅花, 暮春始開, 用東坡韻。二首【甲辰春
赴召後】〉로 되어 있다.

82 婥 : 初本·定草本·庚本·擬本·甲本에는 "綽"으로 되어 있다.

83 罇 : 初本·定草本·樊本에는 "樽"으로 되어 있다.

藐⁸⁴姑山人臘雪村, 鍊形化作寒梅魂。

風吹雪洗見本眞, 玉色天然超世昏。

高情不入衆芳《騷》, 千載一笑孤山園。

世人不識嘆類沈, 今我獨得⁸⁵欣逢溫。

神淸骨凜物自悟, 至道不假餐霞暾。

昨夜夢見縞衣仙, 同跨白鳳飛天門。

蟾宮要授玉杵藥, 織女前導姮娥言。

覺來異香滿懷袖, 月下攀條傾一罇⁸⁶。

KNP0042(詩-內卷1-60)

湖堂曉起, 用東坡〈定惠院月夜偶出〉韻⁸⁷

雞鳴水村月掛簷, 一枕歸夢驚殘夜。

窗櫳闃寂蓬觀裏, 曙色蔥瓏花樹下。

庭梅半落香更吹, 石澗新疏響轉瀉。

欲知仙境定何如? 聞說瑤臺此其亞。

綺饌常繼太官供, 蘭燭時容漁店借。

---

84 藐 : 初本·定草本에는 앞에 別行으로 "又"가 있다. 樊本의 두주에 "草本, 間一行 有'又'字."라고 하였다.

85 獨得 : 樊本의 두주에 "一本, '獨得'作'目擊'."이라고 하였다.

86 罇 : 初本·定草本에는 "樽"으로 되어 있다.

87 甲辰年(1544, 中宗39, 44세) 3월 20일 서울에서 쓴 시이다.

病來酒伴已全疎，老去詩情渾未謝。

靑春欲暮鳳城塵，白雲空憶芝山舍。

年多老松棲怨鶴，雨荒幽圃拋寒蔗。

榮辱如雲本來無，富貴逼人眞堪怕。

朝來百囀林下鳥，似與詩僧助嘲罵。

KNP0043(詩-內卷1-61~64)

七月望日，狎鷗亭即事。四首【時，書堂有故，稟啓移寓於此。】[88]

(詩-內卷1-61)

奔雲陣陣度簷楹，雨過長江[89]一半明。

隱几笑看爭渡客，漢江樓下雪山傾。

(詩-內卷1-62)

歸舟搙搙上前灘，忽掛風帆萬里閒。

總把向來牽挽力，一時酣寢浪花間。

(詩-內卷1-63)

江中風起雨冥冥，葉上靑蛙止復鳴。

---

88 甲辰年(1544, 中宗39, 44세) 7월 15일 서울에서 쓴 시이다. 〔編輯考〕이 시는
원래 5首였으나 4首는 內集에, 1首는 別集에 실려 있다. 初本에는 〈七月望日，狎鷗亭
即事【時書堂有故，稟啓移寓於此。】〉로 되어 있다.

89 江 : 樊本의 두주에 "一本, '江'作'空'。"이라고 하였다.

兩兩漁舟依別岸，晚來收釣入柴荊。

(詩-內卷1-64)

望中奇變忽無蹤，日照西雲淡夕容。
未露四圍青黛色，唯看千頃白銀鎔。

KNP0044(詩-內卷1-65)

晚步【明陽正 賢孫嘗有此詩，偶讀而愛之，用其韻。】[90]

苦忘亂抽書，散漫還復整。
曜靈忽西頹，江光搖林影。
扶筇下中庭，矯首望雲嶺。
漠漠炊烟生，蕭蕭原野冷。
田家近秋穫，喜色動臼井。
鴉還天機熟，鷺立風標迥。
我生獨何爲？宿願久相梗。
無人語此懷，瑤琴彈夜靜。

90　甲辰年(1544，中宗39，44세) 7월 23일 서울에서 쓴 시이다.

KNP0045(詩-內卷1-66~69)

登狎鷗亭後岡, 憶應霖、士遂、吉元。四首[91]

(詩-內卷1-66)

遠近峯巒插彼蒼, 水光橫帶暮天長。

無人共說年前事, 日日孤吟上翠岡。

【去年, 與三君共登此。】

(詩-內卷1-67)

去年燈火伴書牀, 欲讀思君却置傍。

彌勒形模江海量, 城中咫尺阻音光。

　　右應霖【時, 持服在城中。】

(詩-內卷1-68)

萬里星奔蜀道難, 柳生中道不能鞍。

裁書欲寄關河阻, 安得如雲生羽翰?

　　右士遂【使關北, 中途病臥。】

(詩-內卷1-69)

趨庭西海路漫漫[92], 約在中秋月正團。

爲洗東湖雙玉盞, 看君豪句瀉驚湍。

---

91 甲辰年(1544, 中宗39, 44세) 7월 23일 서울에서 쓴 시로 추정된다. 初本에는 〈登狎鷗亭後岡, 憶應霖、士遂、吉元〉으로 되어 있다.

92 路漫漫 : 樊本의 두주에 "一本, '路漫漫'作'幾時還'。"이라고 하였다.

右吉元【時，觀親海州[93]。】

KNP0046(詩-內卷1-70)

夜起有感[94]

缺月懸空窓夜明，壁間絡緯響機鳴。
凄凄切切如相促，不惟懶婦壯士驚。
鄰雞不歌更漏遲，櫪馬齕草風雨聲。
攬衣呼童睡不應，牀頭暗藥垂短檠。
挑燈照我簡編讀，口角瀾飜銀河傾。
古人去我不待我，芻豢悅口同性情。
安得平生金石友，重玄玉匙開鍵扃？
十年國恩重於山，一生多病終無成。
去年霜髮映黑絲，今年瘦骨仍崢嶸。
拓窓看月月未斜，白練一道澄江平。

93 海州：初本의 부전지에 "‘海州’二字，恐誤，無乃遂安之訛耶？ 或是‘黃海’。"라고 하였고，定草本에 추기 "西"가 있으며，樊本에는 初本의 부전지 내용과 동일한 두주가 있다.

94 甲辰年(1544, 中宗39, 44세) 7월 23일 서울에서 쓴 시로 추정된다.

大雷雨行【以上，并在狎鷗亭作。】[95]

江亭曉起推月戶，遠近蒼茫靜林塢。
忽然江海色悽慘，礙車雲起初如縷。
望中紫電挈金蛇，怪氣颯沓相吞吐。
西來黑風撼山岳，龍捲湖波半空舞。
太陰崩騰鬼神惡，銀河屈注傾天府。
鯨鯢駕浪馳前陣，虎豹爭鋒嚴後鼓。
穿城半夜縱千牛，斫樹黃昏飛萬弩。
阿香贔屭踏狂車，劃破乾坤壯神斧。
頗疑勢觸天柱折，鍊石區區憂莫補。
又恐龍門未疏鑿，洪流湯湯漂下土。
農夫投鉏失畎澮，賈客飄帆迷潊浦。
堂上書生亦何爲？斂衽低徊上天怒。
杜牧豪吟憶壯觀[96]，夏侯談經猶[97]倚柱。
斯須一眼盡如掃，萬里晴光曬秋宇。
太虛幽幽本無物，孰居無事爲之主？
一闔一闢恣披拂，變化神功誰敢侮？
天公號令不虛出，摧殘震動皆仁煦。
向來所見付幻境，一笑臨風大江滸。

---

95 甲辰年(1544, 中宗39, 44세) 7월 24일 서울에서 쓴 시이다.

96 觀 : 樊本의 두주에 "一本, '觀'作'游'。"라고 하였다.

97 猶 : 樊本의 두주에 "'猶'作'空'。"이라고 하였다.

剪開檻外樹作[98]

南樓意不愜，檻前樹蓊蓊。
那聞竽籟響？秖[99]見螻蟻孔。
勃然難恕宥，腰斧奚奴勇。
丁丁落遠揚，豁豁去蔽壅。
川原忽紛披，宴坐不移踵。
遠山入簾鉤，愁鬟樊姬擁。
平湖熨冰紈，几席天光動。
怳如學變化，臺殿雲間聳。
向來墻面界，萬象爭獻捧。
飛鴻渺天末，世事等蟻蠓。
人心辟邪蠱，國政去微燻。
較我開林功，無分輕與重？

奉贈圭庵宋眉叟以冬至副使赴京[100]

廣平先生鐵作腸，湖南今歲留甘棠。

---

98 甲辰年(1544, 中宗39, 44세) 8월 초순 서울에서 쓴 시로 추정된다.
99 秖 : 初本에는 "秖"로 되어 있고, 定草本에는 "秖"로 되어 있으며, 庚本·擬本·甲本에는 "秖"로 되어 있다.

歸來受命賀天朝，星槎迢迢上銀潢。

海東精英大雅資，不怨賢勞馳四方。

湖陰筆力扛九鼎，中華感動傳文章。

參卿使事豈天意，夜占奎璧騰光芒。

入海手探驪龍珠，登天耳閱鈞音張。

豈但壯遊增氣義？ 樂哉酬唱如宮商。

風雲隨處落咳唾，誰復按劍[101]投夜光？

我似醯雞守塵甕，大方之家嗟望洋。

蓬山日月轉秋序，坐覺別恨添鬢霜。

高風逸軌不可攀，西望萬里關河長。

謬蒙索贈一篇詩，幾日重躋君子堂？

KNP0050(詩-內卷1-74～76)

送林士遂以迎詔使從事赴義州。三首【乙巳】[102]

(詩-內卷1-74)

詩老西迎詔使行，一時從事盡豪英。

100 甲辰年(1544, 中宗39, 44세) 9월 5일 서울에서 쓴 시로 추정된다. 〔資料考〕
이 시는 宋麟壽의 《圭菴先生文集》卷3《附錄》에도 〈圭菴 宋眉叟, 以冬至副使赴京,
奉和其索〉이라는 제목으로 실려 있다.

101 劍 : 樊本에는 "釖"으로 되어 있다.

102 乙巳年(1545, 仁宗1, 45세) 3월 서울에서 쓴 시로 추정된다. 〔編輯考〕 이 시는
別集 卷1의 〈林士遂赴義州迎使從事, 索詩〉와 합편해야 한다. 〔資料考〕 이 시는 林亨
秀 文集인 《錦湖遺稿》의 《附錄》에도 같은 제목으로 실려 있다. 初本에는 〈送林士遂

漳濱獨荷天恩重，日夕[103]空多感慨情。

【滉亦忝是行，恩許病免。】

(詩-內卷1-75)

仡仡騷壇兩老臣，繞朝贈策可無人？
料知擒縱如神處，一笑先衝萬馬塵。

(詩-內卷1-76)

不數林間喚雨鳩，海東雙鳥起千秋。
爭看月斧揮神匠，血指應難據一頭。

KNP0051(詩-內卷1-77)

望湖堂尋梅【丙午仲春，將歸嶺南。】[104]

望湖堂下一株梅，幾度尋春走馬來？
千里歸程難汝負，敲門更作玉山頹。

以迎詔使從事赴義州【○乙巳春】〉으로 되어 있고, 樊本에는 〈送林士遂以迎詔使從事
赴義州。三首【乙巳春】〉으로 되어 있다.

103 日夕 : 樊本의 두주에 "一本, '日夕'作'伏枕'。"이라고 하였다.

104 丙午年(1546, 明宗1, 46세) 2월 서울에서 쓴 시이다. 〔資料考〕初本에 추기
"見《梅花詩》。"가 있다.

KNP0052(詩-內卷1-78)

再用前韻，答景說[105]

聞道湖邊已放梅，銀鞍豪客不曾來。
獨憐憔悴南行子，一醉同君抵日頹。

KNP0053(詩-內卷1-79~80)

兜觀院溪上，奉懷家兄話別於東郊。二首[106]

(詩-內卷1-79)

怊悵迷塗始[107]可追，踏青中路尚逶遲。
祇[108]應此去相思夢，長在東郊細雨時。

(詩-內卷1-80)

細雨東郊酒一罇[109]，悲歎[110]萬事不堪論。

---

105 丙午年(1546, 明宗1, 46세) 2월 서울에서 쓴 시이다. 〔資料考〕 이 시는 《梅花詩帖》(《退溪學文獻全集》4)에도 〈再用前韻，答閔景說〉이라는 제목으로 실려 있다.

106 丙午年(1546, 明宗1, 46세) 3월 3일경 忠州에서 쓴 시로 추정된다. 初本에는 〈寓月瀾僧舍書懷〉로 되어 있고, 추기 "○丙午"가 있다. 樊本에는 〈寓月瀾僧舍書懷。二首【丙午】〉로 되어 있다.

107 始 : 樊本의 두주에 "一本, '始'作'不'。"이라고 하였다.

108 祇 : 初本·庚本·擬本·甲本·樊本에는 "祇"로 되어 있고, 定草本에는 "祇"로 되어 있다.

109 罇 : 初本·定草本에는 "樽"으로 되어 있다.

110 歎 : 두주에 "'歎'疑'歡'之誤, 凡言疑恐之類, 卽門下諸公所校。"라고 하였고, 甲

何時石室雲巖裏, 共對淸宵月滿軒?

【兄家在木覓山麓, 扁小齋曰雲巖石室。】

KNP0054(詩-內卷1-81~82)

寓月瀾僧舍書懷。二首[111]

(詩-內卷1-81)

十五年前此讀書, 紅塵奔走竟何如?
只今病骨迷丹訣, 依舊灘聲上碧虛。
居士忘家爲老伴, 胡僧結約刱幽廬。
不堪每累君恩重, 非爲高名向釣漁。

(詩-內卷1-82)

紫陌休騎沙苑馬, 靑山來伴月瀾僧。
靜中自得安心法, 不用人間更折肱。

【時, 以司僕正來, 故使沙苑馬。】

本·樊本에도 동일한 두주가 있다. 初本의 부전지에 "'歎'疑'歡'。"이라고 하였다.
111 丙午年(1546, 明宗1, 46세) 3월 禮安에서 쓴 시이다.

KNP0055(詩-內卷1-83)

以事當還都，至榮川病發輟行，留草谷田舍[112]

少日書紳服《訂頑》，至今懵學但赧顏。
狂奔幸脫千重險，靜退纔嘗一味閒。
羈鳥有時依樹木，野僧隨處著雲山。
後園花萼猶爭笑，何必區區病始還？

KNP0056(詩-內卷1-84)

孟夏廿五日，入龍壽寺，馬上寄黃敬甫[113]

作意入山尋舊遊，青雲白石聊散愁。
天公爲我捲宿霧[114]，亂山滴翠當馬頭。
節近端陽楝花風，家家喜氣迎麥秋。
何須苦讀五車書？此去賣劍當買牛。

---

112 丙午年(1546, 明宗1, 46세) 4월 10~24일 榮州에서 쓴 시로 추정된다. 樊本에는
〈以事當還都，至榮川病發，輟行，留草谷田舍【有感，次牧隱韻。】〉으로 되어 있다.

113 丙午年(1546, 明宗1, 46세) 4월 25일 禮安에서 쓴 시이다.

114 霧 : 樊本의 두주에 "一本, '霧'作'雨'。"라고 하였다.

晨至溪莊，偶記東坡〈新城途中〉詩，用其韻。二首[115]

(詩-內卷1-85)

觸熱朝天病未行，溪莊回巒趁雞聲。
雲山正[116]似盟藏券，身世渾如戰退鉦。
雨過洞門林氣爽，風生石竇澗音淸。
山翁笑問溪翁事，只要躬耕代舌耕。

(詩-內卷1-86)

朝從溪上傍溪行，纔到溪莊聞雨聲。
里社行誇宰分肉，詞壇曾笑將鳴鉦。
寬閒南野麥浪徧[117]，翠密西林禽語淸。
聖主洪恩知不棄，只緣多病合歸耕。

---

115 丙午年(1546，明宗1，46세) 5월 禮安에서 쓴 시이다. 〔資料考〕 初本에 추기 "見《退溪雜詠》."가 있다. 여기에서《退溪雜詠》은 初本 13책의《退溪雜詠》을 말하는 것으로 이 시를 비롯하여 初本 1책에 실린 시들이 다시 한 번 정리되어 실려 있다. 《退溪雜詠》은 나중에《溪山雜詠》이라는 題下에《陶山雜詠》과 함께 묶였다. 初本 13책의《退溪雜詠》에는 다음과 같은 추기가 있다. "《溪山雜詠》, 已入元集中, 似不可疊錄. 但先生手錄, 不可不傳, 鄙意雜錄之在元集者, 一一刪去, 獨留此錄, 則似當. 或別作一集, 以傳於世, 亦其次也, 如何如何?" 初本(13책,《退溪雜詠》)에는〈晨至溪上【用東坡〈新城途中〉詩韻, 時丙午夏, 病罷西行, 回溪莊.】〉으로 되어 있고, 추기 "此下《退溪雜詠》."이 있다.

116 正 : 定草本·初本(13책,《退溪雜詠》)에는 "政"으로 되어 있다.

117 徧 : 初本(13책,《退溪雜詠》)에는 "遍"으로 되어 있고, 養校에 "初本, '徧'作'遍'." 이라고 하였다.

KNP0058(詩-內卷1-87)

聾巖先生 愛日堂，用李復古先生韻[118]

奇巖已得專佳境，至道應難喻俗人。
广屋靜深堪讀《易》，崖臺寥朗可延眞。
窓前綠水寒開鏡，石上蒼[119]松老蹙鱗。
幸我溪莊容地近，陪遊三徑往來頻。

KNP0059(詩-內卷1-88)

土遂寄詩，次韻[120]

故人在南溟，尺素傳鯉魚。
緘封明月珠，贈我無所需。
慰我如病鶴，一言意太足。
我今百無用，纏此杯蛇惑。
聖恩極天涵，臣質垂蒲彫。
爲農宣城野，呻吟晝連宵。
安得忽變化，培風負大翼，
見君十洲中，群仙導儀飾，

---

118 丙午年(1546, 明宗1, 46세) 5~6월 禮安에서 쓴 시로 추정된다.

119 蒼 : 樊本의 두주에 "一本, '蒼'作'靑'."이라고 하였다.

120 丙午年(1546, 明宗1, 46세) 5~6월 禮安에서 쓴 시로 추정된다. 〔編輯考〕이 시는 別集 卷1의 〈林士遂見寄詩二首, 次韻却寄, 士遂時爲濟州牧〉과 합편해야 한다. 樊本에는 〈士遂寄詩, 次韻【時爲濟州牧。】〉으로 되어 있다.

閬苑摘蟠桃，扶桑看出日，

至道揖松喬，餘事追甫白？

東巖言志[121]

新卜東偏巨麓頭，縱橫巖石總成幽。

烟雲杳靄山間老，溪澗彎環野際流。

萬卷生涯欣有托[122]，一犁心[123]事歎猶求。

丁寧莫向詩僧道，不是眞休是病休。

KNP0061(詩-內卷1-90~98)

獨遊[124]孤山，至月明潭，因並水循山而下，晚抵退溪。每得勝境，卽賦一絶，凡九首[125]

(詩-內卷1-90)

孤山

何年神斧破堅頑？壁立千尋[126]跨玉灣。

---

121 丙午年(1546, 明宗1, 46세) 5~6월 禮安에서 쓴 시로 추정된다. 〔編輯考〕이 시는 續集 卷1의 〈東巖言志〉와 합편해야 한다. 〔資料考〕初本에 추기 "見《退溪雜詠》。"이 있다. 樊本에는 〈東巖言志【嵒在退溪】〉로 되어 있다.

122 托 : 初本(13책,《退溪雜詠》)에는 "託"으로 되어 있다.

123 心 : 樊本의 두주에 "一本, '心'作'生'。"이라고 하였다.

不有幽人來作主, <u>孤山</u>孤絶更誰攀?

(詩-內卷1-91)

<u>日洞</u>【洞在<u>月明潭</u>上, 其稱正與相對。氓俗誤呼<u>那乙邑</u>, 云是古邑居之所, 非也, 故改之。有<u>琴</u>、<u>孫</u>兩生田其中。[127]】

<u>日洞</u>佳名配<u>月潭</u>, 官居知[128]是謬村談。
箇中儘有良田地, 欲問<u>琴</u><u>孫</u>置一庵。

(詩-內卷1-92)

<u>月明潭</u>【有禱雨壇。】

窈然潭洞秀而清, 陰崖中藏木石靈。
十日愁霖今可霽, 抱珠歸臥月冥冥。

(詩-內卷1-93)

寒粟潭

瘦馬凌兢越翠岑, 俯窺幽壑氣蕭森。
清遊步步皆仙賞, 怪石長松滿碧潯。

---

124 遊 : 初本에는 "游"로 되어 있다.
125 丙午年(1546, 明宗1, 46세) 가을 <u>禮安</u>에서 쓴 시로 추정된다.
126 千尋 : <u>樊本</u>의 두주에 "一本, '千尋'作'東西'。"라고 하였다.
127 洞在……其中 : <u>樊本</u>에는 "洞在<u>孤山潭</u>東岸, 其下卽<u>月明潭</u>也。其稱<u>日洞</u>, 正與<u>月潭</u>之號相對, 氓俗不知, 呼爲<u>那乙邑</u>, 云是古邑治之所, 非也。蓋俗語稱邑與洞, 音相近, 而誤認故耳, 今改之。此中有田, 鄉人<u>琴</u>、<u>孫</u>兩生, 買耕其地云。"으로 되어 있다.
128 知 : <u>樊本</u>의 두주에 "一本, '知'作'自'。"라고 하였다.

景巖

激水千年詎有窮？ 中流屹屹勢爭雄。

人生蹤跡如浮梗，立脚誰能似此中？

彌川長潭

長憶童時釣此間，卅年風月負塵寰。

我來識得溪山面，未必溪山識老顏。

白雲洞[129]【舊呼船乎知，乃鄉音之誤也。】

青山綠水已超氛，更著中間白白雲。

爲洗鄉音還本色，地靈應許我知君。

丹砂壁

下有龍淵上虎巖，藏砂千仞玉爲函。

故應[130]此境人多壽，病我何須厲翠巉？

---

129 洞 : 養校에 "'洞'恐'池'。"라고 하였다.

130 應 : 樊本의 두주에 "一本, '應'作'知'。"라고 하였다.

(詩-內卷1-98)

川沙村

幽敻川沙李丈居，平田禾熟好林墟。
卜鄰我亦專西壑，茅屋中藏萬卷書。

KNP0062(詩-內卷1-99～100)

後又得二勝[131]

(詩-內卷1-99)

葛仙臺【丹砂壁南，有王母城山，山之西向而北抱處，有兩臺，名其一曰葛仙，
其一曰高世云。】[132]

丹砂南壁葛仙臺，百匝雲山一水迴。
若使仙翁今可見，願供薪水乞靈來。

(詩-內卷1-100)

高世臺【高世，《紫芝歌》中語。魏鶴山詩：“子雲亦號知書者，猶把商山作采榮。”】[133]

碧嶂丹崖削玉成，溪流曲曲抱山淸。

---

131 丙午年(1546, 明宗1, 46세) 가을 禮安에서 쓴 시로 추정된다.

132 丹砂……高世云 : 樊本에는 “由廣瀨度橋，行田野間，乘興縱步，至所謂王母城
山下，山卽丹砂壁之自東而南抱者也。自城下又西向而北抱，再聳爲兩臺，下瞰綠水，
遠揖群山，繚繞淹靄，不可具狀。爲此中形勝之最，而無名，余謂此地旣爲丹砂之境，
寧無葛仙之遊跡乎? 請名其一曰葛仙，又名其一曰高世，取〈紫芝歌〉中語也。”로 되어
있다.

133 高世……采榮 : 樊本에는 없다.

臺名莫向癡人說，怕認商山作柰榮。[134]

KNP0063(詩-內卷1-101)

踏青登霞山【丁未】[135]

踏靑幽徑草茸茸，來上霞山[136]坐碧峯。

萬樹欲花春漠漠，一山將暮翠重重。

舊遊京國渾如夢，新卜田園只自農。

曲水佳辰當遇密，題詩回首涕[137]霑胸。

KNP0064(詩-內卷1-102~103)

淸吟石【幷序】[138]

溫溪下流，有盤石臨溪。辛未年中，叔父松齋府君以江原
監司來覲，出游石上。滉以童子侍側，有紅衣官人來謁，乃

---

134 柰榮：樊本에는 뒤에 “【魏鶴山詩：‘子雲亦號知書者，猶把商山作柰榮。’】”이 있다.

135 丁未年(1547, 明宗2, 47세) 3월 3일 禮安에서 쓴 시이다.〔資料考〕初本에 추기 “見《退溪雜詠》.”이 있다. 初本(13책,《退溪雜詠》)에〈登霞峯【○丁未三月三日】〉로 되어 있다. 養校에 “手本,〈登霞峯【丁未三月三日】〉.”이라고 하였다.

136 山：樊本의 두주에 “一本, ‘山’作‘明’.”이라고 하였다.

137 涕：樊本의 두주에 “一本, ‘涕’作‘淚’.”라고 하였다.

138 丁未年(1547, 明宗2, 47세) 3월 禮安에서 쓴 시로 추정된다. 初本에는〈淸吟石〉으로 되어 있고, 추기 “○丁未”가 있다. 定草本에는〈淸吟石〉으로 되어 있다.

昌樂丞也。叔父有詩曰："欲得溪山妙, 松門獨自回。清吟
還敗意, 誰遣督郵來?"今與諸兄姪會此, 追念前事, 感歎
久之, 因名其石曰清吟石, 用其韻二絶云。

(詩-內卷1-102)

總角陪游地, 吟魂去不回。
唯餘溪響石, 似欲慰重來。

(詩-內卷1-103)

坡陀巨石在, 窈窕一溪回。
更待山花發, 吾今較早來。

KNP0065(詩-內卷1-104)

題黃仲擧《方丈山遊錄》[139]

方丈仙山非世間, 秦皇徒慕漢空憐。
不緣變化因丹藥, 那得飛昇出紫烟?
感慨躊躇靑鶴洞, 逍遙游[140]戲大鵬天。
半生未試囊中法, 猶幸神遊託[141]巨編。

---

139 丁未年(1547, 明宗2, 47세) 3월 禮安에서 쓴 시로 추정된다.〔資料考〕이 시는
黃俊良의《錦溪先生文集外集》卷1에도〈題黃仲擧《遊方丈山紀行篇》後〉라는 제목으
로 실려 있다.

140 游:《錦溪集》에는 "遊"로 되어 있다.

和西林院詩韻 二首【三月, 寓月瀾庵。】[142]

(詩-內卷1-105)

似與春山宿契深, 今年芒屨又登臨。
空懷古寺重來感, 詎識林中萬古心?

(詩-內卷1-106)

從師學道寓禪林, 壁上題詩感慨深。
寂寞海東千載後, 自憐山月映孤衾。

雨晴述懷[143]

孟夏恢台一氣亨, 山林百物爭流形。
龍公及時霈嘉澤, 上天作意蘇疲氓。
丁壯驅牛出四野, 婦姑執筐遵微行。
嚶嚶禽鳥自相和, 矻矻人生各有營。

---

141 託 : 《錦溪集》에는 "托"으로 되어 있다.

142 丁未年(明宗2, 1547년, 47세) 3월 禮安에서 쓴 시로 추정된다. 初本에는 〈和西林院詩韻【丁未三月, 寓月瀾庵。】〉으로 되어 있다.

143 丁未年(明宗2, 1547년, 47세) 4월 禮安에서 쓴 시로 추정된다. 樊本에는 〈雨晴述懷【時他無書冊, 獨《心經附註》, 日讀數過。】〉로 되어 있다.

我獨來居古僧舍，家操耒耜[144]非躬耕。

不願少林從達摩，不願崆峒師廣成。

天開一片燭幽鑑，篁墩旨訣西山經。

一川風月要人看，萬古靑山依舊靑。

《伐檀》之歌畏力纖，莫道傍人聞絶纓。

KNP0068(詩-內卷1-108~117)

戲作七臺三曲詩【月瀾庵近山臨水，而斷如臺形者凡七，水繞山成曲者凡三。】[145]

(詩-內卷1-108)

招隱臺

晨興越清溪，杖策尋雲壑。

幽人在何許？鬱鬱松桂碧。

山中何所樂？鳥獸悲躑躅。

永懷不易見，躊躇長太息。

(詩-內卷1-109)

月瀾臺

高山有紀堂，勝處皆臨水。

古庵自寂寞，可矣幽棲子。

---

144 耜 : 初本·樊本에는 "耟"라고 하였다.

145 丁未年(明宗2, 1547년, 47세) 4월 禮安에서 쓴 시로 추정된다.

長空雲乍捲，碧潭風欲起。
願從弄月人，契此觀瀾旨。

(詩-內卷1-110)

考槃臺

層臺俯絶壑，下有泉鳴玉。
西臨谺而曠，東轉奧且闃。
剪蔚得佳境，茅茨行可卜。
隱求復何爲？ 優游歌弗告。

(詩-內卷1-111)

凝思臺

褰裳度寒澗，捫葛陟[146]高崖。
老松盤巖顚[147]，百霆猶力排。
刊除舊叢灌，面勢幽且佳。
窅然坐終日，無人知我懷。

(詩-內卷1-112)

朗詠臺

躋攀出風磴，一眼盡山川。
不有妙高處，焉知雲水天？
俯仰宇宙間，峩洋思古賢。

---

146 陟 : 樊本의 두주에 "一本, '陟'作'上'."라고 하였다.
147 顚 : 樊本의 두주에 "'顚'作'頭'."라고 하였다.

借問擲金聲，何如沂上絃？

(詩-內卷1-113)
御風臺
至人神變化，出入有無間。
泠然馭神馬，旬有五乃還。
嗟哉聞百人，夏蟲不知寒。
請君登此臺，不用朝霞餐。

(詩-內卷1-114)
凌雲臺
下有清清水，上有白白雲。
斷峯呼作臺，登臨萬象分。
盪胸生浩氣，超然離垢氛。
豈但劉天子，飄飄賞奇文。

(詩-內卷1-115)
石潭曲
奔流下石灘，一泓湛寒碧。
躑躅爛錦崖，莓苔斑釣石。
白鷗似我閒，儵魚知爾樂。
何時辦小艇，長歌弄明月？

(詩-內卷1-116)

川沙曲

川流轉山來, 玉虹抱村斜。

岸上藹綠疇, 林邊鋪白沙。

石梁堪釣遊, 墟谷可經過。

西望紫霞塢, 亦有幽人家。

(詩-內卷1-117)

丹砂曲

青壁欲生雲, 綠水如入畫。

人居朱陳村, 花發桃源界。

安知萬斛砂, 中藏天祕戒?

嗟我昧眞訣, 悵望聊興喟。[148]

KNP0069(詩-內卷1-118~127)

閒居讀《武夷志》, 次〈九曲櫂歌〉韻。十首[149]

(詩-內卷1-118)

不是仙山詫異靈, 滄洲遊跡想餘淸。

---

148 安知……興喟 : 두주에 "自'安知'至'興喟', 一本作'中藏萬斛砂, 祕寶天所戒。我
欲移家去, 仙人應不怪。'"라 하였고 樊本에도 동일한 두주가 있다.

149 丁未年(明宗2, 1547년, 47세) 4월 禮安에서 쓴 시로 추정된다. 初本에는 〈閒讀
《武夷志》 次〈九曲櫂歌〉韻〉〔교정기 '居'〕으로 되어 있고 定草本에 〈閒讀《武夷志》, 次
〈九曲櫂歌〉韻, 十首〉로 되어 있으며 甲本에 〈閒讀《武夷志》, 次〈九曲櫂歌〉韻。十首〉

故能¹⁵⁰感激前宵夢，一櫂賡歌九曲聲。

（詩-內卷1-119）

我從一曲覓漁船，天柱依然瞰逝川。
一自眞儒吟賞後，同亭無復管風烟。

（詩-內卷1-120）

二曲仙娥化碧峯，天妍絶世靚脩容。
不應更覿傾城薦，閶闔雲深一萬重。

（詩-內卷1-121）

三曲懸崖挿巨船，空飛須此怪當年。
濟川畢竟如何用？萬劫空煩鬼護憐。

（詩-內卷1-122）

四曲仙機靜夜巖，金鷄唱曉羽毛毿。
此間更有風流在，披得羊裘釣月潭。【先生在武夷，答劉靜春寄
《羊裘》詩：“狂奴今夜知何處？月冷風凄未肯歸。”】

（詩-內卷1-123）

當年五曲入山深，大隱還須隱藪林。
擬把瑤琴彈夜月，山前荷蕢肯知心？

라고 하였으며 두주에 “一本, ‘聞’下有‘居’字。”라고 하였다.
150 能 : 初本에는 “應”으로 되어 있다.

(詩-內卷1-124)

六曲回環碧玉灣，靈蹤何許但雲關。
落花流水來深處，始覺仙家日月閒。

(詩-內卷1-125)

七曲樽篙又一灘，天壺奇勝最堪看。
何當喚取流霞酌，醉挾飛仙鶴背寒？

(詩-內卷1-126)

八曲雲屏護水開，飄然一棹任旋洄。
<u>樓巖</u>可識天公意，鼓得遊人究竟來。

(詩-內卷1-127)

九曲山開只曠然，人烟墟落俯長川。
勸君莫道斯遊極，妙處猶須別一天。[151]

KNP0070(詩-內卷1-128)

古意【秋赴召後。】[152]

溫溫<u>荊山</u>玉，淑氣含精英。

---

151 天：樊本에는 뒤에 "【九曲停撓却惘然，眞源應秪在斯川。何心更覓桃源路？雨
露桑麻總是天。○前一首，卽〈櫂歌〉註說也。後來細味先生之意，似不然，故改作如此
云。】"라고 되어 있다.

夜夜虹貫巖，山鬼自遁驚。

抱哭何氏子？三獻不避刑。

斲爲萬乘器，雄誇價連城。

在此衒國寶，在彼虧天成。

君看甓社珠，光彩奪月明。

出入有無間，世巧焉得嬰？

KNP0071(詩-內卷1-129)

玉堂宣醞後，出書堂，馬上作【景說·應霖·子用·景霖，在堂見待。】[153]

出城延望海中山，一色山川玉界寒。

個裏群仙多一念，清尊終夕待吾還。

KNP0072(詩-內卷1-130~131)

次韻景說·景霖。二首[154]

(詩-內卷1-130)

朽拙身多病，繁華意易闌。

---

152 丁未年(明宗2, 1547년, 47세) 9월 하순 서울에서 쓴 시로 추정된다. 初本에는
〈古意【丁未秋，赴召後。】〉로 되어 있다.

153 丁未年(明宗2, 1547년, 47세) 9월 하순 서울에서 쓴 시로 추정된다.

154 丁未年(明宗2, 1547년, 47세) 9월 하순 서울에서 쓴 시로 추정된다. 〔年代考〕

那知宣札下，復入道山間？
自愧荒疏學，人驚醜瘦顏。
感君加策勵，獲寶不知還。

(詩-內卷1-131)
相見新詩好，相思舊恨闌。
三餘蓬觀裏，萬卷碧窗間。
病劇無遺力，恩深只厚顏。
誠難效犬馬，非是故言還。

KNP0073(詩-內卷1-132)
雪竹歌[155]

漢陽城中三日雪，門巷來人遽隔絕。
病臥無心問幾尺，唯覺衾裯[156]冷如鐵。
幽軒綠竹我所愛，夜夜風鳴如戞玉。
兒童驚報導我出，攜杖來看久嘆息。
梢梢埋沒太無端，枝枝壓重皆[157]欲折。

이 시는 退溪가 丁未年 9월 하순에 東湖 讀書堂에서 지은 것으로 추정된다. 初本에는
〈次韻景說·景霖〉으로 되어 있다.
155 丁未年(明宗2, 1547년, 47세) 11~12월 서울에서 쓴 시로 추정된다.
156 裯 : 樊本의 두주에 "一本, '裯'作'床'。"라고 하였다.
157 皆 : 樊本의 두주에 "一本, '皆'作'幾'。"라고 하였다.

最憐中有一兩竿，高拔千尋猶抗節。
不愁虛心受凍破，無奈老根迸地裂？
杲杲太陽頭上臨，不應彩鳳終無食。

KNP0074(詩-內卷1-133)

冬日甚雨，已而大雪，喜而有作[158]

北風怒起萬木號，黝雲四合如飜濤。
山蒸礎潤氣鬱沈，雨聲晝夜聞嘈嘈。
當冬汔可石燕蟄，此日怪見商羊跳。
直恐渺漫百川溢，已覺橫流千瀆豪。
愆陽發洩龍戰野，冥頑斂縮如藏逃。
爾來寒燠苦不常，饑荒疫癘民嗷嗷。
腐儒無策謾多憂，聖上焦思精貫高。
曉來風色忽已變，滕六贔屭陰機挑。
初看霰集如撒鹽，頃刻眩眼吹鵝毛。
莫嫌潢汙旋消融，漸見高低渾蓋韜。
乾坤浩蕩無際涯，萬境合沓同周遭。
豐年作瑞古所云，千尺藏蝗那肆饕。
天民天恤理則然，導迎佳祥宜更勞。
豈惟端本弭衆災？《中和》《樂職》堪濡毫。

---

158 丁未年(明宗2，1547년，47세) 11~12월 서울에서 쓴 시로 추정된다.

流民流民各歸業, 從今聖澤完爾曹。

KNP0075(詩-內卷1-134)

上聲巖 李先生[159]

高臺新曲賞深秋, 手折黃花對白鷗。
仰德至今淸夜夢, 月明時復到中洲。

KNP0076(詩-內卷1-135～137)

病中讀史有感。三首[160]

(詩-內卷1-135)

《史記》〈子貢傳〉

一貫微音契聖神, 縱橫那肯自輕身?
固知遷史終難信, 誰爲靑天洗點塵?

(詩-內卷1-136)

《史記》〈張良傳〉

天授奇謀託異神, 秦皇驚倒項分身。

---

159 丁未年(明宗2, 1547년, 47세) 9월 하순 서울에서 쓴 시로 추정된다.
160 丁未年(明宗2, 1547년, 47세) 11～12월 서울에서 쓴 시로 추정된다. 初本에
는 〈病中讀史有感〉이라고 되어 있다.

可知¹⁶¹無欲能超世，不似韓彭一網塵。

《晉史》〈潘岳傳〉

自是錢兄絶有神，淸談須與更謀身。
潘郎可惜多才思，白璧中藏一斛塵。

KNP0077(詩-內卷1-138)

樂山 南景霖在書堂，雪中寄松酒兼律詩，次韻却寄¹⁶²

詞含風雪字騰龍，知是騷翁詫釀松。
白墮不傳千日法，烏程安得十分濃？
閒開陶隱聽風院，笑灌留侯辟穀胸。
直欲騎雲從此去，道山銀闕儻相容。

---

161 知 : 樊本의 두주에 "一本, '知'作'憐'."라고 되어 있다.

162 丁未年(明宗2, 1547년, 47세) 12월 서울에서 쓴 시로 추정된다. 〔編輯考〕이 시는 別集 卷1의 〈樂山 南景霖自書堂寄松酒幷詩二律. 且酌且吟, 興趣超然, 和成錄 呈〉(KBP0629)과 합편해야 한다. 別集의 시는 다음과 같다. "心知千歲老蒼龍, 不是 秦皇避雨松. 自試風霜耐嚴苦, 何妨雨露作薰濃？春聲沸處寒吹髮, 珀色傾時病洗胸. 妙法曾傳坡老賦, 喜聞佳興屬南容."

98 校勘標點 退溪全書 1

KNP0078(詩-內卷1-139)

赴丹山書堂，朴仲初【左通禮】·閔景說【正】·南景霖【正】·尹士推【典翰】餞席留贈【戊申】[163]

十載沈痾愧素餐，洪恩猶得郡符懸。

靑松白鶴雖無分，碧水丹山信有緣。

北闕戀懷分燭夜，東湖離思賞梅天。

撫摩凋瘵疲心力，鈴閣飜應憶故田。【有一斯文，老爲靑松府使，自號靑松白鶴。余嘗求靑松不得，而得丹山。】

KNP0079(詩-內卷1-140~141)

洛生驛樓，次金應霖贈別韻。二首[164]

(詩-內卷1-140)

郵亭孤坐聽禽啼，物色迎春動澗溪，

他日偶同雲出壑，此身那學[165]婦藏閨？

最憐新得丹砂訣，長憶曾聯玉府棲。

---

163 戊申年(明宗3, 1548년, 48세) 1월 10일경 서울에서 쓴 시로 추정된다. 初本에는 〈赴丹山書堂，朴仲初【左通禮】·閔景說【正】·南景霖【正】·尹士推【典翰】餞席留贈【○戊申春】〉으로 되어 있다.

164 戊申年(明宗3, 1548년, 48세) 1월 廣州에서 쓴 시로 추정된다. 初本에는 〈洛生驛樓，次金應霖贈別韻〉으로 되어 있다.

165 那學：初本에는 "那肯"이라고 하였으며 樊本의 두주에 "一本, '那'作'寧', 又一本, '學'作'肯'。"라고 하였다.

絶境歸時堪詫異, 驪珠雙贈袖中攜。

(詩-內卷1-141)

困倚闌干睡一場, 依然夢到五雲鄉。
寒花初發去栗里, 芳草欲生辭洛陽。
多病不堪承誤寵, 一言未可許眞剛。
天敎至拙藏深僻, 知我眉間彩色黃。

KNP0080(詩-內卷1-142)

次鄭吉元韻[166]

遊騎城南已踏春, 路邊楊柳綠絲新。
風流藉甚來相別, 知是能詩谷口人。

KNP0081(詩-內卷1-143)

馬上, 次閔景說韻[167]

浩浩春泥一望間, 行人愁去復愁還。
但能乘鶴遊丹峽, 何羨騎牛度紫關?
離合正如塵起陌, 古今猶似澤藏山。

---

166 戊申年(明宗3, 1548년, 48세) 1월에 쓴 시로 추정된다.
167 戊申年(明宗3, 1548년, 48세) 1월에 쓴 시로 추정된다.

心懸魏闕誠無奈，老病由來合置閒。

KNP0082(詩-內卷1-144)

二月一日，郡齋，雨中得洪退之見寄，次韻[168]

到郡念民事，經旬不讀書。
花朝坐衙後，燕寢得詩餘。
意愜香凝帳，神淸雨滿盧。
珍投無可答，佩服擬璜琚。[169]

KNP0083(詩-內卷1-145)

買浦倉賑給，暮歸馬[170]**上**

一麾出守愧疏慵，民困當[171]春意自忡。
去傍紫崖殘雪外，歸吟斜景亂山中。
陽噓草茁人還羨，天放鷗閒我未同。

---

168 戊申年(明宗3, 1548년, 48세) 2월 1일 丹陽에서 쓴 시이다.

169 琚 : 樊本의 뒤에 "【跋云，洪訥齋別後，追寄一詩，余屬而和之如右。未幾，余喪兒，悲冗無聊，旣不寄五詩，又失訥齋詩橐。惟記其一聯云，"山色雲窓近，江聲畫閣盧。" 而衰病健忘，茫不記其餘，遂使好詩不完，爲之屢欷也。】"라고 하였다.

170 戊申年(明宗3, 1548년, 48세) 2월 丹陽에서 쓴 시로 추정된다. "馬"는 樊本의 두주에 "'馬'，一本'途'。"라고 하였다.

171 困當 : 樊本의 두주에 "'困當'，一本'事行'。"라고 하였다.

十室不堪星在罶，絃歌那得變謠風？

島潭二絶[172]

(詩-內卷1-146)

何年神物動雲雷？ 絶境中間[173]巨石開。

萬古不隨波浪去，巍然如待使君來。

(詩-內卷1-147)

一棹扁舟放碧瀾，橫穿三島鏡光寒。

泝洄欲盡西崖勝，須傍東邊白玉灣。

仙巖【俗號佛巖，今改。】[174]

白石層層疊素氈，神工不待巧磨鐫。

---

172 戊申年(明宗3, 1548년, 48세) 4월 하순 丹陽에서 쓴 시로 추정된다.〔編輯考〕이 시는 別集 卷1의《島潭》(KBP0630)과 합편해야 한다. 別集의 시는 다음과 같다. "回舟登岸坐臨流，滿目雲山景色幽。莫道使君無與賞，三杯聊勸水中鷗。"初本에는 〈島潭〉으로 되어 있다.

173 間 : 樊本의 두주에 "'間', 一本作'流'."라고 하였다.

174 戊申年(明宗3, 1548년, 48세) 4~5월 丹陽에서 쓴 시로 추정된다.

從教吼落雲門水，臺下寒開一鑑天。

馬上[175]

朝行俯聽淸溪響，暮歸遠望靑山影。
朝行暮歸山水中，山如蒼屛水明鏡。
在山願爲棲雲鶴，在水願爲游波鷗。
不知符竹誤我事，强顏自謂遊丹丘。

二樂樓，次東坡〈黃樓〉詩韻[176]

夜臥郡齋淸，夢作遊山詩。
晨登溪樓敞，對山吟古詞。
赤城山中仙，游天弄雲旗。
貽我黃精草，約我勿差池。
萬事一敝屣，胡爲學詭隨？
已呼祈孔賓，莫訝朱桃椎。
我非戀塵土，亦非媚俗姿。

---

175 戊申年(明宗3，1548년，48세) 4~5월 丹陽에서 쓴 시로 추정된다.
176 戊申年(明宗3，1548년，48세) 4~5월 丹陽에서 쓴 시로 추정된다.

淹茲久不決，我車何時脂？
吾聞名敎中，心法謹毫氂。[177]
二樂如得樂，此外吾何知？

KNP0088(詩-內卷1-151)

花灘[178]

峽坼雲霾遇一灘，雷驚電激雪崩湍。
斯須脫得垂堂戒，一任仙篷雨打寒。

KNP0089(詩-內卷1-152)

舟中[179]

入眼平湖雨滿空，一杯未盡日穿篷。
水光山色渾如畫，分付詩人較淡濃。

---

177 氂 : 初本·定草本·樊本에는 "釐"로 되어 있다.
178 戊申年(明宗3, 1548년, 48세) 5월 丹陽에서 쓴 시로 추정된다.
179 戊申年(明宗3, 1548년, 48세) 5월 丹陽에서 쓴 시로 추정된다.

龜潭[180]

衆壑趨西出自東，峽門餘怒始橫通。
幾爭激浪崩雲上？繞入淸潭拭鏡中。
鬼刻千形山露骨，仙游萬仞鶴盤風。
隱巖南畔苔磯石，靈境依然九曲同。

伏聞重新愛日堂，上聾巖先生[181]

巖帶江聲自作聾，巖居仙伯本眞聰。
曾參可不悲三釜，疏廣元非傲萬鍾。
月色想添新水檻，秋香行發舊霜叢。
但令日日陪幽賞，何必題名向此中？【先生令滉作記，滉辭之故云。】

白雲洞書院，示諸生【己酉〇赴豐邑後。】[182]

小白南墟古順興，竹溪寒瀉白雲層。

---

180 戊申年(明宗3，1548년，48세) 5월 丹陽에서 쓴 시로 추정된다.
181 戊申年(明宗3，1548년，48세) 5~6월 丹陽에서 쓴 시로 추정된다.

生材衛道功何遠？ 立廟尊賢事匪曾。

景仰自多來俊碩，藏修非爲慕鶱[183]騰。

古人不見心猶見，月照方塘冷欲冰。

答周景遊見寄。二首[184]

(詩-內卷1-156)

我是疏愚一病人，叨蒙郡寄自前春。

換符得遂平生願，來向雲溪謁廟眞。

(詩-內卷1-157)

自闕誰能倡別人？ 難窺斯道曠千春。

竹溪但[185]欲投冠去，研味遺經得道眞。

---

182 己酉年(明宗4, 1549년, 49세) 1~2월 豐基에서 쓴 시로 추정된다.

183 鶱： 柳校에 "案, '鶱'本'騫', 音軒, 與'鶱'字音義不同, 而今板本皆從馬, 可疑。"라고 하였다.

184 己酉年(明宗4, 1549년, 49세) 1~2월 豐基에서 쓴 시로 추정된다. 〔編輯考〕이 시는 別集 卷1의 〈答周景遊【世鵬】見寄〉(KBP0636)와 합편해야 한다. 別集의 시는 다음과 같다. "寄謝商山白髮人, 吾猶寒谷未回春。强將衰病淹歸駕, 洞主年來要策眞。【景遊自號商山白髮。】" 初本 '答周景遊見寄'

185 但： 樊本의 두주에 "'但', 一本'祗'。"라고 하였다.

石崙寺, 效周景遊〈次紫極宮感秋〉詩韻【幷序】[186]

景遊詩叙云: "李太白四十九, 作《紫極感秋》詩, 其後, 蘇‧
黃皆效之. 余夜誦三賢詩, 多少感慨, 乃次其韻"云云, 蓋
景遊時年四十九矣。況今犬馬之齒, 亦不多不少, 適[187]與
相值。然則其所感, 寧有異於昔之數君子耶? 敢用元韻,
遣懷云。

鳳鳥去不返, 空山無舊竹。【山中, 舊多苦竹, 辛丑結實後盡枯死。】
寒溪空紀[188]名, 一源誰把掬?【竹溪源, 出於此。】
古人不可見, 吾生亦云獨。
幽尋邃高陟, 感歎梵宮宿。
四十九年非, 知之莫再卜。
世患累[189]牽掣, 時光迭往復。
門有打鐵作, 羹有振手覆。
寡過胡不勉? 夫仁亦在熟。

---

186 己酉年(明宗4, 1549년, 49세) 4월 23일 小白山에서 쓴 시로 추정된다. 〔資料
考〕初本에는 "추기 見《遊小白錄》。"이 있다. 初本‧定草本‧庚本에는 〈石崙寺, 效周景
遊〈次紫極宮感秋〉詩韻〉으로 되어 있다.
187 適 : 樊本에는 뒤에 "一本, '適'下, 作及是數, 所以雖不敢扳古, 而不免懷景游之
感, 依韻和成。'"이 있다.
188 紀 : 初本에는 "記"로 되어 있다.
189 累 : 初本에는 "屢"로 되어 있다.

KNP0095(詩-內卷1-159)

紫蓋峯[190]

天嫌吾未趁丹楓，故遣山花發晚紅。
正似虹橋連綵幕，群仙酣宴武夷中。

KNP0096(詩-內卷1-160~162)

國望峯。三首[191]

(詩-內卷1-160)

漠漠烟雲生晚日，龍門不見況脩門？
欲知紫極宸居處，天際遙瞻[192]一抹痕。[193]

(詩-內卷1-161)

烟雲杳靄幾重重？龍首軒昂太白雄。
白髮未成歸隱計，憑高回望思[194]無窮。[195]

---

190 己酉年(明宗4, 1549년, 49세) 4월 24일 小白山에서 쓴 시로 추정된다.〔編輯考〕이 시는 續集 卷2의〈紫蓋峯【景遊詩"峯頭生樹盡青楓，七月來看楓【缺】紅。直到深秋如紫蓋，我來揮筆彩雲中。"】〉(SNP0967)과 합편해야 한다. 續集의 시는 다음과 같다. "肩輿橫度半天中，照眼無邊躑躅紅。寄語詩翁吟紫蓋，清秋何必爛霜楓？"〔資料考〕初本에는 "추기 同上."이 있다.

191 己酉年(明宗4, 1549년, 49세) 4월 24일 小白山에서 쓴 시로 추정된다.〔資料考〕初本에는 "추기 同上."이 있다. 初本에는 "國望峯"으로 되어 있다.

192 遙瞻 : 樊本의 두주에 "一本, '遙瞻'作'纔分'."라고 하였다.

193 痕 : 樊本의 여백 뒤에 "西望"이라고 하였다.

(詩-內卷1-162)

南望山河許幾疆? 雲低秖覺海天長。

願從鶴駕招仙子，飛上淸都謁玉皇。[196]

KNP0097(詩-內卷1-163)

答尙牧金季珍[197]

我今爲郡子爲州，豪士空慚百尺樓。

若待足時方欲退，溪山何日得淸遊?[198]

KNP0098(詩-內卷1-164)

郡齋有懷小白之遊，追次景遊用昌黎〈衡岳〉詩韻[199]

搏沙攫土愁神工，辦此巨嶽東海中。

衆山培塿卑幼行，直與太白爭爲雄。

---

194 思 : 樊本의 두주에 "一本, '思'作'意'."라고 하였다.

195 窮 : 樊本의 여백 뒤에 "東望"라고 하였다.

196 皇 : 樊本의 여백 뒤에 "南望"라고 하였다.

197 戊申年(明宗3, 1548년, 48세)에서 쓴 시로 추정된다.

198 遊 : 樊本의 뒤에 "【尙州牧金季珍, 寄書相問, 且示魚灌浦〈題風詠亭〉兩絕句, 見屬賡和. 亭在漆水上, 季珍舊居也.】"라고 하였다.

199 己酉年(明宗4, 1549년, 49세) 4월 26~30일 豊基에서 쓴 시로 추정된다. 〔資料考〕初本에 "추기 見《遊小白錄》."라고 하였다.

南臨徐伐北濊貊，茫乎利澤施無窮。
我叨郡紱守茲土，自慚無以興謠風。
烟霞結習尙未除，幽夢夜夜精靈通。
一朝振翮出雲外，似馭鶴背超虛空。
國望峯頭望四海，蓬萊杳杳心神融。
群仙婥約官府足，朝遊崑崙暮天宮。
下憫[200]蒼生蟣蝨然，惟見塵埃千丈紅。
丹臺尙掛我名姓，舉手相招懷我衷。
欲往從之畏下墜，久食烟火悲吾躬。
恭聞泰山天下大，亦有南嶽將無同。
聖登賢游象道巍，名與天地相爲終。
斯人斯世我若及，何用遠慕飛昇功？
商山白髮好事翁，續韓正直羞瞳朧。
嗟我非韓亦非周，狂吟擲筆歸牆東。

KNP0099(詩-內卷1-165)

郡齋移竹[201]

君不見子猷平生酷愛竹，蕭灑風流眞絕俗。

---

200 憫 : 初本·定草本에는 "悶"으로 되어 있다.

201 己酉年(明宗4, 1549년, 49세) 5월 豐基에서 쓴 시로 추정된다. 初本·定草本에는 〈郡齋移竹詩〉로 되어 있고 定草本의 부전지에 "'詩'字疑衍, 傳本亦有'詩'字, '詩'字可去."라고 하였다.

一日不可無此君，坐令百卉來匍匐。

又不見樂天才調本浮華，相國亭中變初服。

櫻桃楊柳摠莫汙，晚歲飄然八灘曲。

我從承明一麾出，故山三載辭麋鹿。

鈴齋不有竹千挺，曉夕何以清隈隩？[202]

舊林憔悴沒寒烟，新笋縱橫翳凡木。

窗前地偏石堪砌，軒外人稀壇可築。

忽然霈澤遍農野，我亦攜鑱斸蒼玉。

遷辰不待醉兀兀，去故何曾戀碌碌？

眼看十十復五五，儼立相持如伯叔。

初來魯卿慰此心，盍歸殷賢枵厥腹？

可惜中有誤遭挫，斫頭將軍應爲衄。

杖屨巡簷訝群兒，瓶罐攜泉忙一僕。

抽枝展葉漸猗猗，脫繃行鞭更續續。

已知涼氣灑琴書，行見高標出牆屋。

風敲雜佩韻玿戛，月碎寒金影熠煜。

千尋强寫笑文同，萬夫錯比嗤杜牧。

世人區區鶴又州，誰肯同歸節也獨。

荒哉酒放林下七，邈矣詩豪溪上六。

儻有翩翩丹穴禽，千載回翔此棲宿。

老我年來冷淡生，相對寧憂食無肉？

從今更歎衛公賢，一篇《淇隩》泝心讀。

---

202 隈隩 : 初本의 부전지에 "舊見皆從火，今從阝，更考。"라고 하였다.

何必柴桑歸去來, 白衣悵望東籬菊?

KNP0100(詩-內卷1-166)
浮石寺 聚遠樓, 鄭湖陰贈僧韻[203]

鬼役天成萬古樓, 風雲一任洗新秋。
夜深獨對高僧榻, 唯見長空月似鉤。

KNP0101(詩-內卷1-167)
八月十五日夜吟[204]

夢覺圓明檀裏珠, 安排纔涉已非初。
寒溪遠響紙窓靜, 斜月淸光竹閣虛。
四序孰居無事者? 群蟲爭訴不平如。
爲官不理身多病, 回首平生愧有餘。

---

203 己酉年(明宗4, 1549년, 49세) 7월 27일 榮州에서 쓴 시로 추정된다.

204 己酉年(明宗4, 1549년, 49세) 8월 15일 豐基에서 쓴 시로 추정된다. 初本에는 〈夜吟【八月十五】〉으로 되어 있으며 추기에 "十五日"이라고 하였다. 定草本에 〈十五日夜吟〉이라고 되어 있으며 추기에 "八月"이라고 하였다.

KNP0102(詩-內卷1-168)

十月十日夜, 大雷雨[205]

十月中宵風亂鳴, 雷驚電激雨如傾。
只今天意何多舛? 起坐茫然百感生。

KNP0103(詩-內卷1-169~171)

十一日曉地震。三首[206]

(詩-內卷1-169)

風雨雷霆天怒甚, 如何地道亦靡寧?
勢崩山岳聲驅海, 誰使神龍戰血腥?

(詩-內卷1-170)

風起荒城葉亂飛, 頑雲如墨雨霏霏。
不知天意緣何怒? 陰雹交揮更逞威。【是日雨雹。】

(詩-內卷1-171)

兇雲虐雪極陰獰, 風勢如奔百萬兵。
凍及日中烏可畏[207], 溝中[208]未暇念民生。【是夜, 大風大寒。】

---

205 己酉年(明宗4, 1549년, 49세) 10월 10일 豐基에서 쓴 시로 추정된다.
206 己酉年(明宗4, 1549년, 49세) 10월 11일 豐基에서 쓴 시로 추정된다. 初本
'十一日曉地震'

KNP0104(詩-內卷1-172~173)

池方寺瀑布。二首[209]

(詩-內卷1-172)

灑灑仙風襲客衣, 陰陰山木怪禽飛。
何人好事同來看? 獨對[210]蒼崖信[211]筆揮。

(詩-內卷1-173)

坐石沈吟日欲斜, 碧潭增色湛無波。
莫辭再訪淸秋後, 要看楓林爛似紗。

---

207 畏 : 樊本의 두주에 "一本, '畏'作'慍'。"이라고 하였다.

208 中 : 樊本의 두주에 "一本, '中'作'扰'。"이라고 하였다.

209 己酉年(明宗4, 1549년, 49세) 가을 이전 豐基에서 쓴 시로 추정된다.〔編輯考〕遺集外篇 卷1에도〈尋池方寺瀑布〉2수(BIP1104)가 실려 있다. 이 시와 동일한 시기에 지은 작품으로 보이는 바, 합편해야 할 듯하다. 遺集外篇에 실린 시는 다음과 같다. "峽坼雲霆隱臥龍, 蒼崖千古掛垂虹。山僧笑向游人道, 始見奇蹤發此中。【凡觀瀑布當自下, 而此境深僻, 游人不至, 山僧但自上下視, 未見其奇。余始披荒而入, 坐潭側之石而仰望, 始全得其雄勝。寺僧從而見之, 得未曾有, 贊歎不已, 故云。】/ 怒瀉千尋壁隙, 轟轟白日殷晴雷。人言此有蛟龍窟, 玉爍金沙寶鑑開。"〔資料考〕初本의 추기에 "見《遊小白錄》。"이라고 하였다. 初本에는〈池方寺瀑布〉로 되어 있다.

210 獨對 : 樊本에는〔두주 一本, '獨對'作'袖拂'。〕이 있다.

211 信 : 樊本에는〔두주 一本, '信'作'巨'。〕가 있다.

KNP0105(詩-內卷1-174)

後退溪草屋, 喜黃錦溪來訪【庚戌○罷郡歸鄉。】[212]

溪上逢君叩所疑, 濁醪聊復爲君持。
天公却恨梅花晚, 故遣斯須雪滿枝。

KNP0106(詩-內卷1-175)

移草屋於溪西, 名曰寒棲庵[213]

茅茨移構澗巖中, 正值巖花發亂紅。
古往今來時已晚, 朝耕夜讀樂無窮。

---

212 庚戌年(明宗5, 1550년, 50세) 2월 禮安에서 쓴 시로 추정된다. 〔編輯考〕이 시는 別集 卷1의 〈溪庄, 喜黃錦溪惠訪, 追寄〉(KBP0656)와 합편해야 한다. 別集의 시는 다음과 같다. "竹溪諸子散如雲, 鹵莽堪嗟我不文。却喜朝家新擇守, 靑衿齊奮待張君。【張仲紀代余爲守。】/ 亦見群居濟濟時, 爭先葩藻儘多奇。向來白鹿明誠訓, 發憤何人肯事斯。/ 爲人性癖愛雲烟, 蠱蠱泠泠更酷憐。峽裏高臺依舊未, 夢魂時復遶層巓。【竹嶺新臺名蠱泠。】"라고 되어 있다. 〔資料考〕初本의 추기에 "見《退溪雜詠》。"라고 하였다. 이 시는 《梅花詩帖》에도 〈退溪草屋, 喜黃仲擧來訪【庚戌】〉이라는 제목으로 실려 있다. 初本(13책, 《退溪雜詠》)에는 〈草屋喜黃仲擧見訪【庚戌, 罷郡歸後。】〉로 되어 있다.

213 庚戌年(明宗5, 1550년, 50세) 2월 禮安에서 쓴 시로 추정된다. 〔編輯考〕이 시는 別集 卷1의 〈移構草屋於退溪之西, 名曰寒栖庵〉(KBP0657)과 합편해야 한다. 別集의 시는 다음과 같다. "巖崖丹碧水淙潺, 草屋柴門晻靄間。已喜此生聊復得, 豈無三益共盤桓?" 〔資料考〕初本의 추기에는 "同上。"이라고 하였다. 初本(13책, 《退溪雜詠》)에는 〈移草屋於溪西, 名寒棲庵〉으로 되어 있다.

KNP0107(詩-內卷1-176)

三月三日, 雨中寓感【用丁未《踏青》韻。】[214]

不向江皐[215]踏綠茸, 小窓看雨對前峯。
閒忙頓別差爲幸, 愚智相懸定幾重?
古學未傳皆末士[216], 淳風猶在祇村農。
呼兒且進杯中物, 澆我平生壘積胸。

KNP0108(詩-內卷1-177)

拜聾巖先生, 先生令侍兒歌東坡〈月夜飮杏花下〉詩, 次其韻示之。滉亦奉和呈上[217]

病臥山中九十春, 起拜巖仙春喚人。
巖中老仙惜光景, 獨立汀洲詠白蘋。

---

214 庚戌年(明宗5, 1550년, 50세) 3월 3일 禮安에서 쓴 시로 추정된다. 〔資料考〕初本의 추기에 "同上。"이라고 하였다. 初本(13책, 《退溪雜詠》)에는 〈三月三日, 雨中有感【丁未〈踏青〉韻。〉이라고 되어 있다.

215 皐 : 養校에 "《溪堂錄》, '皐'作'郊'。"라고 하였다. 退溪는 50세(庚戌年)부터 상경하기 전인 52세(壬子年) 4월까지 창작한 시들을 모아 《溪堂錄》이라는 手本 詩集을 남긴 듯하다. 이 시집은 전하지 않으나 여기에 실린 시들과 《退溪先生文集》에 실린 시들을 대조한 내용이 전하고 있다.(《月日條錄》2, 37쪽 참조)

216 士 : 初本에는 "世"로 되어 있다. 〔교정기 '士'〕

217 庚戌年(明宗5, 1550년, 50세) 3월 17일 禮安에서 쓴 시로 추정된다. 初本의 추기에 "○庚戌, 罷郡歸鄕後〕"라고 하였으며 養校에 "《溪堂錄》, '拜'上有'十七日', '先生'作'相公', '飮'下有'酒'字。"라고 하였다.

倚巖紅杏尙未發，催令雪兒唱香雪。

待得花開要賞春，只恐花時已無月。

咳唾珠璣俄頃中，吟罷不覺杯心空。

江邊歸興浩無涯，回首亂山花欲紅。

KNP0109(詩-內卷1-178)

李先生來臨寒棲[218]

清溪西畔結茅齋，俗客何曾款戶開？

頓荷山南老仙伯[219]，肩輿穿得萬花來。

KNP0110(詩-內卷1-179)

退溪[220]

身退安愚分，學退憂暮境。

---

218 庚戌年(明宗5, 1550년, 50세) 3월 하순 禮安에서 쓴 시로 추정된다. 〔資料考〕
初本의 추기에 "見《退溪雜詠》."라고 하였다. 初本(13책, 《退溪雜詠》)에는 〈聾巖 李
先生, 來臨寒棲〉으로 되어 있고 養校에 "《溪堂錄》, 李相公辱臨寒栖庵, 明日伏以一絶
上謝'"라고 하였다.

219 老仙伯 : 初本(13책, 《退溪雜詠》)에는 "李相國'〔추기 一作'老仙伯'."으로 되어
있고 樊本의 두주에 "一本, '老仙伯'作'李相國'."라고 하였다.

220 庚戌年(明宗5, 1550년, 50세) 3~5월 禮安에서 쓴 시로 추정된다. 〔資料考〕
初本의 추기에 "同上."이라고 하였다.

溪上始定居，臨流日有省。

KNP0111(詩-內卷1-180)

寒棲[221]

結茅爲林廬，下有寒泉瀉。
棲遲足可娛，不恨無知者。

KNP0112(詩-內卷1-181~182)

溪居雜興。二首[222]

〔詩-內卷1-181〕

買地靑霞外，移居[223]碧澗傍。
深耽惟水石，大賞只松篁。
靜裏看時興，閒中閱往芳。
柴門宜迥處，心事一書牀。

---

221 庚戌年(明宗5，1550년，50세) 3~5월 禮安에서 쓴 시로 추정된다.〔資料考〕
初本의 추기에 "同上。"이라고 하였다. 養校에 "《溪堂錄》，'棲'下有'庵'。"라고 하였다.
222 庚戌年(明宗5，1550년，50세) 3~5월 禮安에서 쓴 시로 추정된다.〔資料考〕
初本의 추기에 "同上。"이라고 하였다.
223 居 : 養校에 "'居'，《溪堂錄》作'家'。"라고 하였다.

(詩-內卷1-182)

開荒²²⁴臨綠岸，結屋對丹巖。

澗草多無號，沙禽並不凡。

山居思²²⁵損益，溪座聽韶咸。

爛煮新蔬美，何須待晚饞？

KNP0113(詩-內卷1-183)

寒棲雨後書事²²⁶

浪浪夜雨聲，朝起青山濕。

宿雲半解駁，澗水流更急。

巖林迎光景，衆綠如新沐。

野人相喚出，幽鳥語款曲。

柴荊澹無事，圖書盈四壁。

古人不在玆，其言有餘馥。

望望三益友，來從三徑讀。

---

224 荒 : 定草本에 "花'〔추기 '花', 手本作'荒'."라고 하였다.
225 思 : 두주에 "'思', 一本作'知'."라고 하였고 甲本·樊本에도 동일한 두주가 있다. 甲本 두주에는 '手本'이라는 표시가 있다. 初本(13책,《退溪雜詠》)에는 "知"라고 하였고 추기에 "一作'思'."라고 하였다.
226 庚戌年(明宗5, 1550년, 50세) 3~5월 禮安에서 쓴 시로 추정된다.〔資料考〕初本의 추기에 "同上."이라고 하였다.

和陶集〈移居〉韻 二首【五月十八日】[227]

(詩-內卷1-184)

我生五十年, 今有半成宅。
地僻人罕至, 山深日易夕。
亦知生事疏, 猶勝勞形役。
省力撤舊材, 隨宜展敞席。
無論固窮節, 野性諧夙[228]昔。
苟爲道不同[229], 千言難剖析。

(詩-內卷1-185)

獨酌一杯酒, 閒詠陶 韋詩。
逍遙林澗中, 曠然心樂之。
古書誠有味, 多病畏沈思。
疾惡憤遺臭, 慕善嗟後時。
溪聲日夜流, 山色古今茲。
何以慰吾[230]心? 聖言不我欺。

---

227 庚戌年(明宗5, 1550년, 50세) 5월 18일 禮安에서 쓴 시이다. 〔資料考〕初本의 추기에 "同上。"이라고 하였다. 初本에는 〈和陶集〈移居〉韻〉으로 되어 있고 추기에 "五月十八日"이라고 하였으며 初本(13책,《退溪雜詠》)에는 〈和陶集〈移居〉〉라고 되어 있고 추기에 "五月十八日"라고 하였으며 養校에 "手本, '二首'字無。"이라고 하였다.
228 夙 : 養校에 "《溪堂錄》, '夙'作'宿'。"라고 하였다.
229 道不同 : 初本(13책,《退溪雜詠》)에는 "不同道〔추기 一作'道不同'〕。"으로 되어 있고 養校에 "手本'道不同'作'不同道'。"라고 하였다.

和陶集〈飲酒〉 二十首[231]

(詩-內卷1-186)

其一

無酒苦無悰, 有酒斯飲之。

得閒方得樂, 爲樂當及時。

薰風鼓萬物, 亨嘉今[232]若兹。

物與我同樂, 貧病復何疑?

豈不知彼[233]榮? 虛名難久[234]持。

(詩-內卷1-187)

其二

我欲挾天風, 遨遊崑崙山。

區區未免俗, 至今無足言。

前有百千世, 後有億萬年。

醉中見天眞, 那憂醒者傳?

---

230 吾 : 初本(13책,《退溪雜詠》)에는 "我"로 되어 있고 추기에 "一作'吾'。"라고 하였다.

231 庚戌年(明宗5, 1550년, 50세) 5~6월 禮安에서 쓴 시로 추정된다. 〔資料考〕初本의 추기에 "見《退溪雜詠》。"라고 하였다.

232 今 : 養校에 "《溪堂錄》, '今'作'方'。"라고 하였다.

233 彼 : 初本(13책,《退溪雜詠》)에는 "世"로 되어 있고 추기에 "一作'彼'。"라고 하였으며 養校에 "手本, '彼'作'世'。"라고 하였다.

234 久 : 初本(13책,《退溪雜詠》)에는 "可"로 되어 있고 養校에 "手本, '久'作'可'。"라고 하였다.

(詩-內卷1-188)

其三

智者巧投機，愚者滯常情。

滔滔汩末流，總爲中利名。

古來賢哲人，吾獨後於生。

此道卽裘葛[235]，奈何或猜驚？

拳拳抱苦心，淹留愧無成。

(詩-內卷1-189)

其四

白雲在空谷，無心天上飛。

偶然隨風起，何更有戀悲？

游空恆泛泛，含雨亦依依。

苟不需嘉澤，曷若遄其歸？

我思古賢達，末路何多衰？

旣雨不能罷，亦與天道違。

(詩-內卷1-190)

其五

我本山野質，愛靜不愛喧。

愛喧固不可，愛靜亦一偏。

君看大道人，朝市等雲山。

---

235 葛 : 初本·初本(13책,《退溪雜詠》)·定草本·庚本·擬本·甲本에는 "褐"로 되어 있고 養校에 "葛"라고 하였다.

義安卽蹈之，可往亦可還。
但恐易磷緇，寧敦靜修言？

(詩-內卷1-191)
其六

有人生卓然，吾獨異於是。
少愚晚益戇，無成反有毁。
自耽衆所棄，屏迹亦[236]宜爾。
區區口體間，豈必魚與綺？

(詩-內卷1-192)
其七

憶昨始來玆，四山花繁英。
俄然暗衆綠，悄悄幽居情。
寧聞有石人？百歲苦易傾。
邈彼古聖賢，身死道長鳴。
不及望門牆，咄咄如吾生？

(詩-內卷1-193)
其八

園林朝雨過，蔥蒨嘉樹姿。
晚涼生衆虛，餘靄棲高枝。

---

236 亦：初本(13책，《退溪雜詠》)에는 "固"로 되어 있고 추기에 "一作'亦'."라고 하였
으며 養校에 "手本, '亦'作'固'."라고 하였다.

沈寥茅屋靜，谽谺洞壑奇。

酒無獨飲理，偶興聊自爲。

陶然形迹忘，況復嬰塵羈？

(詩-內卷1-194)

其九

曒日出東北，巖居霧露開。

川原曠延矚，爽朗幽人懷。

萬物各自得，玄化妙無乖。

飛飛雙燕子，長夏自來棲。

有口不啄粟，卒瘏銜其泥。

巢成養雛去，物性天所諧。

無機似獨智，用巧還群迷。

晴簷語呢喃，主人夢初回。

(詩-內卷1-195)

其十

所思在何許？天涯與地隅。

迢迢隔塵響，浩浩綿川塗。

人生如朝露，羲馭不停驅。

手中綠綺琴，絃絶悲有餘。

獨有杯中物，時時慰[237]索居。

---

237 慰 : 初本(13책, 《退溪雜詠》)에는 "娛"로 되어 있고 추기에 "一作'慰'."라고 하였
으며 養校에 "手本, '慰'作'娛'."라고 하였다.

(詩-內卷1-196)

其十一

東方有一士, 夙志慕斯道。

春糧欲往[238]從, 守隅今向老。

孰能諭迷塗? 人皆惡衰槁。

蹙蹙顧四方, 不見同所好。

空知五車書, 終勝萬金寶。

至哉天下樂, 從來不在表。

(詩-內卷1-197)

其十二

問君今何爲? 麥秋正丁時。

山泉淸可釀, 自勸寧有辭?

每攬昔人懷, 感慨秪如玆。

安得金蘭友, 趣舍不復疑

片言釋千誣, 一誠消百欺?

此時忘憂物, 吾亦可已之?

(詩-內卷1-198)

其十三

我思千載人, 蘆峯 建陽境。

藏修一庵晦, 著書[239]萬古醒。

---

238 往 : 養校에 《溪堂錄》, '往'作'何'。"라고 하였다.

239 書 : 初本(13책, 《退溪雜詠》)에는 "述"로 되어 있고 추기에 "一作書。"라고 하였

往者待折衷，來者得挈領。
懿哉盛授受，源遠雜魯穎。
口耳障狂瀾，《心經》嘉訓炳。

(詩-內卷1-199)

其十四

舜文久徂世，朝陽鳳不至。
祥麟又已遠，叔季如昏醉。
仰止洛與閩，群賢起鱗次。
吾生晚且僻，獨昧修良貴。
朝聞夕死可，此言誠有味。

(詩-內卷1-200)

其十五

道邇求諸遠，滔滔曠安宅。
哲人有緒言，因可追心迹。
苟未及唯一[240]，何異誇聞百？
常怪楚狂輩，妄自分黑白。
遇聖不遜志，潔身還可惜。

으며 養校에 "手本，'書'作'述'。"라고 하였다.

240 唯一 ： 初本에는 "一唯"로 되어 있다.

其十六

吾東號鄒魯，儒者誦六經。

豈無知好之？何人是有成？

矯矯鄭烏川，守死終不更。

佔畢文起衰，求道盈其庭。

有能靑出藍，金鄭相繼鳴。

莫逮門下役，撫躬傷幽情。

其十七

蕭蕭草蓋屋，上雨而旁風。

就燥屢移牀，收書故篋中。

但撫無絃琴，寧知窮與通？

誇言笑宋玉，欲掛扶桑弓。

其十八

酒中有妙理，未必人人得。

取樂酣叫中，無乃汝曹惑？

當其乍醺醺，浩氣兩間塞。

釋惱而破吝，大勝榮槐國。

畢竟是有待，臨風還愧默。

其十九

小少²⁴¹聞聖訓, 學優乃登仕。

偶爲名所累, 輾轉徒失己。

龍鍾猶强顔, 竊獨爲深恥。

高蹈非吾事, 居然在鄕里。

所願善人多, 是乃天地紀。

四時調玉燭, 萬物各止止。

畢志林壑中, 吾君如怙恃。

其二十

近代蘇雲卿, 漢時鄭子眞。

遯迹意何如? 聊欲還其淳。

千歲²⁴²如流電, 萬事更故新。

伯夷本歸周, 黃公竟避秦。

古來英傑士, 終不墜風塵。

聖賢救世心, 豈必夙夜勤?

卓哉柴桑翁, 百世²⁴³朝暮親。

---

241 小少: 두주에 "'小少', 一本作'少小'。"라고 하였고 甲本·樊本에도 동일한 두주가 있으며 初本(13책,《退溪雜詠》)에는 "少小"로 되어 있다.

242 歲: 初本(13책,《退溪雜詠》)에는 "載"로 되어 있고 추기에 "一作'歲'。"라고 하였으며 養校에 "手本, '歲'作'載',《溪堂錄》作'歲'。"라고 하였다.

243 世: 初本(13책,《退溪雜詠》)에는 "歲"로 되어 있고 養校에 "手本, '世'作'歲',《溪堂錄》作'世'。"라고 하였다.

湯湯洪流中，惟子不迷津。

同好陸修靜，晚負廬山巾。

安得酒如海，喚起九原人？

KNP0116(詩-內卷1-206)

六月七日作【聞許南仲遷謫。】[244]

遠壑依依雲冪冪，輕風拂拂雨紛紛。

窓前水石含幽憤，增我平生苦憶君。

KNP0117(詩-內卷1-207~208)

偶讀宋潛溪〈靜室〉詩，次韻，示兒子寯·閔生應祺。二首[245]

(詩-內卷1-207)

林扉面山開，揷籬村蹊隔。

室中靜圖書，門前閒杖屐。

雨餘暑氣清，溪邊人事寂。

244 庚戌年(明宗5, 1550년, 50세) 6월 7일 禮安에서 쓴 시이다. 養校에 《溪堂錄》，
'七日'下有'有感'二字。"라고 하였다.

245 庚戌年(明宗5, 1550년, 50세) 6월~윤6월 禮安에서 쓴 시로 추정된다. 〔資料
考〕初本의 추기에 "見《退溪雜詠》。"라고 하였다. 初本(13책, 《退溪雜詠》)에는 〈寒
栖, 示兒子寯·閔生應祺〉라고 하였고 추기에 "偶讀《宋潛溪集》, 次〈靜室〉詩韻。二首"
라고 하였다.

時時挾冊來，汝輩留行迹。

(詩-內卷1-208)

幽庭草積翠，曲渚沙鋪明。

風驅酷暑去，鳥呼殘夢驚。

靜居何所修？ 年光倐遞更。

少壯當勉業²⁴⁶，庶以慰老²⁴⁷情。

---

246 當勉業 : 養校에 《溪堂錄》, '當勉業'作'勉究業'。"라고 하였다.

247 老 : 初本에는 "吾"로 되어 있다. 〔교정기 '老'〕

退溪先生文集

內集　卷二

KNP0118(詩-內卷2-1)

十六日雨【辛亥正月】¹

憶昨大雪當嚴冬，北風怒號寒威兇。
鳥雀凍死熊羆蟄，冷室破²絮愁病翁。
今朝雨聲滿園林，枕上已作悲春心。
年光如馳人事改，世故莽莽頭雪侵。
東屯西崦屢遷居，小草遠志終何如？
起來大叫索酒巵，看雲搔首仍躊躇。

KNP0119(詩-內卷2-2)

和老杜〈幽人〉³

幽人在何許？舉世誰同歸？
中林遠垢氛，獨立靜其儀。
茝蘭以爲佩，松桂以爲期。

---

1 辛亥年(明宗6, 1551년, 51세) 1월 16일 禮安에서 쓴 시로 추정된다. 〔資料考〕
이 시는 初本에서는 內集과 別集(3책)에 중복해서 실려 있다. 初本(3책, 別集)에는
〈十六日雨〉로 되어 있다.

2 破 : 初本・初本(3책, 別集)・庚本・擬本・甲本에는 "敗"로 되어 있다.

3 辛亥年(明宗6, 1551년, 51세) 1월 16일 禮安에서 쓴 시로 추정된다. 〔編輯考〕
이 시는 初本에서는 內集과 別集(3책)에 중복해서 실려 있다. 〔資料考〕 初本의 추기
에 "見《退溪雜詠》."라고 하였다. 初本(3책, 別集)에는 〈和杜〈幽人〉〉으로 되어 있고,
初本(13책,《退溪雜詠》)의 추기에 "辛亥"라고 하였다. 養校에 "《溪堂錄》, 無'老'字."
라고 하였다.

苦心領道要, 超然形迹遺。

應龍神變化, 貞玉絕瑕疵。

有時騎白鸞, 游天略瑤池。

濯髮洧盤水, 觀日扶桑枝。

歸來寂無營, 霞飧薜荔衣。

我欲扣雲關, 問道探玄微。

願無斬石髓, 精虔茹玉芝。

千年有餘樂, 一介⁴寧戀悲？

KNP0120(詩-內卷2-3)

十六日夜, 大風寒⁵

元夕初昏月上天, 俄頃黑雲迷天邊。

三更霰雪人不知, 曉來忽作雨聲懸。

蒼茫烟霧滿溪壑, 閉門愁臥增寥廓。

后土泥融水活活, 蟄蟲欲動句萌作。

如何陰陽復抗爭, 大塊噫⁶氣何訇訇？

---

4 介 : 初本(3책, 別集)에는 "芥"로 되어 있고 初本(13책,《退溪雜詠》)에는 "个"로 되어 있으며 養校에 "《溪堂錄》, '介'作'芥'。"라고 하였다.

5 辛亥年(明宗6, 1551년, 51세) 1월 17일 禮安에서 쓴 시이다. 〔編輯考〕 이 시는 初本에서는 內集과 別集(3책)에 중복해서 실려 있다. 初本(3책, 別集)에는 〈十六日夜, 大風寒, 至十七日〉로 되어 있고 養校에 "《溪堂錄》, '寒'下有'至十七日'四字。"라고 하였다.

6 噫 : 樊本에는 "噓"로 되어 있다.

山林波濤衆竅號，前逐千車後萬兵。
我構溪堂頗苦辛[7]，直恐吹倒荒溪濱。
溪堂雖倒我無恨，哀哉凍死溝中人。

KNP0121(詩-內卷2-4)

十八日朝晴，感興[8]

幽人枕書臥，燈影翳半壁。
不知廣風濟[9]，夢中餘怵惕。
荒鷄號霜月，海色騰巖谷。
沈寥萬境靜，昭朗一室白。
興言整冠襟，撫事增感激。
蒼蒼太虛內，湛然本無物。
或搏而雪下，或怒而風作。
或蒸雨繩懸，或閉寒膠折。
其間好光景，十日難一得。
治亂互推遷，善惡多反覆。
奈何治日少？奈何善人乏？
在天斯有時[10]，在人斯[11]有責。

---

7 苦辛 : 初本에는 "辛苦"로 되어 있다.

8 辛亥年(明宗6, 1551년, 51세) 1월 18일 禮安에서 쓴 시이다. 〔編輯考〕이 시는 初本에서는 內集과 別集(3책)에 중복해서 실려 있다.

9 濟 : 養校에 "'濟'疑'霽'."라고 하였다.

人能盡其責，天時[12]庶調[13]爕。

矧人秉帝衷，日用多蟊賊。

淸明僅一瞬，已被黃流汩。

卓哉古聖賢，其言皦如日。

不知者已矣。知之胡不[14]勗？

雋永《牛山章》，病中恆三復。

KNP0122(詩-內卷2-5)

二十日又雨，夜大風[15]

陰晴苦不常，天怒人其安？

昨霽今復雨，終日昏林巒。

冥冥夜氣沈，月黑雲迷關。

窅窅虛闐中，風作忽無端。

---

10 時 : 初本(3책, 別集)에는 "運"으로 되어 있고 養校에 "《溪堂錄》, '時'作'運'。"이라고 하였다.

11 斯 : 初本(3책, 別集)에는 "則"으로 되어 있고 養校에 "下'斯'字, 抹改'則'。"이라고 하였다.

12 時 : 初本(3책, 別集)에는 "運"으로 되어 있고 養校에 "下'時'亦作'運'。"라고 하였다.

13 調 : 初本(3책, 別集)에는 "可"으로 되어 있고 養校에 "'調'字爻周, 作'可'。"라고 하였다.

14 不 : 初本에는 "弗"이라고 하였다.

15 辛亥年(明宗6, 1551년, 51세) 1월 20일 禮安에서 쓴 시이다. 〔編輯考〕 이 시는 初本에서는 內集과 別集(3책)에 중복해서 실려 있다.

中宵撼地軸，厥勢如崩湍。

吁吸戶牖鳴，掀簸巖谷彈。[16]

莫測造物意，矗矗誰敢干？

猛虎噤不嘯，巢鶴去無還。

唯有宋窓鷄，膠膠不廢官。

痞[17]欵不能寐，擁膝土床寒。

誰哉力回天，六合分梟鸞。[18]

KNP0123(詩-內卷2-6~19)

閒居次趙士敬、具景瑞、金舜擧、權景受諸人唱酬韻。十四首[19]

(詩-內卷2-6)

難隨時世學粧姸，應物如方鑿柄圓。

往事已知成大錯，來緣何必問高天？

---

16 彈 : 初本·初本(3책, 別集)·庚本·擬本·甲本에는 "殫"으로 되어 있다.

17 痞 : 初本·初本(3책, 別集)에는 "悟"라고 되어 있다.

18 誰哉……梟鸞 : 養校에 "《溪堂錄》, 末句作'誰哉吟地籟, 和我歌考槃.'"라고 하였다.

19 辛亥年(明宗6, 1551년, 51세) 1월 하순 禮安에서 쓴 시로 추정된다. 이 시는 제목과 내용으로 보아 內集 卷2의 《有嘆》, 別集 卷1의 〈閒居次趙士敬【穆】、具景瑞【鳳齡】、金舜擧【八元】、權景受【大器】相唱酬韻【辛亥】〉, 外集 卷1의 〈辛亥早春, 趙秀才 士敬訪余於退溪, 語及具上舍 景瑞、金秀才 秀卿所和權景受六十絶, 幷景瑞五律. 余懇欲見之, 士敬歸卽寄示, 因次韻遣懷〉와 동일한 시기에 창작된 하나의 연작시로 보인다. 이 시는 《先祖文純公遺墨[詩草·家書]帖》(檀國大學校 圖書館 所藏)에도 실려 있다. 初本에는 〈閒居次趙士敬、具景瑞、金舜擧、權景受諸人唱酬韻〉으로 되어 있다. 養校에 "'閒居'上有'早春'二字; '諸人'作'相'字."라고 하였다.

(詩-內卷2-7)

塡壑工夫好耐辛，據城血戰豈關人？
若敎不用如山徑，野火春風草又新。[20]

(詩-內卷2-8)

聖代崇儒正道開，如何此事反驚猜？
若令曲學圖阿世，男子衣冠婦頰䚡。

(詩-內卷2-9)

少年前去路方長，發憤功深未遽凉。
十九人前何畏笑？愧[21]君先自剝剛腸。

(詩-內卷2-10)

濂 伊羣哲皆龍逝，湖建諸賢亦鳳飛。
莫嘆流傳資口耳，後來作者偉同歸。

【朱門末學，流爲口耳之弊，草廬諸公多以爲憂。然歷攷宋末、元·明之際，
以朱學傳相授受，卓然有得者多，不可以流弊爲本實病也。】[22]

---

20 野火……又新 : 養校에 "朱子書'只恐野火燒不盡，春風吹又生'，以比人欲之根，不
痛除，則有時而復生也。《溪堂錄》"이라고 하였다.

21 愧 : 初本·定本·擬本에는 "怪"로 되어 있다.

22 朱門……病也 : 養校에 "《溪堂錄》，朱門末學，流爲口耳之習之弊，諸公多患之，
非獨吳草廬先生爲然也。然歷考宋末、元·明之際，以朱學傳相授受，卓然有得者，不
可勝數，美矣。"라고 하였다.

(詩-內卷2-11)

元虜中州溷幾春？斯文猶得一番新。

可憐穢德能如許，不廢山林講道人。

【三代以下，國家待士之道，莫善於宋。然小人得志者，力戰天下之公議，指
君子爲奸僞，斥逐排擯，使之不容於世。唯元朝卻無此事，使士不諱道學，差
可尙耳。[23]】

(詩-內卷2-12)

陸禪朱辯障橫流，天下幾成盡爲劉。

末學口中騰性理，草廬當日暗生愁。

【見史[24]。】

(詩-內卷2-13)

後生必欲令趨徑，何異縫裳誤女攕？

不信[25]朱門還待陸，沛然時雨望添霂。

【霂，小雨也。○ 草廬患口耳之失，而欲反之，甚善，但朱先生此意，不啻拳
拳。從朱則本末兼擧而無偏，從陸則欲徑而歸於異學，蓋草廬之見不能無病，
故如此云。[26]】

---

23 斥逐……可尙耳：養校에《溪堂錄》，'排擯'下有'必'字；'世'下云云，作'山林韋布，
殆無免者，唯元不然，是可尙耳.'"라고 하였다.

24 史：養校에《溪堂錄》，'史'作'宋鑑'."이라고 하였다.

25 不信：養校에"'不信'作'自足'."이라고 하였다.

26 草廬……此云：養校에《溪堂錄》，吳草廬患口耳之學，而欲救之，甚善，但朱先
生此意，不啻拳拳。從朱則本末兼擧而無偏，從陸則欲徑而反不達，草廬之言殆失."이
라고 하였다.

(詩-內卷2-14)

文公平昔[27]警門墻，主敬研幾進室[28]堂。

若事眞經與程註，指南應不嘆亡羊。

【西山《心經》、篁墩《附註》，備述文公尊德性爲本、兼修道問學之意，且自

序之曰“可謂指南之車”云云。】[29]

(詩-內卷2-15)

寂寞研窮向碧蘿，吾東文獻費吟哦。

圃翁著述嗟漫滅，牧老文章幻說多。

【《圃隱集》一卷，其所著述，宜不止此，惜無從而得見之[30]。牧隱[31]每自謂不

學佛，然其[32]稱述釋教，不啻多且詳，而於吾學殊孟浪，無的確說[33]到處。】

(詩-內卷2-16)

陽村《圖說》儘爲奇，狀到天人合一時。

秖[34]恐猶多强牽綴，恨無眞眼訂吾詩。

【《入學圖說》，說道理儘細密。但以心字狀天人合一之理，巧則巧矣，恐未免

---

27 平昔 : 養校에 《溪堂錄》, ‘平昔’作‘晩歲’。"라고 하였다.

28 室 : 養校에 "‘室’作‘奧’。"라고 하였다.

29 西山……云云 : 養校에 《溪堂錄》, 眞西山《心經》、程敏政《附註》, 備述朱先生
教學者以尊德性爲本而兼修道問學之意, 且自序之曰, ‘可謂指南之車云云’。"이라고 하
였다.

30 之 : 養校에 《溪堂錄》, ‘之’下有‘耳’字。"라고 하였다.

31 隱 : 養校에 "‘隱’下有‘雖’字。"라고 하였다.

32 其 : 定本에는 없다. 樊本의 두주에 "‘其’, 一本無。"라고 하였다.

33 說 : 養校에 《溪堂錄》, ‘說’作‘見’。"이라고 하였다.

34 秖 : 初本·定本에는 "秖"로 되어 있고, 庚本·擬本·甲本에는 "祇"로 되어 있다.

杜撰牽合之病。其畫卦自外始，亦不可曉。】³⁵

(詩-內卷2-17)

佔畢師門百世名，沿文泝道得鴻生。

成功未半嗟蒙難，喚起群昏尙未醒。

【佔畢主於詩文，而典雅近道。其門人沿流遡³⁶源，如寒暄諸公，大有奮志，

大業未究，而淫禍已及，爲斯文之阨，久而愈甚，可勝嘆哉？】³⁷

(詩-內卷2-18)

武陵眞愛竹溪名，作屋渠渠訓後生。

道統推尊雖已過，人心昏寐豈無³⁸醒？

【周景遊肇創書院，甚盛擧。但其意直推文成公，爲眞接道統之傳，是大不

可。】³⁹

(詩-內卷2-19)

幽懷多少寄吟窓，畢竟空言不入腔。

---

35 入學……可曉 ： 養校에 "《溪堂錄》, 陽村《入學圖說》, 說道理儘細密, 似非牧隱之
比。但以心字狀天人合一之理, 巧則巧矣, 恐未免有杜撰牽合之病。其畫卦自外始, 亦
可疑。【黃敬甫已改之。】"라고 하였다.

36 遡 ： 初本에는 "泝"로 되어 있다.

37 佔畢……嘆哉 ： 養校에 "《溪堂錄》, 佔畢文章蓋世名, 後時同道恨虛生。成功未半
罹邦變, 痛惜人心未喚醒。【佔畢齋最近而同道, 亦未及摳衣於門下, 尤可嘆也。】"라고
하였다.

38 豈無 ： 養校에 "'豈無'作'孰能'。"이라고 하였다.

39 周景遊……不可 ： 養校에 "《溪堂錄》, 周景遊自號武陵, 爲豊守, 作書院於竹溪之
上, 敎學甚盛。但其意直推文成公, 爲眞接道統之傳, 是大不可。"라고 하였다.

襲置無令傳衆手，人人未必便心降。

有嘆[40]

今世何人第一流？脊梁硬鐵擔千秋。

須知少味還多味，若道無愁轉有愁。

謝透利關緣事洛，胡明物漬爲從涪。

自憐半百無歸仰[41]，依舊人間寂寂儔。

清明溪上書堂。二首【撤寒棲，移構小堂於溪北，次老杜韻。】[42]

(詩-內卷2-21)

清溪環繞幾重烟，結屋溪邊僅若船。

---

40 辛亥年(明宗6，1551년，51세) 1월 하순 禮安에서 쓴 시로 추정된다. 이 시는
앞의〈閒居次趙士敬、具景瑞、金舜擧、權景受諸人唱酬韻。十四首〉，別集 卷1의〈閒
居次趙士敬【穆】、具景瑞【鳳齡】、金舜擧【八元】、權景受【大器】相唱酬韻【辛亥】〉，外
集 卷1의〈辛亥早春，趙秀才士敬訪余於退溪，語及具上舍景瑞、金秀才秀卿所和權
景受六十絶，幷景瑞五律。余懇欲見之，士敬歸卽寄示，因次韻遣懷〉와 합편해야 한
다. 이 시는《先祖文純公遺墨〔詩草·家書〕帖》(檀國大學校 圖書館 所藏)에도 실려 있
다. 初本、定本에는 "有歎"으로 되어 있다.

41 無歸仰 : 養校에 "《溪堂錄》, '無歸仰'作'年虛過'."라고 하였다.

42 辛亥年(明宗6，1551년，51세) 2월 1일 禮安에서 쓴 시이다. 初本의 주묵추기에

造次規模從客笑, 幽偏形勢⁴³得吾緣。

輕紅欲發花迎喜, 嫩碧初生草帶憐。

酒入口中纔⁴⁴盎若, 詩從筆下已超然。

儒林道故難諧俗, 男子身多不直錢。

恨未一生逢有道, 此心無路訂千年。

(詩-內卷2-22)

心通一語道猶東, 志異何殊聽借聾?

利欲只今河決海, 功名從⁴⁵古鳥過空。

年年民俗困無告, 箇箇人情嫌不同。

有恨⁴⁶風光催嶺日, 無言春色滿溪楓。

病來稍減書癡絶, 愁處難禁⁴⁷酒聖中。

補過希前垂至戒, 令人長憶紫陽翁。

"見《退溪雜詠》。"이라고 하였다. 初本에는 "淸明溪上書堂【撤寒棲, 移構小堂於溪北, 次老杜韻。】"으로 되어 있다. 初本(13책, 《退溪雜詠》)에는 "溪上書堂淸明【寒棲, 移溪北, 小異其制, 爲堂若室。次老杜韻。】"으로 되어 있다. 養校에 "手本, '淸明'字在'堂'字下; '二首'字無。寒棲, 移溪北, 小異其制, 爲堂若室, 次老杜韻。"이라고 하였다.

43 勢 : 初本에는 "勝"으로 되어 있다.

44 纔 : 養校에 "《溪堂錄》, '纔'作'才'。"라고 하였다.

45 從 : 初本·初本(13책, 《退溪雜詠》)에는 "終"으로 되어 있다. 養校에 "《溪堂錄》, '從'作'終'。"이라고 하였다.

46 恨 : 柳校에 "'恨', 恐'限'之誤。"라고 하였다. 李校에 "'恨'疑'限'。"이라고 하였다.

47 禁 : 初本(13책, 《退溪雜詠》)에는 "忘"으로 되어 있고, 그 추기에 "一作禁。"이라고 하였다. 養校에 "手本, '禁'作'忘'。"이라고 하였다.

春日閑居, 次老杜六〈絶句〉[48]

(詩-內卷2-23)

昨日雲垂地, 今朝雨浥泥。

開林行野鹿, 編柳卻園雞。[49]

(詩-內卷2-24)

不禁山花亂, 還憐徑草多。

可人期不至, 奈[50]此綠尊何?[51]

(詩-內卷2-25)

水聲含洞口, 雲氣帶山腰。

睡鶴沙中立, 驚鼯樹上跳。[52]

(詩-內卷2-26)

山田宜菽粟, 藥圃富苗根。

北彴通南彴, 新村接舊村。[53]

---

48 辛亥年(明宗6, 1551년, 51세) 2~3월 禮安에서 쓴 시로 추정된다. 初本의 주묵추기에 "見《退溪雜詠》。"이라고 하였다.

49 雞 : 初本은 뒤에 "一"이 있다.

50 奈 : 初本·初本(13책,《退溪雜詠》)·定本·樊本에는 "奈"로 되어 있다.

51 何 : 初本은 뒤에 "二"가 있다.

52 跳 : 初本은 뒤에 "三"이 있다.

53 村 : 初本은 뒤에 "四"가 있다.

(詩-內卷2-27)

樵人閒出谷，乳雀競棲簷。
小閣同何胤，高臺異宋纖。[54]

(詩-內卷2-28)

綠染千條柳，紅燃萬朵花。
雄豪山雉性，奢麗野人家。[55]

KNP0127(詩-內卷2-29)

聾巖先生來臨溪堂[56]

溪西茅屋憶前年，溪北今年又卜遷。
第一光華老仙伯，年年臨到萬花邊。

---

54 纖 : 初本은 뒤에 "五"가 있다.

55 家 : 初本은 뒤에 "六"이 있다.

56 辛亥年(明宗6, 1551년, 51세) 3월 4~10일 禮安에서 쓴 시로 추정된다. 初本의 주묵추기에 "同上."이라고 하였다. 《聾巖先生文集》卷1에도 李賢輔가 지은 〈奉次溪堂謝往一絶〉의 原韻詩로 실려 있다. 初本(13책, 《退溪雜詠》)에는 〈聾巖先生垂訪溪堂〉으로 되어 있다. 養校에 "手本, '來臨'作'重訪'."이라고 하였다.

十一夜陪聾巖先生，月下飲酒杏花下，用東坡韻[57]

暮春欲暮前年春，花開月缺愁殺人。
暮春未半今年春，月滿花樹風生蘋。
臨流對酒高興發，萬斛閒愁如沃雪。
蘇仙一去幾今古，依舊杯中一片月。
唱徹瓊詞幔亭中，仙風浩氣如憑空。
醉宿江樓香滿懷，夢魂不到東華紅。

溪堂偶興。十絶[58]

(詩-內卷2-31)

四麓唯紅錦，雙林是碧羅。
豈知淳朴處，還被化工誇？[59]

(詩-內卷2-32)

彴跨溪聲度，堂依壑勢開。

---

57 辛亥年(明宗6，1551년，51세) 3월 11일 禮安에서 쓴 시이다.

58 辛亥年(明宗6，1551년，51세) 3월 禮安에서 쓴 시로 추정된다. 初本의 주묵추기에 "見《退溪雜詠》。"이라고 하였다.

59 誇 : 初本은 뒤에 "一"이 있다.

從他笑深僻，素⁶⁰履足徘徊。⁶¹

(詩-內卷2-33)

開鏡爲蓮沼，披雲作石門。

和風吹澹蕩，時雨發絪縕。⁶²

(詩-內卷2-34)

石竇疏泉遠，山根卜宅幽。

客來愁絶險，還往⁶³儘悠悠。⁶⁴

(詩-內卷2-35)

盡日雲含雨，移時鳥喚春。

山村頗狎虎，溪路少逢人。⁶⁵

(詩-內卷2-36)

已著⁶⁶游仙枕，還開讀《易》窓。

千鍾非手搏，六友是心降。⁶⁷

---

60 素 ： 初本(13책,《退溪雜詠》)의 주묵추기에 "'坦', 一作'素'."라고 하였다.

61 徊 ： 初本은 뒤에 "二"가 있다.

62 縕 ： 初本은 뒤에 "三"이 있다.

63 還往 ： 養校에《溪堂錄》, '還往'作'嗔罵'."라고 하였다.

64 悠 ： 初本은 뒤에 "四"가 있다.

65 人 ： 初本은 뒤에 "五"가 있다.

66 著 ： 初本(13책,《退溪雜詠》)에는 "着"으로 되어 있다.

67 降 ： 初本은 뒤에 "六"이 있다.

【松竹梅菊蓮己爲友。】⁶⁸

(詩-內卷2-37)

布穀催田務，提壺勸客愁。
更憐雲外鶴，無語立松頭。⁶⁹

(詩-內卷2-38)

爛熳堆紅紫，淸新邁綠靑。
三杯偶⁷⁰獨酌，萬事本無營。⁷¹

(詩-內卷2-39)

因病投閒客，緣深絕俗居。
欲知眞樂處⁷²，白首抱經書。⁷³

(詩-內卷2-40)

掬泉注硯池，閒坐寫新詩。
自適幽居趣，何論知不知。⁷⁴

---

68 松竹……爲友 : 저본·甲本·樊本의 두주에 "一本, '蓮'下有'與'字; '爲'下有'六'字."
라고 하였다. 初本(13책,《退溪雜詠》)에는 "梅竹松菊蓮與己爲六友."로 되어 있다.

69 頭 : 初本은 뒤에 "七"이 있다.

70 偶 : 定本에는 "又"로 되어 있다.

71 營 : 初本은 뒤에 "八"이 있다.

72 眞樂處 : 初本(13책,《退溪雜詠》)의 주묵추기에 "'何所樂', 一作'眞樂處'."라고
하였다.

73 書 : 初本은 뒤에 "九"가 있다.

KNP0130(詩-內卷2-41)

次趙監司 季任上聾巖先生韻【席上】[75]

別後唯憑雙鯉魚，而今重拜地仙居。
綺筵開處花相似，瓊句留時錦不如。
三達久爲人所仰，一淸何止史堪書？
卻慙下客疎慵甚，病覺腰圍日減初。[76]

KNP0131(詩-內卷2-42)

次季任密陽嶺南樓和朴昌世詩。二十二韻[77]

乙未南遊嶺海秋，曾攀危檻眺雄州。
紛綸世事千回轉，合沓天星兩匝周。
夢化浪尋三島月，詩疆空憶萬家侯。
病纏漳水寧天意？詞貢滕王定鬼謀。
舊說一琴隨隻鶴，今聞長笛倚高樓。

---

74 知 ： 初本은 뒤에 "十"이 있다.

75 辛亥年(明宗6, 1551년, 51세) 4월 禮安에서 쓴 시이다. 《聾巖先生文集》권1에도
〈次監司趙松岡【士秀】因謝退溪和示〉와 함께 실려 있다. 初本(3책, 別集)에는 〈次趙
季任監司上聾巖相公韻〉으로 되어 있다.

76 初 ： 初本(3책, 別集)에는 뒤에 "【季任, 曾有淸白之褒。自註 ○ 見內集。】"이 있
다. 養校에 "【季任, 曾有淸白之褒。《溪堂錄》】"이라고 하였다.

77 辛亥年(明宗6, 1551년, 51세) 여름 禮安에서 쓴 시로 추정된다. 初本(3책, 別集)
의 부전지에 "士秀, 此名已見上。"이라고 하였다.

風雲入筆驅神變, 海岳披眸豁遠幽。
鄂渚烟光莉樹外, 長沙秋色楚江頭。
霞觴艶[78]海羞麟鳳, 仙樂轟天詠瑟璆。
弔古自成歌激烈, 傷今尤覺語悲遒。
風斤妙質逢宜少, 〈白雪〉希音和豈稠?
山澤臞形眞自笑, 皇華佳什謬當酬。
携來夜屋虹光貫, 讀罷晨窓瑞色浮。
熟路四方馳駿駕, 洪流千里送飂舟。
烟花滿目啼黃鳥, 雲雨垂空舞翠虯。
達士離塵淸似蛻, 凡夫徇俗窘如囚。
觀風有愛留棠芰, 食力何尤付橘洲?
至敎幾人承化雨? 浮名唯我去懸疣。
涼涼獨見交如漆, 落落休論得若丘。
荏苒光陰嗟易失, 回環倚伏莽難求。
悲傷觸事嬰深抱, 感慨因公記壯遊。
安得樓居同吐納, 仍看羽化脫喧啾,
浮游汗漫出六合[79], 臥閱蓬萊淸淺流?

---

78 艶 : 定本의 교정기에 "灩"으로 되어 있고, 그 부전지에 "元本亦作'艶', 然'灩'恐是."
라고 하였다.

79 汗漫出六合 : 定本의 부전지에 "'汗漫出六合', 無律, 更詳之."라고 하였다.

KNP0132(詩-內卷2-43)

七月十三夜月[80]

初秋夕霽天無雲，月色萬里纖毫分。
天風湛湛吹玉波，銀河掩彩星韜文。
眼中忽失世湫隘，坐我瑤臺與瓊閣。
海山仙人如可招，月裏姮娥相唯諾。
彼美桂樹生蟾宮，宜與天地無終窮。
婆娑本不礙月明，吳質妄欲饕天功。
我勸姮娥一杯酒，願乞玄霜玉杵臼。
凌風倏[81]忽游八表，萬丈紅塵不回首。
赤壁見翅如車輪，武夷臥聽金雞晨。
下笑顛狂李謫仙，區區對影成三人。

KNP0133(詩-內卷2-44)

次金惇敍〈讀書有感〉韻[82]

魯鈍無能只信書，中間輕試利名途。

---

80 辛亥年(明宗6, 1551년, 51세) 7月 13일 禮安에서 쓴 시이다. 初本의 주묵추기에
"見《退溪雜詠》."이라고 하였다. 이 시는 別集 卷1의 〈十三日夜月〉과 합편해야 한다.
初本의 주묵추기에 "三" 뒤에 "日"이 있다. 初本(13책, 《退溪雜詠》)에는 〈溪堂七月十
三夜月〉로 되어 있다. 樊本에는 〈七月十三日夜月〉로 되어 있다.

81 倏 : 初本·初本(13책, 《退溪雜詠》)·定本·樊本에는 "倐"으로 되어 있다.

82 辛亥年(明宗6, 1551년, 51세) 11~12월 禮安에서 쓴 시로 추정된다.

殘年始欲追前軌，末路⁸³依然作舊吾。
汲汲反躬須益友，滔滔立脚是眞夫。
寸膠可救黃流濁，參倚尋常在座隅。

KNP0134(詩-內卷2-45~46)

次韻答新寧宰黃仲擧⁸⁴

(詩-內卷2-45)

夜枕强懷不滿張，其如一念費稱量？
沂公尙戒愚難免，邵子猶思智善藏。
涉歷始知新得趣⁸⁵，歸來眞覺舊迷方。
誰言簡策爲糟粕？ 此事應須問紫陽。

(詩-內卷2-46)

千林浩渺樹槎牙，萬里同雲冪日車。
亂片非時驚柳絮，暗香無處覓梅花。
何知暈點朝回袖？ 只恐⁸⁶平封凍臥家。
坐想琴軒增絕致，萬竿堆壓玉相叉。

---

83 路 : 樊本의 두주에 "'路', 手簡作'學'。"이라고 하였다.

84 辛亥年(明宗6, 1551년, 51세) 12월(14일 이후) 禮安에서 쓴 시로 추정된다.

85 得趣 : 養校에 "《溪堂錄》, '得趣'作'住脚'。"이라고 하였다.

86 恐 : 養校에 "《溪堂錄》, '恐'作'怕'。"라고 하였다.

KNP0135(詩-內卷2-47~48)

正月二日立春【壬子】[87]

(詩-內卷2-47)

窓外東風料峭寒, 窓前流水碧潺潺。
但知至樂存書室, 不用高門送菜盤。

(詩-內卷2-48)

黃卷中間對聖賢, 虛明一室坐超然。
梅窓又見春消息, 莫向瑤琴嘆[88]絶絃。[89]

KNP0136(詩-內卷2-49)

上元日遇李庇遠於溪路, 同行卽事[90]

春冰破玉水漫溪, 春日初暄野鳥啼。

---

87 壬子年(明宗7, 1552년, 52세) 1월 2일 禮安에서 쓴 시이다. 初本의 주묵추기에
"見《退溪雜詠》。"이라고 하였다. 初本(13책,《退溪雜詠》)의 주묵추기에 "一首見《梅花
詩》。○ 壬子"라고 하였다. 初本에는 〈壬子正月二日立春〉으로 되어 있고, 그 주묵추
기에 "○ 壬子"라고 하였다. 初本(13책,《退溪雜詠》)에는 〈壬子正月二日立春【一首見
《梅花詩》。】〉로 되어 있다. 養校에 "《溪堂錄》, '立春'下有'題門窓'三字。"라고 하였다.
88 嘆 : 養校에 "《溪堂錄》, '嘆'作'枉'。"이라고 하였다.
89 黃卷……絶絃 : 初本의 주묵추기에 "亦見《梅詩》。"라고 하였다. 初本(13책,《退溪
雜詠》)의 주묵추기에 "見《梅詩》。"라고 하였다.
90 壬子年(明宗7, 1552년, 52세) 1월 15일 禮安에서 쓴 시이다. 初本에는 〈上元日
遇李庇遠於溪路, 同行卽事【○壬子】〉로 되어 있다.

馬上相逢聯轡去，晚風無數草生蹊。

KNP0137(詩-內卷2-50)

上元夜溪堂對月[91]

溪翁獨向溪堂宿，半夜開窗看月色。
金波瀲灩綠烟滅，萬竅無風一室寂。
賞燈兒戲非吾俗，占歲岷情乃眞惑。
何如閱盡華山圖，靜鑑惺惺讀《周易》?[92]

KNP0138(詩-內卷2-51~52)

次韻答李靑松 公幹。二首[93]

(詩-內卷2-51)

壽樂園亭傍渚磯，銅章時到弄斑衣。

---

91 壬子年(明宗7, 1552년, 52세) 1월 15일 禮安에서 쓴 시이다. 初本의 주묵추기에 "同上。"이라고 하였다.

92 何如……周易 : 養校에 "見《瀛奎律髓》註。《溪堂錄》"이라고 하였다.

93 壬子年(明宗7, 1552년, 52세) 1월 21~22일 禮安에서 쓴 시로 추정된다. 初本의 주묵추기에 "一首見《退溪雜詠》。"이라고 하였다. 이 시는 別集 卷1의 〈次韻答李公幹〉, 遺集 外篇 卷1의 〈黃仲擧回自平海溫井, 靑松李公幹以十絶邀之。近公幹來覲, 余往見之, 仍同侍月川之會, 暮歸過汾川, 公幹出詩辱示, 追次韻奉寄, 兼呈大成 大用【壬子】〉와 합편해야 한다. 初本에는 〈次韻答李靑松 公幹〉으로 되어 있다. 初本(13 책,《退溪雜詠》)에는 〈答李靑松 公幹〉으로 되어 있다.

我今獨[94]抱無涯恨, 寸草三春失報暉。[95]

(詩-內卷2-52)

人曰山中不可居, 甌[96]生塵土釜生魚。
起來謝客無言說, 但覺窮愁昔已除。

KNP0139(詩-內卷2-53)

滉將拜聲巖於臨江寺, 其夜有雪, 先生朝遣僧, 以一絶速之, 謹奉和, 先以呈上[97]

天增絶致尋眞境, 故作瓊瑤十里寒。
但得夤[98]緣參雪子, 區區何必問袁安?

---

94 獨 : 養校에 "《溪堂錄》, '獨'作'正'。"이라고 하였다.

95 壽樂園亭……報暉 : 初本(13책, 《退溪雜詠》)에는 없다.

96 甌 : 養校에 "'甌'作'甕'。"이라고 하였다.

97 壬子年(明宗7, 1552년, 52세) 1월 27일 禮安에서 쓴 시이다. 《退溪先生全書目錄外集【逸】》卷5에 〈壬子正月, 聲巖先生在臨江寺, 某將往拜, 已報侍次, 其夜有雪。翌晨先生遣一沙彌, 以絶句促之云〉이라는 제목의 逸詩로 기록되어 있다.

98 夤 : 定本·擬本·樊本에는 "寅"으로 되어 있다.

KNP0140(詩-內卷2-54)

暮歸馬上[99]

春風吹水雪初晴，候謁仙公野寺清。
去自欣然來自得，夕陽斜路馬蹄輕。

KNP0141(詩-內卷2-55)

李大成來訪溪堂[100]

山花未發[101]春强半，溪鳥閒飛客又來。
淺酌高談忘我病[102]，窮居苦節勉君才。

---

99 壬子年(明宗7, 1552년, 52세) 1월 27일 禮安에서 쓴 시이다.《退溪先生全書目錄
外集【逸】》卷5에《是日暮歸, 馬上口占》이라는 제목의 逸詩로 기록되어 있다.

100 壬子年(明宗7, 1552년, 52세) 2월 중순 禮安에서 쓴 시로 추정된다. 初本의
주묵추기에 "同上."이라고 하였다. 이 시는 李文樑의《碧梧先生文集》卷2에도 실려
있다.

101 發 : 저본·甲本·樊本의 두주에 "'發', 一本作'落'."이라고 하였다. 初本·初本(13
책,《退溪雜詠》)에는 "落"으로 되어 있다.

102 病 : 저본·甲本·樊本의 두주에 "'病', 一本作'老'."라고 하였다. 初本(13책,《退
溪雜詠》)의 주묵추기에 "'老', 一作'病'."이라고 하였다.

淸吟石[103]

亂披紅鬪裏，閒擔綠波回。
晚與溪童約，盤擎活玉來。

【綠波，酒名[104]。】

答友人【丁季晦，時謫巨濟。】[105]

死者長辭生亦分，窮山藜藿瘴鄉雲。
百年契分明霜義，千里心懷爛貝文。
坐對鹿眠常戀友，臥看鳶跕尙思君。
從來佩服皆蘭臭，莫爲摧傷少替芬。

---

103 壬子年(明宗7，1552년，52세) 2~3월 禮安에서 쓴 시로 추정된다.

104 名 : 初本·庚本에는 없다.

105 壬子年(明宗7，1552년，52세) 2~3월 禮安에서 쓴 시로 추정된다. 丁熿의《游軒先生文集》卷2에도〈書答退溪札後〉아래에〈附和〉로 실려 있다.

四月初一日溪上作[106]

澡神古書在, 灌花淸泉賴。

林居識鳥樂, 地坐看蟻大。

夏初品物流, 春後餘芳暍。

雲生沆瀣間, 日墮蒼茫外。

休休已無恨, 落落空多嘅。

唯有千載人, 襟期與我會。

答黃仲擧[107]

愚者常爲智所籠, 非非是是巧相蒙。

未知何事爲長策, 唯覺隨人最下風。

萬紫千紅微雨後, 白雲靑鶴故山中。

明時會見憐衰疾, 此樂何憂未占終?

【仲擧詩, "但恐鸞書驚鶴夢, 心親魚鳥愛難終。"】

---

106 壬子年(明宗7, 1552년, 52세) 4월 1일 禮安에서 쓴 시이다. 初本의 주묵추기에 "見《退溪雜詠》。"이라고 하였다. 이 시는 《師門手簡》(全)(第8別錄, 문화공보부·문화재관리국, 123면)에도 실려 있다. 初本(13책,《退溪雜詠》)에는 〈首夏溪上〉으로 되어 있고, 그 주묵추기에 【四月初一日】"이라고 하였다. 《師門手簡》에는 〈四月一日, 溪堂言志〉로 되어 있다.

107 壬子年(明宗7, 1552년, 52세) 4월 2~6일 禮安에서 쓴 시로 추정된다.

KNP0146(詩-內卷2-60)

幽居示李仁仲、金愼仲[108]

幽居一味閒無事，人厭閒居我獨憐。
置酒東軒如對聖，得梅南國似逢仙。
巖泉滴硯雲生筆，山月侵牀露灑編。
病裏不妨時懶讀，任從君笑腹便便。

KNP0147(詩-內卷2-61)

溪堂前方塘微雨後作[109]

小塘雨絲絲，清晨獨來憩。
窓虛可坐臨，地淨無塵翳。
靄靄雲氣垂，微微波紋細。
蒼苔濕滿嵌，碧草霑委[110]砌。

---

108 壬子年(明宗7, 1552년, 52세) 4월 2~6일 禮安에서 쓴 시로 추정된다. 初本의
주묵추기에 "同上。"이라고 하였다. 初本(13책, 《退溪雜詠》)의 주묵추기에 "見《梅花
詩》。"라고 하였다. 初本(13책, 《退溪雜詠》)에는 〈幽居。示金、李兩生〉으로 되어 있
다. 《梅花詩帖》에는 〈幽居【示李仁仲、金愼仲。】〉으로 되었다.

109 壬子年(明宗7, 1552년, 52세) 4월 7일 禮安에서 쓴 시이다. 이 시는 《師門手簡》
(全)(第8別錄, 문화공보부·문화재관리국, 126면)에도 실려 있다. 《師門手簡》에는
〈光影塘微雨後作〉으로 되어 있다. 養校의 두주에 "《溪堂錄》, '初七日, 光影塘微雨後
作。'"이라고 하였다.

110 委 : 定本에는 "衣"로 되어 있고, 그 교정기에 "依"라고 하고, 그 부전지에 "元本亦
'衣', 然'依'恐是。【'衣', 手本作'委'。】"라고 하였다.

餘霏洗水面，一鑑寒潑湝。

度鳥忽遺影，游魚新得計。

夙昔抱冲素，生平不狎世。

蒙泉有活源，果育希晚歲。

題詩豈夢占？觀書儻天契。

何況後夜來，[111] 風月更光霽？

KNP0148(詩-內卷2-62)

四月八日感事【國俗以是日釋迦生，稱爲節日。】[112]

生賢生聖老天心，本爲斯人濟陸沈。

待得半千猶苦罕，自從中古更難諶。

么胡始降偏[113]方蠻，異教終瓤萬國淫。

最是無稽基福日，誇傳作節到如今。

【福，本作禍。】[114]

---

111 何況後夜來 : 養校에 "《溪堂錄》, '何況後夜來'作'何人共他夜'."라고 하였다.

112 壬子年(明宗7, 1552년, 52세) 4월 8일 禮安에서 쓴 시이다. 養校에 "'稱'作'名'." 이라고 하였다.

113 偏 : 養校에 "'偏', 草本作'西'."라고 하였다.

114 福本作禍 : 初本·定本·庚本에는 없다. 養校에 "【溪堂錄】"이라고 하였다.

KNP0149(詩-內卷2-63)

次韻寄題<u>黃仲擧</u>新構<u>竹閣</u>【夏赴都後。】[115]

肉食終難近臭銅，此君唯足[116]友軒中。
竿竿[117]玉立非爭列，籜籜[118]龍騰欲上空。
瘦石寒溪團翠色，疎櫳虛檻灑清風。
可憐人境俱新處，續舊題詩愧未工。

KNP0150(詩-內卷2-64~65)

八月十五夜西軒對月。二首[119]

(詩-內卷2-64)

遙夜夢家山，起看梁上月。
更愛西軒中，清光滿疎樾。

----

115 壬子年(明宗7, 1552년, 52세) 5~6월 서울에서 쓴 시로 추정된다. 初本에는
〈次韻寄題黃仲擧新構竹閣【壬子夏赴都後。】〉로 되어 있다.

116 唯足 : 初本·定本·庚本·樊本에는 "聊可"로 되어 있다.

117 竿竿 : 저본의 두주에 "'竿竿', 一本作'千竿'。"이라고 하였다. 初本·定本·庚本·
樊本에는 "千竿"으로 되어 있다. 養校에 "'竿竿', 一本作'千竿'。"이라고 하였다.

118 籜籜 : 저본의 두주에 "'籜籜', 一本作'萬籜'。"이라고 하였다. 初本·定本·庚本·
樊本에는 "萬籜"으로 되어 있다. 養校에 "'籜籜', 一本作'萬籜'。"이라고 하였다.

119 壬子年(明宗7, 1552년, 52세) 8월 15일 서울에서 쓴 시이다. 初本의 주묵추기에
"五" 뒤에 "日"이 있다. 樊本에는 〈八月十五日夜, 西軒對月。二首〉로 되어 있고, 그
두주에 "'日', 一本無。"라고 하였다.

(詩-內卷2-65)

明月在天上，幽人在窗下。

金波湛玉淵，本來非二者。

KNP0151(詩-內卷2-66~67)

次韻友人。二首[120]

(詩-內卷2-66)

班馬聯鼇禁，夔龍集鳳池。

菲才忝魯泮，式穀愧周詩。

(詩-內卷2-67)

童頭退之嘆，便腹孝先眠。

任逐桑楡暖[121]，何時此計圓？

---

120 壬子年(明宗7, 1552년, 52세) 8~9월 서울에서 쓴 시로 추정된다. 이 시는 別集 卷1의 〈次韻友人〉과 합편해야 하니, 〈次韻友人〉의 細註에 "凡五, 第一第三, 見內集." 이라고 하였기 때문이다.

121 暖 : 庚本・擬本・甲本에는 "煖"으로 되어 있다.

KNP0152(詩-內卷2-68~71)

次韻答林大樹。四首【癸丑】[122]

(詩-內卷2-68)

閒思雀網門前設, 病畏儒冠座上峨。
斂袵歸來秋又晚, 菊花霜露一園多。

(詩-內卷2-69)

門庭不掃蓬蒿沒, 几閣無塵書籍峨。
獨坐深思今古事, 異同今古本無多。

(詩-內卷2-70)

逝水青年空恨怍, 高山前烈尙巍峨。
好風深院無餘事, 誰信遺經餉我多?

(詩-內卷2-71)

心欣吉善如蘭馥, 氣湧姦兇似泰峨。
莫把衰齡看古史, 衰齡看史轉傷多。

---

122 癸丑年(明宗8, 1553년, 53세) 9월 서울에서 쓴 시로 추정된다. 이 시는 別集
卷1의 〈大樹見和前韻, 復和答〉과 합편해야 하니, 初本(3책, 別集)에 실린 〈大樹見和
前韻, 復和答〉의 細註에 "凡五首, 第一二四五, 見內集。"이라고 하였기 때문이다. 初
本에는 "次韻答林大樹【癸丑】"으로 되어 있고, 그 주묵추기에 "四首"라고 하였다.

KNP0153(詩-內卷2-72)

題周景遊遊清涼山錄後[123]

半世心腸未鐵剛，仙山宿債久難償。
夢魂時復凌清峭，形役今猶墮軟香。
白入匡廬吟日照，韓登華岳撼天光。
巨編何幸投來看？千仞還疑共振裳。

KNP0154(詩-內卷2-73~74)

次韻黃仲擧【并序】[124]

仲擧曾求拙跡，僕書晦庵 廬山。仲擧時得公山 仙舟巖瀑
布，適得廬山詩帖，以爲喜幸，二絕見寄，次韻奉答。[125]

(詩-內卷2-73)

新發雲泉勝，千尋想怒雷。
遨牀來玩處，嵐翠幾重堆？[126]

---

123 癸丑年(明宗8, 1553년, 53세) 9월 서울에서 쓴 시로 추정된다.

124 癸丑年(明宗8, 1553년, 53세) 1월 2일 서울에서 쓴 시이다. 初本‧定本‧庚本
에는 〈次韻黃仲擧〉로 되어 있다. 初本(3책, 別集)에는 〈次韻答黃仲擧【見內集。】〉
으로 되어 있다.

125 仲擧……奉答 : 初本(3책, 別集)에는 "仲擧曾以空帖求拙跡，僕寫晦庵 廬山詩十
四篇還之。仲擧時新得公山 仙舟巖瀑布，以爲幸，又得廬山詩帖，尤爲喜其適相值也。
二絕見寄，次韻奉呈，一笑"로 되어 있다.

夢想廬山河落水，風塵三復紫陽詞。
聞君訪得仙巖瀑，相逐何時攬絶奇？

KNP0155(詩-內卷2-75)

題靈川子墨竹[127]

舊竹飄蕭新竹長，林間奇石狀奇章。
不知妙墨傳湘韻，唯覺風霜滿一堂。

KNP0156(詩-內卷2-76)

贈韓上舍士炯【甲寅】[128]

常愧吾行未透關，指南欣得子相扳。
望中巉險聊宜戒，俗裏韜藏詎是孱？
功到及泉無棄井，事同攻玉藉他山。
會須默契環中意，長占人間分外閒。

---

126 新發……重堆 : 初本(3책, 別集)에는 없다.
127 癸丑年(明宗8, 1553년, 53세) 10월 서울에서 쓴 시이다. 이 시는 別集 卷1의
〈題靈川子墨竹二絶, 與石川、松岡分題同賦〉와 합편해야 한다.
128 甲寅年(明宗9, 1554년, 54세) 1～2월 서울에서 쓴 시로 추정된다.

贈金生 伯獻[129]

紛紛餘事豈相關？往軌知君力欲扳。

得謗更須脩[130]六蔽，將身何忍作三屛？

畏途莫涉千層浪，平地終成九仞山。

好去雲林究爻象，定應深契在幽閒。

【時二君將入山，讀《啓蒙》。】

書徐處士《花潭集》後。三首[131]

(詩-內卷2-78)

末世天無改，吾東聖欲居。

魯風猶可變，箕訓詎終虛？

前輩文華勝，今人術業疏。

有誰能自奮，躬道向經書？

(詩-內卷2-79)

嘆息花潭老，于今永我疏。

---

129 甲寅年(明宗9, 1554년, 54세) 1~2월 서울에서 쓴 시로 추정된다.

130 脩 : 初本에는 "修"로 되어 있다.

131 甲寅年(明宗9, 1554년, 54세) 1~2월 서울에서 쓴 시로 추정된다.

抗身依聖哲，觀物樂鳶魚。

不藉彈冠手，寧抛帶月鋤？

當年如得見，勝讀[132]十年書。

(詩-內卷2-80)

獨厲頹波泳聖涯，林居如得鬼誰何。

數窺[133]億世猶看掌，學泝千年欲擅家。

似董潛猶下帷讀，如曾狂不倚門歌。

吾生又未斯人見，自恐平生虛擲過。

KNP0159(詩-內卷2-81)

三月三日，與李大用上舍同登寓舍後岡【李新自鄉來。】[134]

雲物凄迷日隱空，客愁無處展忡忡。

何辭五五三三去？只恐紛紛擾擾同。

屋後平岡臨萬瓦，園中細草散孤節。

數杯輕碧逢君醉，歸意渾忘苦向東。

132　勝讀：初本에는 "猶勝"으로 되어 있다.

133　窺：저본·甲本·樊本의 두주에 "窺，一本作窮。"이라고 하였다.

134　甲寅年(明宗9, 1554년, 54세) 3월 3일 서울에서 쓴 시이다.

石江十詠。爲曹上舍 雲伯【駿龍】作[135]

(詩-內卷2-82)

自讀石江詠，憐君同我情。
園從塵外卜，家向水邊成。
有趣孤棲樂，無求萬事輕。
五侯池館勝，爭比此間淸？

(詩-內卷2-83)

爽地山光裏，虛亭水色中。
拓窓分竹日，垂箔護蘋風。
漁事鄰家共，農談野老同。
人間豈無樂？此樂獨無終。

(詩-內卷2-84)

絶壁千年地，淸江萬古流。
留連無故迹，寂寞有閒洲。
隱士宜馴鶴，漁翁自伴鷗。
從君吾欲老，肯借一磯頭？

【麗王游幸處。】

---

135 甲寅年(明宗9, 1554년, 54세) 3월 서울에서 쓴 시로 추정된다. 初本·定本·庚
本·擬本·甲本에는 〈石江十詠, 爲曹上舍 雲伯作【駿龍】〉으로 되어 있다.

(詩-內卷2-85)

富貴渾酣夢，桑楡或買園。
歡華舟夜失，悲恨草春繁。
絶境無塵涴，畸人斷俗喧。
任他分得喪，高臥且加湌。

(詩-內卷2-86)

家僮携杖慣，春服試身輕。
暖樹花爭發，晴洲草滿生。
龍陽誇種橘，甫里詫蓺橙。
未識風雩樂，眞成浪得名。

(詩-內卷2-87)

借地眞高義，臨江見野居。
有時乘釣艇，無事課農書。
渚下蓬萊鳥，潮通渤海魚。
茅山肥遯客[136]，況復近幽廬？
【有人借地築亭，與聽松隱居相近。】

(詩-內卷2-88)

判不爲今重，居然與古違。
愛山晨獨往，憐月夜忘歸。

---

136 客：初本에는 "處"로 되어 있다.

退溪先生文集 內集 卷二 169

天籟自宮徵，野禽無是非。
未須徵相法，當肉晚烹薇。

(詩-內卷2-89)

山暝雲容合，江空雨脚斜。
晚風吹桂楫，春水沒瓊沙。
西塞閒飛鳥，桃源杳泛花。
瓦甌篷[137]底酌，隨意不須賒。

(詩-內卷2-90)

坐望遙空外，行吟積水傍。
不辭勞杖屨，常恐涴衣裳。
家釀泉槽潔，園蔬匕箸香。
君看鷗浩蕩，不比燕巢梁。

(詩-內卷2-91)

我作中年去，無端命再霑。
似雲思返岫，如燕望開簾。
更被清詞發，從知遠意添。
只緣謀病逸，非爲嘆郞潛。

---

137 篷：初本에는 "蓬"으로 되어 있다.

與李而盛、韓士炯同登鼇頭，因留宿[138]

凌晨出郭形神暢，向晚登臺天宇明。
王國地尊山有象，海門雲遠水無聲。
不妨家釀千螺吸，暫借官奴一笛橫。
鳥沒英雄今古地，何須扶醉問歸程？

杏花。效王梅溪次韓昌黎韻[139]

漢陽賃屋園院空，年年雜樹開繁紅。
墙頭小杏高出屋，春晚始替辛夷風。
乃知王城地多寒，物候不與中州同。
攢枝日蕚香郁烈，一一刻剪含元功。
我病三春不出門，杖屨時及閒園中。
老眼猶知惜芳華，樂事難憑年少叢。
罇前莫厭寂寥詠，猶勝楚客悲吟楓。
明朝已約數同袍，風雨飜令四美窮。
世間萬事苦難諧，西飛白日江流東。
對花一笑花有語，嗟爾合作耕田翁。

---

138 甲寅年(明宗9, 1554년, 54세) 3월 서울에서 쓴 시로 추정된다.
139 甲寅年(明宗9, 1554년, 54세) 3월 서울에서 쓴 시로 추정된다.

KNP0163(詩-內卷2-94)

遇宋台叟於途，期夕回見過，旣至，小酌花下【用東坡〈月下飲杏花
下〉韻。】[140]

偶然期賞芳園春，市橋南頭逢玉人。
歸來最憶聾巖仙，花月淸宵詠採蘋。
如今更覺淸興發，桃花初動杏飜雪。
一尊迎暮地勢高，霞色纏沈薄籠月。
人間萬事酒杯中，得喪毀譽俱成空。
他年嶺海儻咨詢，物外肯訪源花紅？

KNP0164(詩-內卷2-95~96)

紅桃花下寄金季珍。二首[141]

(詩-內卷2-95)

栽花病客十年回，樹老迎人盡意開。
我欲問花花不語，悲歡萬事付春杯。

---

140 甲寅年(明宗9，1554년，54세) 3월 서울에서 쓴 시로 추정된다.

141 甲寅年(明宗9，1554년，54세) 3월 서울에서 쓴 시로 추정된다. 이 시는 창작
시기나 내용상으로 볼 때 別集 卷1의 〈紅桃花下有懷季珍〉과 合編해야 할 듯하다.
이 시들은 연작시로，《退溪先生全書目錄外集【逸】》의 〈紅桃花下憶季珍。十一首〉중
의 3首로 추정된다. 初本에는 〈紅桃花下寄金季珍〉으로 되어 있다.

(詩-內卷2-96)

晚雨廉纖鳥韻悲，千花無語浪辭枝。

何人一笛吹春怨？ 芳草天涯無限思。

KNP0165(詩-內卷2-97~98)

答仲舉。二首[142]

(詩-內卷2-97)

昨夜松岡話竹軒，朝來書到意欣欣。

遙憐節迫風雷噫，亂眼龍蛇百萬羣。

(詩-內卷2-98)

騰踔龍蛇氣勢豪，任敎蒼翠入雲高。

淸貧莫學湖州守，千畝胸中似太饕。

KNP0166(詩-內卷2-99~110)

次韻趙松岡見寄。十二首[143]

(詩-內卷2-99)

南山終日望，詩到想[144]淸塵。

---

142 甲寅年(明宗9，1554년，54세) 3~4월 서울에서 쓴 시로 추정된다. 初本에는
"答仲擧"로 되어 있다. 養校에 《目錄》，'答'下有'黃'。"이라고 하였다.

宿昔遊仙洞，尋常記病人。
倦閒從髮散，愁醉尙眉矉。
長者無來轍，關門動涉旬。

(詩-內卷2-100)

夏木風鹹幕，春華雨洗塵。
公爲城隱客，我作旅停人。
迭唱諧金石，傍觀錯笑矉。
卻憐沈痼在，漳臥每連旬。

(詩-內卷2-101)

俛仰成今古，紛綸遣俗塵。
那堪爲病客？ 未始作陳人。
賈誼明時哭，陳摶隱處矉。
靜中看《易》理，深感贊雖旬。

(詩-內卷2-102)

清朝容末士，泰岳一微塵。
學劣常慙古，交疎不怨人。
衰成飯山瘦，老作醋翁矉。

---

143 甲寅年(明宗9, 1554년, 54세) 4월 10일경 서울에서 쓴 시로 추정된다. 이 시는
初本(3책, 別集)에 실린 〈次韻趙松岡見寄【十二首見內集。】〉의 題下 細註에 의거하
여 別集 卷1의 〈次韻松岡見寄〉와 합편해야 한다. 初本에는 〈次韻趙松岡見寄〉로 되
어 있다.

144 想 : 저본·甲本·樊本의 두주에 "'想', 一本作'挹'。"이라고 하였다.

又發流年嘆，春歸忽已旬。

(詩-內卷2-103)

淸和好天氣，庭院屏囂塵。
草靜看如我，山高望似人。
嗜書酣豢悅，嘗世忍葱羣。
莫效湘纍賦，浮遊造宿旬。

(詩-內卷2-104)

碌碌成何事？徒悲鏡蝕塵。
但令神守宅，無俾氣撓人。
至道寧容攬？閒愁不上羣。
何時隱仙嶽，環卦鍊循旬？

(詩-內卷2-105)

風[145]雨奄春盡，芳菲落後塵。
青山空入夢，白髮不饒人。
罇酒追餘賞，烟霞慰淺羣。
因思花裏醉，惆悵只前旬。

(詩-內卷2-106)

荏苒無留景，徘徊尙在塵。

---

145 風：初本·定本은 앞 별행에 "又"가 있다. 樊本의 두주에 "草本, 間一行, 有'又' 字。"라고 하였다.

莫嫌春後境，猶對意中人。
葉裏陶餘憾，罇前邵不顰？
明春遊此地，定約幾番旬。

(詩-內卷2-107)
經濟無籌策，謳吟只蠹塵。
〈伐檀〉慙厚祿，移谷嘆愚人。
睍睆愁邊囀，濃蛾夢裏顰。
鄉程時默數，跋涉僅周旬。

(詩-內卷2-108)
達士觀中夏，毫端集一塵。
無拘[146]眞樂事，有累卽凡人。
衆綠迎[147]時吹，同雲帶晚顰。
病中存攝[148]理，不必待休旬。

(詩-內卷2-109)
朱紱儻來事，清標非世塵。
興酣柯爛客，情屬下簾人。
攄素那禁寫？ 憂饑獨自顰。
爲公吟〈偪側〉，顏色阻盈旬。

---

146 拘 : 李校에 "'拘', 一本作'求'."라고 하였다.

147 迎 : 庚本·擬本·甲本에는 "延"으로 되어 있다.

148 攝 : 定本의 추기에 "'攝', 恐'變'之誤."라고 하였다.

(詩-內卷2-110)

盡日憑烏几, 薰風遠市塵。

眼中忻節物, 林下憶高人。

法豈維摩喜? 慵因褫襂聲。

最難堪熱濕, 長夏奈¹⁴⁹纏旬?

KNP0167(詩-內卷2-111)

次韻松岡¹⁵⁰

求田問舍肯嫌遲? 賃屋聊從棘作籬。

每歎昌黎志能復, 深懲司馬坐成馳。

堆庭赤葉仍無事, 滿眼黃花亦一時。

衰暮未成眞箇業, 病中排悶强裁詩。

KNP0168(詩-內卷2-112)

寓舍西軒早起卽事¹⁵¹

夜枕浪浪徹雨聲, 朝霞明滅弄陰晴。

無氈坐上仍無客, 有籜園中亦有英。

---

149 奈 : 初本·定本·庚本·擬本·樊本에는 "奈"로 되어 있다.

150 甲寅年(明宗9, 1554년, 54세) 가을 서울에서 쓴 시로 추정된다.

151 甲寅年(明宗9, 1554년, 54세) 9월 서울에서 쓴 시로 추정된다.

宿鳥自營飛散早，家僮雖懶掃涓淸。
讀書契意忘安飽，相勵何人共日征？

KNP0169(詩-內卷2-113)

病中有客談關東山水，慨然遠想，復和前韻[152]

賃屋深坊遠市聲，端居秋末愛新晴。
風前挺挺杉翹幹，霜下鮮鮮菊秀英。
散地身閒如不病，凶年家空似眞淸。
邇來夢想仙遊地，何日投簪獨遠征？

KNP0170(詩-內卷2-114)

宋台叟雪中見訪[153]

雪裏來敲羅雀門，一尊淸座笑相溫。
耽看玉海巓空勢，不覺銀城帶暮痕。

---

152 甲寅年(明宗9，1554년，54세) 9월 서울에서 쓴 시로 추정된다.
153 甲寅年(明宗9，1554년，54세) 11월 초순 서울에서 쓴 시로 추정된다.

周同知 景遊挽詞[154]

自是東南美所鍾，文如山斗氣豪雄。
早登臺閣名聲藉，中典州城頌詠渢。
三入成均垂睿想，一分陝右動民風。
銀臺草教能宣旨，玉署陳圖最見忠。
闢佛封章士爭誦，尊賢祠宇世初崇。
硋言間出如傾漢，傑句時傳似搏龍。
進進誠心在君父，沈沈身疾感蛇弓。
人間斷骽唯應我，地下修文定是公。
千里哀榮恩典下，一生事業汗青中。
竹溪遠舍流千載，誰識先生意不窮？

送韓士炯往天磨山讀書，兼寄南時甫。五首[155]

(詩-內卷2-116)

風烟都掃舊繁華，尺五天磨翠不磨。

---

154 甲寅年(明宗9, 1554년, 54세) 11월 10일경 서울에서 쓴 시로 추정된다.
155 甲寅年(明宗9, 1554년, 54세) 12월 서울에서 쓴 시로 추정된다. 이 시는 初本 (3책, 別集)에 실린 〈韓士炯【胤明】往天磨山讀書, 留一帖求拙跡, 偶書所感, 寄贈 【五首見內集。】〉의 題下 細註에 의거하여 別集 권1의 〈韓士炯【胤明】往天磨山讀書, 留一帖求拙跡, 偶書所感, 寄贈〉과 합편해야 한다.

滿載遺經相逐入, 三冬奚啻得三多?

(詩-內卷2-117)

石劍泉[156]紳掛海東, 人言奇勝競爐峯。
此身尙墮醯雞甕, 何日雄觀一盪胸?

(詩-內卷2-118)

憂患從來玉汝身, 動心忍性境還新。
不須更向玄玄覓, 精義尋常自入神。

【時甫重遭患難, 後養疾于此山。】

(詩-內卷2-119)

扶病來京歲屢除, 此行眞箇愧心初。
細思未必非天幸, 多見平生未見書。

(詩-內卷2-120)

舊聞宗聖戒淵冰, 今悟程門印去矜。
歲暮王城深巷裏, 掩關孤坐若無憑。

---

156 泉 : 저본에는 "天"으로 되어 있다. 柳校에 根據하여 修正하였다. 柳校에 "韓愈
의 詩 '泉紳拖垂白, 石劍攢高靑.' 案本註'石磴瀉泉', 據此則'天'恐'泉'."이라고 하였다.

KNP0173(詩-內卷2-121)

台叟來訪, 云："夢中得句,'相思成鬱結, 幽恨寄瑤琴.' 覺而足成四韻." 書以示之, 次韻[157]

踏雪來相訪, 題詩笑復吟。
夢中神感激, 書裏意沈淫。
得失難齊指, 艱虞更勵心。
何妨無世用? 願作沒絃琴。

KNP0174(詩-內卷2-122)

得金厚之寄詩, 次韻卻寄【乙卯】[158]

東觀雲蹤散幾年? 相思千里每依然。
只今世事勞人甚, 羨子行遲更覺仙。

【厚之患脚痺, 因以爲戲。】

---

157 甲寅年(明宗9, 1554년, 54세) 12월 서울에서 쓴 시로 추정된다. 이 시는 初本 (3책, 別集)에 실린 〈宋台叟【麒壽】雪中見訪, 云："夢中得句,'相思成鬱結, 幽恨寄瑤 琴.' 覺而聯成四韻." 書以示之, 次韻【一首見內集。】〉의 題下 細註에 의거하여 別集 卷1의 〈宋台叟 麒壽雪中見訪, 云："夢中得句,'相思成鬱結, 幽恨寄瑤琴.' 覺而聯成 四韻." 書以示之, 次韻〉과 합편해야 한다. 初本에는 〈台叟來訪, 云:'夢中得句,'相 思成鬱結, 幽恨寄瑤琴.' 覺而足成四韻。書而示之, 次韻〉으로 되어 있다.

158 乙卯年(明宗10, 1555년, 55세) 1월 서울에서 쓴 시로 추정된다. 이 시는 金麟厚 의 《河西先生全集》에도 실려 있다. 初本에는 〈得金厚之寄詩, 次韻却寄【○ 乙卯春】〉 으로 되어 있다. 《河西先生全集》《附錄》에는 〈次金厚之韻, 却寄〉로 되어 있다.

KNP0175(詩-內卷2-123)

病憊[159]

我素抱痾長坎坎，民今思食政喁喁。
〈訂頑〉不奈[160]憐同體？〈尊性〉還須警己憊。

KNP0176(詩-內卷2-124~125)

題金季珍所藏蔡居敬墨梅。二首[161]

(詩-內卷2-124)

古梅香動玉盈盈，隔樹冰輪輾上明。
更待微雲渾去盡，孤山終夜不勝清。

(詩-內卷2-125)

瓊枝疎瘦雪英寒，縱被緇塵不改顏。
可惜詩翁眞跌宕，枉將調戲比端端。

159 乙卯年(明宗10, 1555년, 55세) 1월 서울에서 쓴 시로 추정되다. 이 시는 初本(3
책, 別集)에 실린 〈病憊【乙卯 ○ 一首見內集。】〉의 題下 細註에 의거하여 別集 卷1의
〈病憊【乙卯】〉와 합편해야 한다.

160 奈 : 初本·定本·樊本에는 "奈"로 되어 있다.

161 乙卯年(明宗10, 1555년, 55세) 1~2월 서울에서 쓴 시로 추정된다. 初本의 주묵
부전지에 "見《梅花詩》。"라고 하였다. 初本에는 〈題金季珍所藏蔡居敬墨梅〉로 되어
있다. 《梅花詩帖》에는 〈題蔡居敬墨梅〉로 되어 있다.

KNP0177(詩-內卷2-126~127)

東湖留別閔景說參議。二首【仲春將歸嶺南。】[162]

(詩-內卷2-126)

二月東湖風雪天，感君追送意拳拳。
因思丙午湖船別，倏[163]忽如今已十年。

(詩-內卷2-127)

往事追思已惘然，別詩猶記五三篇。
如今別語尤堪荷，歸管烟霞五百年。

【景說謂余此歸，當與聾巖老仙齊壽，故云。】

KNP0178(詩-內卷2-128)

金佐郎【顯卿】**自湖堂携酒來，夜話**[164]

東觀仙遊[165]記昔年，一生辛苦坐沈綿。
東[166]行又被詩仙款，手校雲編夜不眠。

---

162 乙卯年(明宗10, 1555년, 55세) 2월 12~17일 서울에서 쓴 시로 추정된다. 初本
에는 〈東湖留別閔景說參議【乙卯仲春, 將歸嶺南。】〉으로 되어 있다. 定本·樊本에는
〈東湖留別閔景說參議。二首【乙卯 ○ 仲春將歸嶺南。】〉으로 되어 있다.

163 倏 : 初本·定本·樊本에는 "悠"으로 되어 있다.

164 乙卯年(明宗10, 1555년, 55세) 2월 12~17일 서울에서 쓴 시로 추정된다.

165 遊 : 初本·定本에는 "游"로 되어 있다.

166 東 : 初本·樊本에는 "同"으로 되어 있다. 定本에는 "同"으로 되어 있고, 그 추

KNP0179(詩-內卷2-129)

舟行，示宏姪、寯兒。三首[167]

春陰漠漠水悠悠，去國孤臣一葉舟。
好待晚天晴日景，水禽多處玩芳洲。

KNP0180(詩-內卷2-130)

虛興倉江上[168]

春水船頭綠潑油，晚來貪看戲羣鷗。
不知萬類中何物，更有閒情與汝儔。

KNP0181(詩-內卷2-131)

黃江舟中喜晴[169]

今日天晴暖始生，歸舟搖蕩白鷗輕。

___

기에 "'同'，手本作'東'。"이라고 하였다.

167 乙卯年(明宗10, 1555년, 55세) 2월(18일 이후)에 쓴 시로 추정된다. 이 시는
제목에 3首로 되어 있고 또 4월에 보낸 〈答寯〉(遺集內篇 卷7)에도 '舟中三絶'이라
하였으므로 원래 3首였음이 분명하나, 현재 1首만 남아 있다. 初本에 〈舟行, 示宏
姪、寯兒〉로 되어 있다.

168 乙卯年(明宗10, 1555년, 55세) 2월(18일 이후) 原州에서 쓴 시로 추정된다.
柳校에 "舊本《目錄》, 作'興原', 在原州。"라고 하였다. 李校에는 "《目錄》作'興原'。"이라
고 하였다.

何須更待桃花浪？綠漲仙源正好行。

KNP0182(詩-內卷2-132~133)

寓龍壽寺，聾巖先生寄示蟠桃壇唱酬絶句，奉和呈上。二首[170]

(詩-內卷2-132)

擬結蟠桃子，于今第幾年？
花前看一局，浮世日過千。

(詩-內卷2-133)

小臣辭病日，大老樂閒年。
未到桃源界，塵愁已洗千。

KNP0183(詩-內卷2-134)

初歸陪家兄，與諸人會清吟石[171]

躑躅春猶闊，邯鄲夢始回。
清吟無盡藏，從此百千來。

169 乙卯年(明宗10, 1555년, 55세) 2월(18일 이후) 黃江에서 쓴 시로 추정된다.
170 乙卯年(明宗10, 1555년, 55세) 3월 禮安에서 쓴 시이다. 初本에는 〈寓龍壽寺,
聾巖先生寄示蟠桃壇唱酬絶句, 奉和呈上〉으로 되어 있다.
171 乙卯年(明宗10, 1555년, 55세) 3월 禮安에서 쓴 시이다.

KNP0184(詩-內卷2-135~136)

知中樞聾巖 李先生挽詞。二首[172]

(詩-內卷2-135)

逸樂三朝[173]貴，聰明大耋年。

都門追漢傅，香社紹唐賢。

世自多飜覆，身誠享具全。

誰知憂國淚，臨化尙漣漣？

(詩-內卷2-136)

寵眷三朝厚，風流一代尊。

浮名同草芥，勝事極林園。

幾幸籃輿擧，俄驚鶴夢騫。

羊曇無限慟，不忍過西門。

KNP0185(詩-內卷2-137)

答季珍[174]

力耕多餒笑農憨，榮啓終誇樂有三。

---

172 乙卯年(明宗10, 1555년, 55세) 6월 13~20일 禮安에서 쓴 시로 추정된다. 初本에는 〈知中樞聾巖 李先生挽詞〉로 되어 있다.

173 三朝 : 저본·樊本의 두주에 "'三朝', 一本作'崇班'."이라고 하였다.

174 乙卯年(明宗10, 1555년, 55세) 7월 禮安에서 쓴 시로 추정된다. 初本의 주묵추

脚下豈應無實地？ 人間誰定是眞男？

秋回澗樹生凉籟， 雨過山堂滴翠嵐。

獨坐吟詩無與聽， 悠然回首憶終南。

KNP0186(詩-內卷2-138~139)

宋企村【純】俛仰亭。二首【公居在潭陽，時爲善山，將辭歸，寄書索題。**】**[175]

(詩-內卷2-138)

七曲高低控二川， 翠鬟無數迥排前。

縈簷日月徘徊過， 匝域瀛壼縹緲連。

村老夢徵虛宿昔， 使君資築償風烟。

傍人欲識亭中樂， 光霽應須別有傳。

【夢徵、資築，皆亭之實迹。】[176]

(詩-內卷2-139)

松竹蕭槮出徑幽， 一亭臨望岫千頭。

<hr />

기에 "見《退溪雜詠》。"이라고 하였다. 初本(13책,《退溪雜詠》)에는 "答金季珍【乙卯秋】"로 되어 있다.

175 乙卯年(明宗10, 1555년, 55세) 가을 禮安에서 쓴 시로 추정된다. 이 시는 宋純의 《俛仰集》卷3에도 〈附退溪次韻【竝小序, 一首佚。】〉이라는 제목으로 실려 있다. 이 시는 別集 卷1의 〈宋企村【純】俛仰亭〉과 합하여 3首의 연작시로 창작된 것으로 보이므로 합편해야 한다. 初本에는 "宋企村【純】俛仰亭【公在潭陽, 時爲善山, 將辭歸, 寄書索題。】"로 되어 있다.

176 夢徵……實迹 : 初本·定本·庚本·擬本에는 없다. 甲本에는 없고, 그 頭註에 "手本自註, '夢徵'、'資築', 皆亭之實迹。"이라고 하였다.

退溪先生文集 內集 卷二 187

畫圖隱映川原曠，萍薺依俙[177]樹木稠。

夢裏關心遷謫日，吟邊思樂撫摩秋。

何時俛仰眞隨意，洗卻從來局促愁？

KNP0187(詩-內卷2-140~141)
琴聞遠 東溪 惺惺齋。二首[178]

(詩-內卷2-140)

東溪深闢小齋新，苔徑[179]柴門逈絶塵。

爲問主人何事業？ 寸膠功力自珍身。

(詩-內卷2-141)

河南門下謝先生，百聖心傳一語明。

妙用深源都在熟，瑞巖稊稗不須評。

---

177 俙 ： 樊本에는 "稀"로 되어 있다.

178 乙卯年(明宗10, 1555년, 55세) 가을 禮安에서 쓴 시로 추정된다. 初本에는 〈琴
聞遠東溪惺惺齋〉로 되어 있다. 〔編輯考〕이 시는 別集 卷1의 〈琴聞遠【蘭秀】東溪 惺
惺齋〉및 續集 卷2의 〈琴聞遠 東溪 惺惺齋〉와 합편해야 한다. 이 시들은 모두 제목이
같고 제재 또한 같기 때문이다. 〔資料考〕이 시는《惺齋先生文集》卷1에 〈甲寅仲春,
築書室於東溪之上, 爲讀書藏修之所, 宅地開曠, 泉石可愛。先生手書惺齋扁額, 賜
之, 又有臨鏡臺、風乎臺、總春臺、活源臺諸詩, 不勝感佩, 遂用其韻〉과 함께 그 原韻
작품으로 실려 있다.

179 徑 ：《惺齋先生文集》에는 "逕"으로 되어 있다.

KNP0188(詩-內卷2-142)

次韻黃新寧仲擧[180]

君詩如共我神謀，蕭灑淸眞儘有由。
嚮道讀書新得契，虛心看竹屢經秋。
雲山石室須紬匵，世路風波莫棹舟。
老病自嗟精力退，如君何待隱居求？

KNP0189(詩-內卷2-143~144)

十月四日，遊月瀾庵。二首[181]

(詩-內卷2-143)

一葉扁舟度碧流，來尋叢桂小山幽。
寺門白日臨哀壑，臺石蒼松戴凜秋。
掃迹免同逋客返，傷心無復老仙遊。
箇中趣味無人共，淸夜寒燈意轉悠。【聾巖屢遊此。】

(詩-內卷2-144)

莫道林林我最靈，靈源才汨等昏冥。

---

180 乙卯年(明宗10, 1555년, 55세) 가을 禮安에서 쓴 시로 추정된다.〔編輯考〕이
시는 別集 卷1의 〈次韻黃仲擧新寧〉과 합편해야 한다.

181 乙卯年(明宗10, 1555년, 55세) 11월 4일에 禮安에서 쓴 시이다. 初本에는 〈十
月四日，遊月瀾庵〉으로 되어 있다.〔編輯考〕이 시는 別集 卷1의 〈十月初四日遊月瀾
庵〉과 합편해야 한다.

雖當老境兼衰齒，只在眞知與力行。
伯子後時懲獵習，文公早歲驗鐘聲。
君看動靜相循理，隨處隨時豈暫停？

KNP0190(詩-內卷2-145)

十一月，入淸涼山[182]

休官處里閭，養疾頗相梗。
仙山不在遠，引脰勞耿耿。
夜宿孤山庵，晨去越二嶺。
俯看積曾冰，仰視攢疊穎。
跨木度奔川，凌兢多所警。
深林太古雪，白日無纖影。
側徑滑以阤，其下如坑穽。
行行力已竭，上上心愈猛。
山僧笑且勞，延我西寮靜。
安神八九日，閉戶藏頭頸。
不見滕六怒，焉知屛翳逞？
今朝愛日妍，策杖巖路永。
陟彼揷天嶺，宇宙雙眼騁。
衰筋畏峻極，此願未遽幸。

---

182 乙卯年(明宗10, 1555년, 55세) 11월 30일(그믐)에 禮安에서 쓴 시로 추정된다.

躋攀猶少試，顧眄雲千頃。

妙意秪難言，佳處每獨領。

歲律行欲窮，不恨身幽屛。

懷哉平生友，使我心怲怲。

珍諾未成踐，遐蹤又難請。

安得此同來，努力造絕境？

KNP0191(詩-內卷2-146~157)

遊山書事。十二首【用〈雲谷雜詠〉韻。】[183]

(詩-內卷2-146)

登山

尋幽越澀[184]堅，歷險穿重嶺。

無論足力煩，且喜心期永。

此山如高人，獨立懷介耿。

(詩-內卷2-147)

值風

今日大塊噫，簸撼百圍木。

---

183 乙卯年(明宗10, 1555년, 55세) 윤11월 1~13일에 禮安에서 쓴 시로 추정된다.
初本에는 〈遊山書事〉로 되어 있다.

184 澀 : 定草本·樊本에는 "峻"으로 되어 있다. 定草本의 부전지에 "'峻', 手本'澀'."
이라고 하였고, 樊本의 두주에 "'峻', 一本作'澀'."이라고 하였다.

聲雄萬馬驅，勢劇九溟覆。

笑我爲病軀，牢關自縮恧。

(詩-內卷2-148)

翫月

千巖雪嵯峨，月出愈淸肅。

幽人坐不寐，寒鏡低梵屋。

夜久香寂寂，眞成媚幽獨。

(詩-內卷2-149)

謝客【適有此事。】

山人亦款人，酒食要餉夕。

我云子休矣，後者情難極。

山人笑而去，日墮遠山黑。

(詩-內卷2-150)

勞農【同上。】

山農住山城，沃土耕非緩。

如何捨此去？町疃荊棘滿。

欲反畏吏[185]胥，非關生理短。

---

185 吏 ： 底本에는 "里"로 되어 있다. 初本·定草本에 根據하여 修正하였다.

(詩-內卷2-151)

講道

聖賢有緒言，微妙非玄冥。

源流有所自，毫末有所爭。

講之欲何爲？志道求其寧。

(詩-內卷2-152)

懷人

孤蹤在世間，常恨少朋遊。

有如鶴鳴陰，和者何悠悠？

空山歲暮時，獨詠無相猶。

(詩-內卷2-153)

倦遊【松岡欲擬我按江原，令遊金剛山，余辭之。】

故人欲薦我，勸我遊丹丘。

此意固已厚，此事寧非愁？

焉有受方面，爲謀方外遊？

(詩-內卷2-154)

修書

我讀《啓蒙》書，一管窺玄關。

《傳疑》自備忘，不托《麻衣》姦。

靜中聊一修，得處非世間。

(詩-內卷2-155)

宴坐

朝市竟何裨？ 山林久無厭。

身羸好燕養，質愚須學砭。

禪窗白日靜，不用珠數念。

(詩-內卷2-156)

下山

移棲萬仞崖，其下臨無底。

抱病畏處險，頗妨寄衰齒。

翛然下山去，雲林杳幾里？

(詩-內卷2-157)

還家

遊山何所得？ 如農自有秋。

歸來舊書室，靜對香烟浮。

猶堪作山人，幸無塵世憂。

KNP0192(詩-內卷2-158~159)

往在乙亥春，叔父松齋遊山，寓上清凉庵，滉與諸兄弟侍，今來不勝感涕，示諸姪孫。二首[186]

(詩-內卷2-158)

清凉寺裏憶陪遊，丱角如今雪滿頭。

鶴背幾看陵谷變? 遺詩三復涕橫流。

(詩-內卷2-159)

重尋唯覺我爲人, 流水桃花幾度春?
汝輩他年知我感, 當時同汝少年身.

KNP0193(詩-內卷2-160)

次黃仲擧元日韻【丙辰】[187]

拙朴由來得自天, 追尋芳躅每欣然。
聰明此日非前日, 習氣今年似去年。
透得利關聞上蔡, 驗來學力說伊川。
吾儕更勉躬行處, 莫向人前枉執鞭。

186 乙卯年(明宗10, 1555년, 55세) 윤11월 1~13일에 禮安 淸凉山에서 쓴 시로 추정된다. 두주에 "一本, '松齋'下有'先生'二字。"라고 하였고, 甲本에도 동일한 두주가 있다. 初本에는 〈往在乙亥春, 叔父松齋遊山, 寓上淸凉庵, 滉與諸兄弟侍, 今來不勝感涕, 示諸姪孫〉으로 되어 있다.

187 丙辰年(明宗11, 1556년, 56세) 1월 1일에 禮安에서 쓴 시이다. 初本(13책, 《退溪雜詠》)에는 〈丙辰元日, 次韻答黃仲擧〉로 되어 있다. 〔資料考〕初本에 추기 "見《退溪雜詠》。"가 있다.

與仲擧論圖書。二首[188]

(詩-內卷2-161)

京國三年笑絶癡，病中辛苦學希夷。

可憐所得如窺管，林下猶堪樂聖時。[189]

(詩-內卷2-162)

邵傳《羲易》絶人知，香瓣雲臺百世師。

可惜梅巖親指授，終身不悟《啓蒙》微。

寄李而盛【之蕃時以司評棄官，來隱于島潭。】[190]

我曾爲吏隱丹丘，幾挾飛仙夢裏[191]遊？

聞說島潭今有主，想應多我舊風流。

---

188 丙辰年(明宗11, 1556년, 56세) 1~6월에 禮安에서 쓴 시로 추정된다. 初本・初本(13책, 《退溪雜詠》), 定草本에는 〈與仲擧論圖書〉로 되어 있다. 定草本에 추기 "【丙辰】"이 있다. 〔編輯考〕이 시는 別集 卷1의 〈贈錦溪黃仲擧論圖書〉와 합편해야 한다. 〔資料考〕初本에 추기 "一首見《退溪雜詠》."이 있다.

189 京國……聖時 : 初本에 추기 "見《退溪雜詠》."이 있다.

190 丙辰年(明宗11, 1556년, 56세) 1~6월에 禮安에서 쓴 시로 추정된다.

191 夢裏 : 柳校에 "'夢裏', 一本作'勝地'."라고 하였다.

立秋日，溪堂書事。三首[192]

(詩-內卷2-164)

宿霧初收曉日鮮，寒溪幽壑共蒼然。
病中軀體纔溫攝，窮裏田園半廢捐。
滿壁圖書常獨樂，一庭烟草爲誰憐？
秋來又約同襟子，明月淸風上釣船。

(詩-內卷2-165)

霈澤蘇枯綠滿疇，石溪淸漲碎琳璆。
火雲赫日渾如昨，淸樾寒蟬颯已秋。
種菊盈庭存晩計，觀魚在沼得天游。
聖朝微物如蟣蝨，鐫罷深祈協所求。

(詩-內卷2-166)

小屋欹斜風雨餘，石牀蒲席自淸虛。
書生有約來山寺，田父無求近野廬。
養疾偶成三徑趣，愛閒幷罷一竿漁。
何因得向瑤琴裏，聽取希音邃古初？

---

192 丙辰年(明宗11, 1556년, 56세) 6월 22일에 禮安에서 쓴 시로 추정된다. 初本·初本(13책,《退溪雜詠》)에는 〈立秋日，溪堂書事〉로 되어 있다. 〔資料考〕初本에 추기 "見《退溪雜詠》."이 있다.

**滉近再蒙召命，一以僉知，一以副提。因病甚，再上辭狀，仍乞致
仕，有旨遞玉堂，又有安心在閒之旨，不勝感激之至。然不許辭
樞府，不報致仕之請。再用前韻。三首**[193]

(詩-內卷2-167)

積雨新晴物色鮮，清風幽潤政泠然。
群公見愛宜深責，聖主包荒不頓捐。
天上神仙非骨法，眼中丘壑自心憐。
何能身世渾無累，萬頃沿洄不繫船？

(詩-內卷2-168)

凡夫自合老田疇，瓦釜難堪厠夏璆。
馬倦欲辭天廄日，魚游將轉海波秋。
綸言枉作山巖賁，褊性猶諧水石遊。
感激至恩無以報，直將心事古人求。

(詩-內卷2-169)

圖名誰肯食吾餘？乞丐微誠竟墮虛。
納祿要明臣子義，爲官寧在野人廬？

---

193 丙辰年(明宗11, 1556년, 56세) 7월 초순에 禮安에서 쓴 시로 추정된다. 初本에
는 〈滉近再蒙召命, 一以僉知, 一以副提。因病甚, 再上辭狀, 仍乞致仕。有旨遞玉堂,
又有安心在閒之旨, 不勝感激之至。然不許辭樞府, 不報致仕之請, 再用前韻〉로 되어
있다.

深蒙物議歸迂慢，曲被君恩與釣漁。
古道卽今雖未遂，且欣心事入閒初。

次韻金應順秀才·194

永慨難追古，多慚未副名。
君來眞自誤，我勸亦徒誠。
百練絲能白，千磨鏡始明。
老夫猶有意，年少肯虛生？

贈別應順195

昧道龍鍾我可吁，君今年少莫功疏。
來窮象數雖臻妙，去入宮牆恐落虛。
千聖源流閩、洛學，六經階級魯、鄒書。
由來此事難容躓，萬里行從一步初。

---

194 丙辰年(明宗11，1556년，56세) 7월 2일에 禮安에서 쓴 시로 추정된다.
195 丙辰年(明宗11，1556년，56세) 10월 10일경에 禮安에서 쓴 시로 추정된다.
〔編輯考〕 이 시는 別集 卷1의 〈贈別應順【金命元○丙辰】〉과 합편해야 한다.

KNP0200(詩-內卷2-172)

奉酬南時甫見寄[196]

與君不相見，時序去堂堂。

綿延[197]各抱病，寂寞兩韜光。

所希在往躅，所服曾迷方。

解牛有餘地，揠苗斯自傷。

相思欲相勵，關嶺阻風霜。

緘辭寄歸鴈，悵望西雲蒼。

KNP0201(詩-內卷2-173~183)

秋懷。十一首。讀王梅溪和韓詩，有感，仍用其韻[198]

(詩-內卷2-173)

吾衰學老圃，種瓜瓜蘒蘒。

瓜成一再摘，摘勢殊未已。

---

196 丙辰年(明宗11, 1556년, 56세) 7월에 禮安에서 쓴 시로 추정된다. 〔編輯考〕
이 시는 別集 卷1의 〈奉酬南時甫【彦經】見寄〉와 합편해야 한다. 이 두 시는《自省錄》
에도 실려 있다.

197 延 : 柳校에 "'延', 手本作'連'。"이라고 하였다.

198 丙辰年(明宗11, 1556년, 56세) 8월에 禮安에서 쓴 시로 추정된다. 初本(13책,
《退溪雜詠》)에는 〈秋懷十一首【讀王梅溪和韓詩，有感，仍用其韻。】〉로 되어 있다.
〔資料考〕初本에 추기 "見《退溪雜詠》。""第二首, 亦見《梅花詩》。"가 있고, 初本(13책,
《退溪雜詠》)에도 추기 "○第二首, 亦見《梅花詩》。"가 있다.

秋風動園林，蟋蟀鳴惻耳。

瓜畦有宿荄，瓜蔓無新起。

萬物天壤間，其變盡相似。

天道自有常，人情已難恃。

感物隱幽衷，撫迹追前軌。

浮榮儻來去，何足爲悲喜？

(詩-內卷2-174)

庭前兩株梅，秋葉多先悴。

谷中彼薈蔚，亂雜如爭地。

孤標未易保，衆植增所恣。

風霜一搖落，貞脆疑[199]無異。

芬芳自有時，豈必人知貴？

(詩-內卷2-175)

秋山景色好，朝霽雲曼曼。

身上一布衣，盤中一簞飯。

逍遙絶外事，俛仰適素[200]願。

如何故[201]人書，使我發浩歎？

是非久乃一，情僞初相萬。

---

199 疑 : 初本(13책,《退溪雜詠》)에는 "若"으로 되어 있다. 樊本의 두주에 "一本, '疑'作'若'."이라고 하였다.

200 素 : 定草本에는 "所"로 되어 있다.

201 故 : 初本·初本(13책,《退溪雜詠》)·定草本에는 "古"로 되어 있다.

有技覆國售，有寶戕身獻。
人苟昧大道，天公未可怨。

(詩-內卷2-176)

白雲不可贈，青雲不須凌。
富貴等浮烟，名譽如飛蠅。
安能强衰疾，終日受嫌憎？
秋澗下清泚，寒崖露稜層。[202]
猿來窺果園，兒去看魚罾。
萬戶人所要，一壑吾猶能。

(詩-內卷2-177)

悽悽抱秋懷，懍懍追古警。
有恨不可窮，有嘆亦已永。
辨惑誠不易，媚技胡乃猛？
針心無寸鐵，斷幹有極綆。
晨坐讀《宋史》，當時眞不幸。
已矣可奈何？牀頭書且屛。

(詩-內卷2-178)

秋霖開久鬱，喜見曬晴景。
忽復雲埋空，書室黯虛囧。

---

202 稜層 : 두주에 "'稜層', 一本乙."라고 하였고, 甲本·樊本에도 동일한 두주가 있다.

悄然無與語，心事何多梗？
安得豁天宇，登高遲眼騁？
溪山多勝處，意行不待請。

(詩-內卷2-179)

山日隱雲暮，溪邊路稍暗。
屐響鳥不驚，衣霑我無憾。
環堵誠蕭條，且免鬼窺瞰。
以士託農圃，分甘麤與淡。
君子貧而樂，小人窮則濫。
宮牆窺豈髣？日月至未暫。
治病艾猶蓄，涉世舟初纜。
蕩蕩已無疑，紛紛何足勘？
里社共勞勉，新穀見盈甔。

(詩-內卷2-180)

昔遊蓬萊觀，古道追羲、軒。
圖書萬軸藏，日月雙輪奔。
多病負國恩，事業安足言？
同游衆[203]才彥，斂袵皆盧前。
退歸非好事，誠恐刺素餐。
猶堪夙志諧，林下事塵編。

---

203 衆：初本(13책,《退溪雜詠》)에는 "盡"로 되어 있다. 樊本의 두주에 "一本, '衆'作 '盡'。"이라고 하였다.

心悅昧芻豢，力愧功[204]百千。
涼飆撼庭樹，肝膽自生酸。
玄晏一生痾，孝先晝日眠。
但願遂此意，泉石送餘年。

(詩-內卷2-181)
我硯磨不出，龍蟠泓海乾。
我腹詩書空，欲呈非琅玕。
獨來巖下居，松桂愛團團。
天恩未敢承，怵惕久靡安。
伐檀置河干，河水清且瀾。
秪爲食其力，誰信甌臾丸？
嶺路阻且長，躑躅停秋鞍。

(詩-內卷2-182)
曉枕不成寐，空階秋雨聲。
悲蟲雜四壁，攪耳到天明。
因時感物變，撫事省己誠。
世運迭隆替，天道更虛盈。
邯鄲故酣夢，蠻、觸幾爭兵？
惟知金石堅，不願錦繡榮。
回車及未遠，幸矣天所令。

<hr />

204 功 : 初本・初本(13책, 《退溪雜詠》)・定草本에는 "工"으로 되어 있다.

美人隔天涯，宿昔同所好。
相思不能忘，爾來胡不早？
我有一畝園，松菊幽貞保。
亦有梅與竹，並我形癯槁。
悵望無與晤，誰哉肯此道？

KNP0202(詩-內卷2-184)

次韻權生好文[205]

適洛人皆走越如，應緣澆薄喪眞餘。
吾心正似天開鏡，古學還同日照書。
博約淵源寧有雜？明誠宗旨不容疏。
可憐才力能馳騁，只恐當前本領虛。

KNP0203(詩-內卷2-185~186)

答權生應仁。二首[206]

(詩-內卷2-185)

白首心猶壯，青雲氣始降。

爲農仍在澗, 結社改臨江。

蓬觀謝金櫃, 玉堂違霧窻。

何須高隱事, 更擬鹿門龐?

(詩-內卷2-186)

汨汨悲流俗, 滔滔混逝川。

眼中生險地, 頭上有高天。

事忌爭雄長, 詩難突過前。

古來懷至寶, 不必在誇傳。[207]【應仁言及華使唱酬事。】

KNP0204(詩-內卷2-187~196)

黃仲擧求題畫十幅【丁巳】[208]

(詩-內卷2-187)

陋巷簞瓢

陋巷端居獨闇然, 輝光烈烈照窮天。

當時不有鑽堅力, 至敎誰明萬世傳?

는 〈答權生 應仁〉으로 되어 있다.

207 古來……誇傳: 두주에 "末二句, 一本作'唯應會心處, 泓穎也能傳'."이라고 하였
고, 甲本・樊本에도 동일한 두주가 있다.

208 丁巳年(明宗12, 1557년, 57세) 봄 禮安에서 쓴 시로 추정된다.

舞雩風詠

童冠春游亦偶然，何能感聖極²⁰⁹稱賢？
若知個裏眞消息，蓋世功名一點烟。

桐江垂釣

故人相見動星辰，歸釣桐江自在身。
致世少康渠已辦，不須要我試經綸。

栗里歸耕

卯金竊鼎勢滔天，擷菊江城有此賢。
餓死首陽無乃隘？南山佳氣更超然。

濂溪愛蓮

牧丹傾世菊鳴賢，千載無人解賞蓮。
感發特深無極老，花中君子出天然。

---

209 極 : 李校에 "疑, ‘亟’之誤。"라고 하였다.

(詩-內卷2-192)

孤山詠梅[210]

一棹湖遊鶴報還，清眞梅月稱盤桓。

始知<u>魏</u>隱非眞隱，賭得幽居帝畫看。

(詩-內卷2-193)

洛社獨樂

五畝荒園四海春，澆花剖[211]竹摠經綸。

可知此樂能兼濟，終轉乾坤樂及民。

(詩-內卷2-194)

武夷九曲

憫[212]世難從聖海浮，<u>隱屏</u>嘉遯且優游。

晨門豈識當時意？只有寒溪萬古流。

(詩-內卷2-195)

孔明草廬

龍德深藏自養珍，茅茨不剪僅容身。

誰知一奮天旋轉，噓起炎光四十春？

---

210 孤山詠梅 ： 初本에 추기 "亦見《梅花詩》。"가 있다.

211 剖 ： 養校에 "'剖'恐'培'。"라고 하였다.

212 憫 ： 初本·定草本에는 "悶"으로 되어 있다.

(詩-內卷2-196)

康節兒車

至人生遇太平天，宇宙兒車樂事全。
莫道無心經一世，清風千古足人傳。

KNP0205(詩-內卷2-197)

遊太子山盤石[213]

數層瑩淨石成窪，寒水粼粼縠漾波。
綠樹兩邊遮白日，幽香時度隔溪花。

KNP0206(詩-內卷2-198)

遊孤山[214]

十年重到訪孤山，綠水蒼崖照眼寒。
惆悵主人何處去？空餘基築白雲間。【李上舍 庇遠，卜居遺址，宛然。】

---

213 丁巳年(明宗12，1557년，57세) 4월 9일에 禮安에서 쓴 시로 추정된다.〔編輯
考〕이 시는 別集 卷1의〈遊太子山盤石【丁巳】〉와 합편해야 한다.
214 丁巳年(明宗12，1557년，57세) 3월에 禮安에서 쓴 시로 추정된다.

KNP0207(詩-內卷2-199)

書孤山石壁[215]

日洞主人琴氏子, 隔水呼問今在否?
耕夫揮手語不聞, 悵望雲山獨坐久。【琴聞遠。】

KNP0208(詩-內卷2-200~201)

尋改卜書堂地, 得於陶山之南, 有感而作。二首[216]

(詩-內卷2-200)

風雨溪堂不庇牀, 卜遷求勝徧林岡。
那知百歲藏修地, 只在平生採[217]釣傍?
花笑向人情不淺, 鳥鳴求友意偏長。
誓移三徑來棲息, 樂處何人共襲芳?

---

215 丁巳年(明宗12, 1557년, 57세) 3월에 禮安에서 쓴 시로 추정된다. 〔資料考〕
이 시는 琴蘭秀의 《惺齋集》卷4에 〈題孤山絶壁〉이라는 제목으로 실려 있다.

216 丁巳年(明宗12, 1557년, 57세) 3월에 禮安에서 쓴 시로 추정된다. 初本에는
〈尋改卜書堂地, 得於陶山之南, 有感而作〉으로 되어 있다. 初本(13책, 《陶山雜詠》)
에는 〈改卜書堂, 得地於陶山南洞〉으로 되어 있고, 추기 "丁巳"가 있다. 養校에 "手
本, '改卜書堂, 得地於陶山南洞'。"이라고 하였다. 〔資料考〕初本에는 추기 "見《陶山
雜詠》。"이 있다. 初本 추기의 《陶山雜詠》은 初本 13책의 《陶山雜詠》을 뜻하며 여기
에 실린 것은 초본의 重疊詩들이다. 후에 《陶山雜詠》은 《溪山雜詠》이라는 題下에
《退溪雜詠》과 함께 묶였다. 退溪는 丁巳年 3월부터 丙寅年(1566년)까지 지은 陶山
관련 시 가운데 116수를 뽑아 이 책을 엮었다. 현재 親筆本·親筆 模刻本·木板本
등이 전한다.

217 採 : 初本(13책, 《陶山雜詠》)에는 "采"로 되어 있다.

(詩-內卷2-201)

陶丘南畔白雲深，一道蒙泉出艮岑。

晚日彩禽浮水渚，春風瑤草滿巖林。

自生感慨幽棲處[218]，眞愜[219]盤桓暮境心。

萬化窮探吾豈敢？願將編簡誦遺音。

KNP0209(詩-內卷2-202)

**再行視陶山南洞，有作，示南景祥、琴壎之、閔生 應祺、兒子寯、
孫兒安道[220]**

卜居退溪上，年光幾流邁？

寒棲屢遷地，草草旋傾壞。

雖憐泉石幽，形勢終嫌隘。

喟焉[221]將改求，行盡高深界。

溪南有陶山，近祕良亦怪。

---

218 處：初本(13책，《陶山雜詠》)에는 "地"로 되어 있다. 養校에 "手本, '處'作'地'."
라고 하였다.

219 愜：初本(13책，《陶山雜詠》)에는 "惬"으로 되어 있다. 養校에 "手本, '愜'作'惬'."
라고 하였다.

220 丁巳年(明宗12, 1557년, 57세) 3월에 禮安에서 쓴 시로 추정된다. 初本(13
책，《陶山雜詠》)에는 〈再行視陶山南洞作【示南景祥·琴壎之·閔生 應祺·兒子寯·孫兒
安道。】〉로 되어 있고，《三松逸稿》에는 〈再行陶山南洞，有作，示南景祥〉으로 되어
있다. 養校에 "手本, '有'字無。""'示'字以下, 爲小註。"라고 하였다. 〔資料考〕初本에
는〔추기 見《陶山雜詠》。〕이 있다. 이 시는 南夢鰲의 《三松逸稿》에도 실려 있다.

221 焉：初本(13책，《陶山雜詠》)에는 "然"으로 되어 있다.

昨日偶獨搜，今朝要共屆。

連峯陟雲背，斷麓臨江介。

綠水遶重洲，遙岑列千髻。

窺尋下一洞，宿願茲償債。

窈窕兩山間，晴嵐如入畫。

衆綠藹[222]霧霏，紛紅絢闞曬。

鳥鳴思《雅》詩，泉靜玩〈蒙[223]卦〉。

躊躇足佳賞，辦此感大塊。

我今置散逸，朝衣久已掛。

藏修詎無所？地薄輕買賣。

荒榛有頹址，古迹爲今戒。

何人曾占此？漫滅譽與責。

亟謀營環堵，窓戶看蕭灑。

圖書溢庋架，花竹映楥砦。

日月警遲暮，身心勉疲憊。

中誠望三益，外慕忘一芥。[224]

此樂如壎篪，夫仁匪稊稗。

爲君歌弗告，無令虧一簣。【責，音債，誚也。[225] 見《韻會》。】

---

222 藹 ： 初本·初本(13책, 《陶山雜詠》)·定草本·樊本에는 "藹"로 되어 있다.

223 蒙 ： 養校에 "手本, ‘蒙'作‘義'。"라고 하였다.

224 芥 ： 初本(13책, 《陶山雜詠》)에는 "介"로 되어 있다. 養校에 "手本, ‘芥'作‘介'。"라고 하였다.

225 也 ： 初本(13책, 《陶山雜詠》)에는 뒤에 "一介之介, 與芥同並。"이 있다. 養校에 "手本, ‘也'下有‘一介之介與芥同並'八字。"라고 하였다.

KNP0210(詩-內卷2-203~204)

憑家飲歸，詠溪月。二首[226]

(詩-內卷2-203)

帶醉歸來信馬行，一鉤新月照溪明。
縈回屢渡溪中月，溪月相隨曲曲淸。

(詩-內卷2-204)

踏月歸時霜滿天，衣巾餘馥菊花筵。
箇中別有醒心處，水樂鏘鏘太古絃。

KNP0211(詩-內卷2-205)

琴上舍夾之淸涼山韻[227]

仙嶽今年子獨尋，我閒芒屩病凌侵。
空吟美句霞飜眼，尙想高臺月滿襟。
抗志不將雲作贈，讀書唯擬鶴知音。

---

226 丁巳年(明宗12, 1557년, 57세) 9월에 禮安에서 쓴 시로 추정된다. 〔資料考〕
初本에 추기 "見《退溪雜詠》."이 있다. 初本에는 〈憑家飲歸, 詠溪月〉로 되어 있다.
初本(13책,《退溪雜詠》)에는 〈從姪憑家賞菊, 乘月歸溪上〉으로 되어 있고, 추기 "丁
巳"가 있다. 樊本에는 〈從姪憑家賞菊, 乘月歸溪上。二首〉
227 丁巳年(明宗12, 1557년, 57세) 9월에 禮安에서 쓴 시로 추정된다. 〔資料考〕
이 시는 琴應夾의 遺稿가 실린《日休勉進聯稿》에도 실려 있다.(《退溪學資料叢書》
6, 97~98쪽.)

丁寧好在匡山勝，頭白須昇最上岑。

KNP0212(詩-內卷2-206)

秋日登臺[228]

出世能無友善才？ 索居恆恐壯心頹。

靑山巉巉終難狎，白髮森森漸不猜。

樂事只應尋[229]處得，愁腸[230]那復念時回？

天開絶勝滄浪境，風月襟懷付釣臺。

KNP0213(詩-內卷2-207~209)

歲終，琴聞遠、琴壎之、金子厚將歸，示詩相勉，亦以自警，警安道。三首[231]

(詩-內卷2-207)

翰墨爭名已喪眞，那堪擧業又低人？

---

228 丁巳年(明宗12，1557년，57세) 9월에 禮安에서 쓴 시로 추정된다. 〔資料考〕
初本에는 추기 "見《陶山雜詠》."이 있다.

229 尋 : 初本(13책，《陶山雜詠》)에는 "深"으로 되어 있다.

230 腸 : 初本에는 "肝"으로 되어 있다.

231 丁巳年(明宗12，1557년，57세) 12월 하순에 禮安에서 쓴 시로 추정된다. 初本
에는 〈歲終，琴聞遠·琴壎之·金子厚將歸，示詩相勉，亦以自警警安道〉로 되어 있다.
〔編輯考〕이 시는 別集 卷1의 〈歲終，齋生琴聞遠·琴壎之【應壎】·金子厚【坱】將歸，示
詩相勉，亦以自警，警安道〉와 합편해야 한다.

可憐往日如奔駟, 來歲工夫盍日新?

(詩-內卷2-208)

科目焉能累得人? 學通諸理可兼伸.
如何滿世英才美, 一落終身未轉身?

(詩-內卷2-209)

生爲男子不訾身, 此事何須讓別人?
齷齪無成應坐懦, 從今努力競時辰.

KNP0214(詩-內卷2-210)

成上舍運隱居俗離山下, 黃仲舉就訪, 有詩見寄, 次韻【戊午○余少
時, 望見此人於試場中, 尙憶其標致.】[232]

昔日專場秀, 如今遯世翁.
終南非捷徑, 谷口信遺風.
岸潤龍藏裏, 山輝玉韞中.
誦君相和句, 高興激人胸.

232 戊午年(明宗13, 1558년, 58세) 1~2월에 禮安에서 쓴 시로 추정된다.

KNP0215(詩-內卷2-211)

李秀才 叔獻, 見訪溪上[233]

從來此學世驚疑, 射利窮經道益離。
感子獨能深致意, 令人聞語發新知。

KNP0216(詩-內卷2-212)

滄浪詠懷[234]

風埃顛倒幾逡巡? 尙喜林泉見在身。
若水不應忘聖主, 羲之何必誓尊人?
屛山宴坐看飛雨, 洛水閒臨玩躍鱗。
二樂安能知妙趣? 眼前光景只今新。

---

233 戊午年(明宗13, 1558년, 58세) 2월 6~8일에 禮安에서 쓴 시로 추정된다. 〔編輯考〕이 시는 別集 卷1의 〈李秀才【珥, 字叔獻。】見訪溪上, 雨留三日〉및 外集 卷1의 〈贈李叔獻。四首〉와 합편해야 한다. 〔資料考〕이 시는 《栗谷全書》(卷14)《瑣言》에도, 李珥가 退溪와 만났던 정황과 함께 실려 있다.

234 戊午年(明宗13, 1558년, 58세) 2~5월에 禮安에서 쓴 시로 추정된다. 初本(13책,《陶山雜詠》)에는 〈臺上詠懷〉로 되어 있고, 추기 "戊午。"가 있다. 養校에 "手本, '滄浪'作'臺上'."라고 하였다. 〔資料考〕初本에는 〔추기 見《陶山雜詠》。〕이 있다.

和趙上舍士敬。五首[235]

(詩-內卷2-213)

漁父滄浪喩濁[236]清, 陶公歸去願藏聲。
非[237]才食力何須問? 只自端居愧聖明。

(詩-內卷2-214)

千頃黃陂[238]豈濁清? 由來形大自宏聲。
我無[239]美質兼[240]深學, 空覺前言[241]皦日明。

---

235 戊午年(明宗13, 1558년, 58세) 6월 9일에 禮安에서 쓴 시이다. 初本에는 〈和趙上舍士敬〉으로 되어 있고, 初本(19책, 書簡)에는 〈十七日酬明字韻〉으로 되어 있다. 樊本에는 〈和趙上舍士敬, 五首【幷序○一首見外集。】〉로 되어 있고, 바로 뒤 별행으로 "士敬來寓月瀾庵, 與余溪莊隔水相望, 每欲往訪, 而雨潦彌, 數旬不果, 士敬以和余明字韻六絶, 投示, 閒中寫懷復寄, 相與一笑。戊午季夏初九日, 溪老。"가 있다. 〔編輯考〕이 시는 外集 卷1의 〈酬趙士敬明字韻〉과 합편해야 한다. 〔資料考〕이 시는 《師門手簡》(第8冊, 張7~8)에 〈酬趙士敬明字韻〉로 실려 있다.

236 濁 : 初本(19책, 書簡)·《師門手簡》에는 "濯"으로 되어 있다. 養校에 "'濁'恐'濁'。"라고 하였다.

237 非 : 初本(19책, 書簡)·《師門手簡》에는 "無"으로 되어 있다. 樊本의 두주에 "'非', 一本作'無'。"라고 하였다.

238 陂 : 養校에 "'陂'恐'波'。"라고 하였다.

239 無 : 樊本의 두주에 "'無', 一本作'並'。"라고 하였다.

240 兼 : 初本(19책, 書簡)·《師門手簡》에는 "幷"으로 되어 있다.

241 前言 : 初本(19책, 書簡)·《師門手簡》에는 "經言"으로 되어 있다. 樊本의 두주에 "'前言', 一本作'經言'。"라고 하였다.

（詩-內卷2-215）

潁洞奔流不解清，簷聲晝夜亂渠聲。
何因上抉浮[242]雲積，六合褰開輾[243]大明？

（詩-內卷2-216）

八表同昏誰與淸？蠅蚊圭蕫殷雷聲。
小齋賴有醒心處，綠竹紅葵映案明。

（詩-內卷2-217）

誰分重濁與輕淸？此[244]理何曾有臭聲？
欲識羲、文千古意，雲臺眞個牖人明。【嘗與士敬論《啓蒙》。】[245]

KNP0218（詩-內卷2-218）

答李仁仲[246]

何時洞壑積陰淸，可試尋山屐齒聲？

---

242 浮：初本（19책，書簡）·《師門手簡》에는 "愁"로 되어 있다. 樊本의 두주에 "'浮', 一本作'愁'。"라고 하였다.

243 輾：初本·定草本에는 "展"으로 되어 있다.

244 此：初本（19책，書簡）·《師門手簡》에는 "一"으로 되어 있다.

245 嘗與……啓蒙：初本（19책，書簡）에는 없다.《師門手簡》에는 대신 低一字 別行 으로 "士敬來寓月瀾庵，與余溪莊隔水相望，每欲往訪，而雨潦彌，數旬不果，士敬以 和余明字韻六絶，投示，閑中寫懷復寄，相與一笑。戊午季夏初九日，溪老。士敬嘗與 論《啓蒙》，故有雲臺牖人之語。"가 있다.

246 戊午年（明宗13，1558년，58세）6월 9일경에 禮安에서 쓴 시로 추정된다. 初本

默坐虛堂[247]看變化，才明還晦晦難明。

KNP0219(詩-內卷2-219)

甚雨有感【次李大用 韻大成所和。】[248]

去年夏旱秋大熟，穀斛贏三匹布換。

故知渴澤禾乃盛，倍見天功人事半。

今年夏潦跨秋月，長似黃河百川灌。

直恐天瓢瀉不停，無乃月畢離無算？

后土瘡痍田卒萊，農夫輟手相吁嘆。

皆言水災甚旱災，靡予非徒若〈雲漢〉。

日復日兮夜復夜，但見四野洪流漫。

明禋百祀在黍稷，闕賦將何供執爨？

怒潰波濤陵谷變，驚改窟穴魚龍竄。

近聞秔稻獨峻茂，地痺嘉成亦難判。

山翁未測天人理，《易》、《範》誰能管窺玩？

<hr>

(19책, 書簡)에는 〈答李仁仲明字韻 在仁仲所〉로 되어 있고, 初本(3책, 別集)에는
〈和仁仲【一首見內集。】〉으로 되어 있다. 〔今按〕初本(3책, 別集)에는 두 수의 작품이
실려 있는데 제2수가 이 시이다. 그래서 한 수가 內集에 실려 있다고 주석이 되어
있는 것이다. 〔編輯考〕 이 시는 初本에서는 內集 외에 書簡(19책)에도 실려 있다.
初本(19책, 書簡)을 살펴보면, 이 시는 李仁仲에게 보낸 3수의 연작시 중 제3수로
실려 있음을 발견할 수 있다. 그에 의하면, 이 시는 別集 卷1의 〈和仁仲〉 및 外集
卷1의 〈答李仁仲明字韻〉과 합편해야 한다.

247 虛堂 : 初本(19책, 書簡)에는 "空齋"로 되어 있다.

248 戊午年(明宗13, 1558년, 58세) 7월(15일 이전)에 禮安에서 쓴 시로 추정된다.

日暘之咎應有由，龍戰之傷坐不斷。

由來天戒本昭昭，大號何難施渙汗？

螢陰薄正陽寖[249]微，古聖丁寧慮治亂。

可令陽勝莫陰勝，此理正待伊、周賛。

一身羸瘵百疾纏，閉門飢臥愁眉攢。【去聲，見《韻會》。】

調息尤難值愆候，防微遏盛理一貫。

兩君吟嘆類壎箎，欲和思乾屢搤腕。

雕鐫肝腎聊自强，寄處何妨發一粲？

KNP0220(詩-內卷2-220~221)

七月旣望，久雨新晴，登紫霞峯作。二首[250]

(詩-內卷2-220)

野曠天高積雨晴，碧山環帶翠濤聲。

故知山水無涯興，莫使無端世累攖。

(詩-內卷2-221)

綠野新秋色，滄江乍霽天。

高峯霞外逈，蕭寺壁中懸。

---

249 寖：初本에는 "浸"로 되어 있다. 定草本에는 "浸"로 되어 있고, 부전지에 "'寢'，元本亦作'浸'，更詳。"라고 하였다. 樊本에는 "寢"으로 되어 있다.

250 戊午年(明宗13, 1558년, 58세) 7월 16일에 禮安에서 쓴 시이다. 初本에는 〈七月旣望，久雨新晴，登紫霞峯作〉으로 되어 있다.

歴歴汾川樹，依依牧谷烟。
偶來成獨樂，莫遣俗人傳。

KNP0221(詩-內卷2-222)

九月如京，廿五日始出險，抵惟新[251]

一路迢迢接玉京，多山多水儘難行。
他鄉到處厭機巧，逆客逢時知物情。
霜氣曉侵喬嶽冷，鴈行遙帶片雲橫。
向來丘壑風流事，回首無言倚驛亭。【時自京來者，皆傳說物論。】

KNP0222(詩-內卷2-223)

冒雨入用安驛[252]

山巖情性鹿麋同，自分年來天放翁。
白髮紅塵曾不意，畏途羸馬若爲衷？
烟波舊伴愁孤釣，松竹新居望畢功。
撥雨衝泥投野館，歸雲落照思無窮。

251 戊午年(明宗13, 1558년, 58세) 9월 25일에 忠州에서 쓴 시이다. 初本에는〈九月，如京，廿五日，始出險，抵惟新【戊午】〉로 되어 있다.
252 戊午年(明宗13, 1558년, 58세) 9월 26일에 忠州에서 쓴 시로 추정된다.

KNP0223(詩-內卷2-224~225)

初入城，松岡餉松酒，侑以二絕，次韻謝之[253]

(詩-內卷2-224)

鹿走山林歲月深，魚窮不解嘆蹄涔。
豈知今夜思鄉夢，驚破晨鐘長樂音？

(詩-內卷2-225)

我匪饞豪索酒郎，忽擎松酒[254]滿瓶香。
歲寒風味松岡韻，一舉何辭累十觴？

KNP0224(詩-內卷2-226)

寄南時甫[255]

急雨顚風撼夜牀，遽然驚破夢還鄉。
平生不恨儒冠誤，末路深知世事妨。
漠漠橋山成久別，蒼蒼蕭寺定何藏？
嗟君欲識余心事，請誦〈衡門〉第一章。【時甫爲獻陵參奉，欲讀書於
山寺。】

---

253 戊午年(明宗13，1558년，58세) 10월 초순에 서울에서 쓴 시로 추정된다.

254 酒：두주에 "‘松酒’之‘酒’，一本作醞。"이라고 하였고，甲本·樊本에도 동일한 두
주가 있다.

255 戊午年(明宗13，1558년，58세) 10월(24일 이전)에 서울에서 쓴 시로 추정된다.

KNP0225(詩-內卷2-227)

趙松岡挽章²⁵⁶

望斷高標慘士林，松岡蕭瑟月空臨。
黔妻不願餘斜被，震客曾慚却饋金。
天上豈容辭作記？ 人間難復遇知音。
白頭握手仍成訣，長憶平生淚滿襟。

KNP0226(詩-內卷2-228~229)

次韻鄭靜而所和朴和叔。二絶²⁵⁷

(詩-內卷2-228)

隱君城市圖書靜，【靜而】才子江湖歸夢長。【和叔】
我自江湖到城市，一身長伴病吟牀。

(詩-內卷2-229)

不是羽金輕作重，寧能鳧鶴短爲長？
白頭臥病長安雪，慚愧當年讀《易》牀。

---

256 戊午年(明宗13, 1558년, 58세) 10월(24일 이후)에 서울에서 쓴 시로 추정된다.
257 戊午年(明宗13, 1558년, 58세) 11월(12일 이전)에 서울에서 쓴 시로 추정된다.

寄月川趙上舍士敬[258]

一第平生幾誤身？素衣今復化緇塵。
月川歸去盤旋[259]客，莫恨年來到骨貧。[260]

舟中，示南時甫【己未○春，東歸。時甫追及於大灘，同舟而行。】[261]

曉靄濃仍晚，春山遠欲無。
江湖生錦浪，林野著屛圖。
物理何曾隱？人情自未符。
歸舟深載病，白日照襟孤。

---

258 戊午年(明宗13, 1558년, 58세) 11월 12일에 서울에서 쓴 시로 추정된다. 初本(19책, 書簡)에는 〈十一月十二日自京寄來〉으로 되어 있다. 〔編輯考〕이 편지는 初本에서는 內集 외에 書簡(19책)에도 실려 있다. 〔資料考〕이 시는 《師門手簡》(第2冊, 張11)에 〈寄月川趙上舍〉로 실려 있다.

259 盤旋 : 初本(19책, 書簡)·《師門手簡》에는 "栖遟"로 되어 있다. 初本(19책, 書簡)에는 시 뒤에 "栖遟一作盤旋, 未知孰爲定草本。"이 있다.

260 貧 : 《師門手簡》에는 뒤에 "亦示闓遠, 勸其勤業勿鹵莽也。滉。"이 있다.

261 己未年(明宗14, 1559년, 59세) 3월 2일에 楊平에서 쓴 시로 추정된다.

KNP0229(詩-內卷2-232)

三月三日[262]

三月三日驪江上，桃李半落梨花開。
蓬萊五雲屢回首，浩蕩烟[263]波歸興催。

KNP0230(詩-內卷2-233)

可興江上，別南時甫[264]

此後重逢知幾秋？舟中今日別離愁。
還將白髮三千丈，去入仙源獨泝流。

KNP0231(詩-內卷2-234)

曉發北倉江入峽，寄時甫[265]

曉日蒼涼積水空，緣崖躑躅爛蒸紅。
却隨漁棹桃源入，難與仙舟巾角同。

---

262 己未年(明宗14, 1559년, 59세) 3월 3일에 驪州에서 쓴 시이다.

263 烟 : 柳校에 "一作'鷗'."라고 하였다.

264 己未年(明宗14, 1559년, 59세) 3월 4일경에 忠州에서 쓴 시로 추정된다. 〔編輯
考〕 이 시는 續集 卷2의《送南時甫》및《遊戱三昧》(학고재, 도판 2)의《逸題》와 동시
에 창작된 것으로 보이므로 합편해야 한다.

265 己未年(明宗14, 1559년, 59세) 3월 5일경에 忠州에서 쓴 시로 추정된다.

關塞極天君向北，家山迎眼我歸東。
定知此後長相憶，努力無虧一簣功。

退溪先生文集

內集 卷三

KNP0232(詩-內卷3-1)

秋日, 遊陶山夕歸【己未】[1]

秋懷慘慄蕙蘭腓,　水落天空鷹欲飛。

不係窮通憂與樂,　何知今古是兼非?

天淵臺迥閒吟坐,　柞櫟遷長帶醉歸。

但使淵明終老地,　衣沾夕露願無違。

KNP0233(詩-內卷3-2)

天淵臺[2]

高臺臨眺敞無儔,　萬事如今付釣洲。

綃幕悠揚雲翼逸,　金波潑刺錦鱗游。

風雩得處難名狀,　壽樂徵時詎外求?

老我極知蹉歲月,　遺編何幸發潛幽?

---

1 己未年(明宗14, 1559년, 59세) 가을 禮安에서 쓴 시이다. 初本·定草本·初本(13
책,《陶山雜詠》)·庚本·擬本·甲本에는 〈秋日游陶山夕歸【己未】〉로 되어 있다. 養校
에 "手本, '日'下有'獨'字。"라고 하였다. 〔資料考〕初本에 추기 "見《陶山雜詠》。"이 있다.
2 己未年(明宗14, 1559년, 59세) 가을 禮安에서 쓴 시로 추정된다. 〔資料考〕初本에
추기 "見《陶山雜詠》。"이 있다.

KNP0234(詩-內卷3-3~12)

<u>東齋感事</u>。十絶³

(詩-內卷3-3)

聲利紛拏⁴俗尚驅，古今英傑幾遷渝？

無人更把<u>楊朱</u>淚，灑向千歧萬轍衢。

(詩-內卷3-4)

少小林泉有好懷，中間心事太相乖。

若非前哲⁵回吾駕，逆旅茫茫詎有涯？

(詩-內卷3-5)

貪榮深愧老無聞，百病歸來性命存。

始覺詩人言有味，一江明月亦君恩。

(詩-內卷3-6)

多病無能白髮翁，一身長伴蠹書蟲。

---

3 己未年(明宗14, 1559년, 59세) 12월에 禮安에서 쓴 시이다. 〔資料考〕初本에 추기 "見《退溪雜詠》."가 있고, 初本(13책, 《退溪雜詠》)에 추기 "第十絶, 亦見《梅花詩》○己未."가 있다. 《梅花詩帖》에는 《感事【東齋感事十絶之一○己未當在庚申前。】》(第10首)로 되어 있다.

4 拏 : 두주에 "'拏', 一本作'華'."라고 하였고, 樊本·上本에도 동일한 두주가 있다. 初本(13책, 《退溪雜詠》)에는 "華"로 되어 있고, 추기에 "一作拏."라고 하였다.

5 哲 : 두주에 "'哲', 一本作'聖'."이라고 하였고, 樊本·上本에도 동일한 두주가 있다. 初本(13책, 《退溪雜詠》)에는 "聖"로 되어 있고, 추기에 "一作轍'."라고 하였다.

蠧魚食字那知味？天賦群書樂在中。

(詩-內卷3-7)

鷄鳴而起各孳孳，觸手無非善利幾。
莫只攻人忘自責，斯須不戒小人歸。

(詩-內卷3-8)

古人何事惕淵冰？從善如登惡似崩。
美質尙難無悔吝，吾今安得不兢兢？

(詩-內卷3-9)

滿壁圖書一炷香，曉窗風雪隔燈光。
極知細字妨昏眼，痴坐心存夜氣章。

(詩-內卷3-10)

打鐵成鍼欲作醫，作醫那復問黃、歧？
十分鍼法從康節，刺得人心百疾夷。

(詩-內卷3-11)

鄉里諸君不乏賢，一時聯璧映山川。
近來消息知何似？一度興懷一悵然。

(詩-內卷3-12)

歲寒山谷雪霜深，溪上梅花尙閟心。
叵耐故人千里外，相思難與共幽襟？

觀《朱子大全》書，亟稱陸放翁之爲人，放翁終未聞一來問道，
有感而作[6]

木鐸千年振考亭，達材成德幾豪英？
可憐當日蓮花老，終詫詩狂自絶聽。

梅花【庚申】[7]

溪邊粲粲立雙條[8]，香度前林色映橋。
未怕惹風霜易凍，只愁迎暖玉成消。

---

6 己未年(明宗14，1559년，59세) 12월에 禮安에서 쓴 시로 추정된다.

7 庚申年(明宗15，1560년，60세) 1~2월에 禮安에서 쓴 시로 추정된다. 〔資料考〕
初本에는 추기 "見《退溪雜詠》."가 있고，初本(13책，《退溪雜詠》)에는 추기 "見《梅花
詩》."가 있다.

8 條 : 初本(13책，《退溪雜詠》)에는 "株"로 되어 있다.

林居, 十五詠【李玉山韻】[9]

(詩-內卷3-15)

早春

臘酒春光照眼新，陽和初覺適形神。

晴簷鳥哢如呼客[10]，雪澗梅寒似隱眞。

(詩-內卷3-16)

初夏

田家相賀麥秋天，鷄犬桑麻任自然。

縱使年來窮到骨，免敎匍匐井蠐邊。

(詩-內卷3-17)

早秋

切切陰蟲聽到明，不平何事訴聲聲？

極知搖落來無奈，深爲叢筠護節莖。

---

9 庚申年(明宗15, 1560년, 60세) 2월에 禮安에서 쓴 시로 추정된다. 禮安初本(13
책, 《退溪雜詠》)에는 〈林居四詠〉로 되어 있고, 《梅花詩帖》에는 〈林居早春【和李玉
山林居十五詠】之一】〉로 되어 있다. 〔資料考〕初本에는 추기 "〇庚申" "上四首, 見
《退溪雜詠》."이 있고, 初本(13책, 《退溪雜詠》)에는 추기 "《早春》一絶, 亦見《梅花
詩》〇庚申."이 있다.

10 客 : 初本(13책, 《退溪雜詠》)에는 "我"로 되어 있다.

(詩-內卷3-18)

初冬

役車休了靜門庭，卒歲〈豳風〉事爾馨。

羸骨土牀宜煖[11]熨，却須朝夕問樵靑。

(詩-內卷3-19)

樂時

屈伸變化都因數，爻象推遷各有時。

獨飲太和湯一盞，長吟安樂百篇詩。

(詩-內卷3-20)

幽居

不用交情問越壇，風塵難與抗衰顏。

撥貧近日移三徑[12]，前對淸江後碧山。

(詩-內卷3-21)

暮春

單袷衣輕物象新，尋花問柳坐陽濱。

不知舍瑟人非後，東魯何人見得眞？

---

11 煖 ： 上本에는 "暖"으로 되어 있다.

12 徑 ： 上本에는 "遥"으로 되어 있다.

觀物

芸芸庶物從何有？漠漠源頭不是虛。
欲識前賢興感處，請看庭草與盆魚。

喜雨

陰興靈氣鬱繽紛，一雨農郊慶喜[13]聞。
總是龍公神用力，免教群望失霓雲。

溪亭

年登何必問家[14]啼？泌樂忘飢有此溪。
更把小亭安一曲，可憐猶勝樹爲棲。

觀心

靜中持敬只端襟，若道觀心是兩心。
欲向延平窮此旨，冰壺秋月杳無尋。

存心

同醉昏昏儻有醒，最難操守驗鐘聲。

---

13 慶喜：上本에는 "喜慶"으로 되어 있다.
14 家：上本에는 "兒"으로 되어 있다.

直方工力皆由我，休遣微雲點日明。

(詩-內卷3-27)
樂天
聞道樂天斯聖域，惟顏去此不爭多。
我今唯覺天堪畏，樂在中間可詠歌。

(詩-內卷3-28~29)
記夢。二絕[15]

(詩-內卷3-28)
蟣蝨微臣病置閒，耿光圭竇不違顏。
太平愧乏河汾策，芹曝懸誠一夢寒。

(詩-內卷3-29)
寤寐天門幾許深？蘧蘧下墮只驚心。
個中憂國無餘事，長願年豐普得霖。

---

15 記夢二絕：初本에는〈記夢〉으로 되어 있다.

KNP0238(詩-內卷3-30)

溪上偶吟¹⁶

把釣閒吟坐石磯，不知林表掛斜暉。¹⁷
歸來一室淸如水，身上猶看半濕衣。

KNP0239(詩-內卷3-31)

東齋月夜¹⁸

暑雨初收夜氣淸，天心孤月滿窓櫺。
幽人隱几寂無語，念在先生《尊性銘》。

KNP0240(詩-內卷3-32~33)

夏日，林居卽事。二絶¹⁹

(詩-內卷3-32)

窄窄柴門短短籬，草庭苔砌雨新滋。

---

16 庚申年(明宗15，1560년，60세) 여름 禮安에서 쓴 시로 추정된다. 初本(13책，
《退溪雜詠》)에는 〈溪上〉으로 되어 있다. 〔資料考〕初本에 추기 "見《退溪雜詠》."이
있다.

17 暉 : 上本에는 "輝"로 되어 있다.

18 庚申年(明宗15，1560년，60세) 여름 禮安에서 쓴 시로 추정된다. 〔資料考〕初本
에 추기 "同上."이 있다.

幽居一味無人共，端坐翛然只自怡。

(詩-內卷3-33)

薄雲濃日晚悠悠，開遍川葵與[20]海榴。
始覺遠山添夜雨，前溪石瀨響淙流。

KNP0241~243(詩-內卷3-34~81)

陶山雜詠【幷記】[21]

靈芝之一支東出，而爲陶山。或曰："以其山之再成，而命
之曰陶山也。"或云："山中舊有陶竈，故名之以其實也。"爲
山不甚高大，宅曠而勢絕，占方位不偏，故其旁之峯巒溪
壑，皆若拱揖環抱於此山然也。山之在左曰東翠屛，在右

---

19 庚申年(明宗15, 1560년, 60세) 여름 禮安에서 쓴 시로 추정된다. 初本·初本(13
책, 《退溪雜詠》)에는 〈夏日, 林居卽事〉로 되어 있다. 〔資料考〕初本에 "추기 同上."
이 있다.

20 與 : 初本에는 "共"으로 되어 있고, 부전지에 "'共', 《溪山雜詠》作'與'.""如此處,
一作某字, 如何?"라고 하였다. 初本(13책, 《退溪雜詠》)의 추기에 "一作'共'."라고 하
였다. 定草本의 부전지에 "'與', 手本作'共', 如何?"라고 하였다.

21 庚申年(明宗15, 1560년, 60세) 여름 禮安에서 쓴 시로 추정된다. 〔資料考〕初本
에 추기 "見《陶山雜詠》."이 있다. 《陶山雜詠》은 서두의 記文 외에 3題 48首로 되어
있다. 《陶山雜詠》은 初本 2책에 실린 것 외에도 初本 13책에 중첩하여 실려 있다.
다만 初本 13책에는 記文도 아울러 실려 있다. 初本(13책, 《陶山雜詠》)에는 〈陶山
記〉로 되어 있고, 추기 "見記類, 今不錄○庚申."이 있다. 〔今按〕初本(2책)과 定草本
에는 〈陶山雜詠十八絶〉이라고 되어 있고 "幷記"라는 주석이 없다. 이에 따라 初本(2
책)과 定草本에는 《陶山雜詠》 시들 만 실려 있을 뿐 記文이 실려 있지 않다.

曰西翠屏。東屏來自淸涼, 至山之東, 而列岫縹緲, 西屏來
自靈芝, 至山之西, 而聳峯巍峩。兩屏相望, 南行迤邐, 盤
旋八九里許, 則東者西, 西者東, 而合勢於南野莽蒼之外。
水在山後曰退溪, 在山南曰洛川。溪循山北, 而入洛川於
山之東, 川自東屏而西趨, 至山之趾[22], 則演漾泓渟, 沿泝
數里間, 深可行舟, 金沙玉礫, 淸瑩紺寒, 卽所謂濯纓潭
也。西觸于西屏之崖, 遂並其下, 南過大野, 而入于芙蓉
峯下, 峯卽西者東而合勢之處也。始余卜居溪上, 臨溪縛
屋數間, 以爲藏書養拙之所, 蓋已三遷其地, 而輒爲風雨
所壞。且以溪上偏於闃寂, 而不稱於曠懷, 乃更謀遷, 而得
地於山之南也。爰有小洞, 前俯江郊, 幽敻遼廓, 巖麓悄
蒨, 石井甘洌, 允宜肥遯之所, 野人田其中, 以資易之。有
浮屠法蓮者幹其事, 俄而蓮死, 淨一者繼之。自丁巳至于
辛酉, 五年而堂舍兩屋粗成, 可棲息也。堂凡三間, 中一間
曰玩樂齋, 取朱先生《名堂室記》"樂而玩之, 足以終吾身而
不厭"之語也。東一間曰巖栖軒, 取《雲谷》詩"自信久未能,
巖栖冀微效"之語也。又合而扁之曰陶山書堂。舍凡八間,
齋曰時習, 寮曰止宿, 軒曰觀瀾, 合而扁之曰隴雲精舍。堂
之東偏, 鑿小方塘, 種蓮其中, 曰淨友塘。又其東爲蒙泉,
泉上山脚, 鑿令與軒對平, 築之爲壇, 而植其上梅竹松菊,
曰節友社。堂前出入處, 掩以柴扉, 曰幽貞門。門外小徑[23]
緣澗而下, 至于洞口, 兩麓相對。其東麓之脅, 開巖築址,

---

22 趾 : 初本(13책,《陶山雜詠》)에는 "址"로 되어 있다.

23 徑 : 上本에는 "逕"으로 되어 있다.

可作小亭, 而力不及, 只存其處。有似山門者, 曰谷口巖。
自此東轉數步, 山麓斗斷, 正控濯纓潭上, 巨石削立, 層累
可十餘丈。築其上爲臺, 松棚翳日, 上天下水, 羽鱗飛躍,
左右翠屏, 動影涵碧, 江山之勝, 一覽盡得, 曰天淵臺。西
麓亦擬築臺, 而名之曰天光雲影, 其勝槩當不減於天淵也。
盤陀石在濯纓潭中, 其狀盤陀, 可以繫舟傳觴。每遇潦漲,
則與齊俱入, 至水落波清, 然後始呈露也。余恆苦積病纏
繞, 雖山居, 不能極意讀書。幽憂調息之餘, 有時身體輕
安, 心神灑醒, 俛仰宇宙, 感慨係之, 則撥書攜筇而出, 臨
軒玩塘, 陟壇尋社, 巡圃蒔藥, 搜林擷芳。或坐石弄泉, 登
臺望雲, 或磯上觀魚, 舟中狎鷗, 隨意所適, 逍遙徜徉, 觸
目發興, 遇景成趣。至興極而返, 則一室岑寂, 圖書滿壁,
對案嘿坐, 兢存研索, 往往有會于心, 輒復欣然忘食, 其有
不合者, 資於麗澤。又不得則發於憤悱, 猶不敢强而通之,
且置一邊, 時復拈出, 虛心思繹, 以俟其自解。今日如是,
明日又如是。若夫山鳥嚶鳴, 時物暢茂, 風霜刻厲, 雪月凝
輝, 四時之景不同, 而趣亦無窮。自非大寒·大暑·大風·大
雨, 無時無日而不出, 出如是, 返亦如是。是則閒居養疾,
無用之功業, 雖不能窺古人之門庭, 而其所以自娛悅於中
者不淺, 雖欲無言, 而不可得也。於是, 逐處各以七言一
首紀其事, 凡得十八絶。又有〈蒙泉〉、〈冽井〉、〈庭草〉、
〈澗柳〉、〈菜圃〉、〈花砌〉、〈西麓〉、〈南沜〉、〈翠微〉、〈寥
朗〉、〈釣磯〉、〈月艇〉、〈鶴汀〉、〈鷗渚〉、〈魚梁〉、〈漁
村〉、〈烟林〉、〈雪徑〉、〈櫟遷〉、〈漆園〉、〈江寺〉、〈官
亭〉、〈長郊〉、〈遠岫〉、〈土城〉、〈校洞〉等五言雜詠二十

六絶，所以道前詩不盡之餘意也。嗚呼！余之不幸晚生遐裔，樸陋無聞，而顧於山林之間，夙知有可樂也。中年，妄出世路，風埃顛倒，逆旅推遷，幾不及自返而死也。其後年益老，病益深，行益躓，則世不我棄，而我不得不棄於世，乃始脫身樊籠，投分農畝，而向之所謂山林之樂者，不期而當我之前矣。然則余乃今所以消積病・豁幽憂，而晏然於窮老之域者，舍是將何求矣？雖然，觀古之有樂於山林者，亦有二焉。有慕玄虛，事高尚而樂者，有悅道義，頤心性而樂者。由前之說，則恐或流於潔身亂倫，而其甚則與鳥獸同群，不以爲非矣。由後之說，則所嗜者糟粕耳，至其不可傳之妙，則愈求而愈不得，於樂何有？雖然，寧爲此而自勉，不爲彼而自誣矣，又何暇知有所謂世俗之營營者，而入我之靈臺乎？或曰："古之愛山者，必得名山以自託，子之不居清涼，而居此何也？"曰："清涼壁立萬仞，而危臨絶壑，老病者所不能安。且樂山樂水，缺一不可，今洛川雖過清涼，而山中不知有水焉。余固有清涼之願矣，然而後彼而先此者，凡以兼山水，而逸老病也。"曰："古人之樂，得之心而不假於外物。夫顏淵之陋巷，原憲之甕牖，何有於山水？故凡有待於外物者，皆非眞樂也。"曰："不然。彼顏、原之所處者，特其適然而能安之爲貴爾。使斯人而遇斯境，則其爲樂，豈不有深於吾徒者乎？故孔、孟之於山水，未嘗不亟稱而深喻之。若信如吾子之言，則與點之歎，何以特發於沂水之上？卒歲之願，何以獨詠於蘆峯之巓乎？是必有其故矣。"或人唯而退。嘉靖辛酉日南至，山主老病畸人記。

十八絶【七言】[24]

(詩-內卷3-34)

陶山書堂

大舜親陶樂且安, 淵明躬稼亦[25]歡顔。

聖賢心事吾何得? 白首歸來試考槃。

(詩-內卷3-35)

巖栖軒

曾氏稱顔實若虛, 屏山引發晦翁初。

暮年窺得巖栖意, 博約淵冰恐自疏。

(詩-內卷3-36)

玩樂齋

主敬還須[26]集義功, 非忘非助漸融通。

恰臻太極濂溪妙[27], 始信千年此樂同。

---

24 庚申年(明宗15, 1560년, 60세) 여름 禮安에서 쓴 시로 추정된다. 初本・定草本에
는 〈陶山雜詠十八絶〉로 되어 있고, 初本(13책,《陶山雜詠》)에는 〈七言絶句十八首〉
로 되어 있다.

25 亦 : 上本에는 "且"로 되어 있다.

26 須 : 初本(13책,《陶山雜詠》)에는 "收"로 되어 있다.

27 妙 : 初本에는 "奧"로 되어 있고, 부전지에 "'奧',《溪山》作'妙'。"라고 하였다.

(詩-內卷3-37)

幽貞門

不待韓公假大龜，新居縹緲映柴扉。
未應山徑[28]憂茅塞，道在幽貞覺坦夷。

(詩-內卷3-38)

淨友塘

物物皆含妙一天，濂溪何事獨君憐？
細思馨德眞難友，一淨稱呼恐亦偏。

(詩-內卷3-39)

節友社[29]

松菊陶園與[30]竹三，梅兄胡奈不同參？
我今併作風霜契，苦節清芬儘飽諳。

(詩-內卷3-40)

隴雲精舍

常愛陶公隴上雲，唯堪自悅未輸君。
晚來結屋中間臥，一半閒情野鹿分。

---

28 徑 : 上本에는 "逕"으로 되어 있다.

29 節友社 : 初本(13책, 《陶山雜詠》)에는 추기 "亦見《梅花詩》."가 있다.

30 與 : 두주에 "'與', 一本作'伴'."라고 하였고, 甲本·樊本·上本에도 동일한 두주가 있다.

(詩-內卷3-41)

觀瀾軒

浩浩洋洋理若何？ 如斯曾發聖咨嗟。

幸[31]然道體因茲見， 莫使工夫間斷多。

(詩-內卷3-42)

時習齋

日[32]事[33]明誠類數飛， 重思複踐趁時時。

得深正在工夫熟， 何啻珍烹悅口頤？

(詩-內卷3-43)

止宿寮

愧無鷄黍謾留君， 我亦初非鳥獸群。

願把從師浮海志， 聯床終夜細云云。

(詩-內卷3-44)

谷口巖[34]

東躋江臺北入雲， 開荒[35]谷口擬山門。

---

31 幸 : 柳校에 "手本作'縱'."이라고 하였다.

32 日 : 初本에는 "有"로 되어 있고, 부전지에 "'有', 《溪山》作'日'."라고 하였다. 樊本·上本에는 "有"로 되어 있다.

33 日事 : 定草本의 부전지에 "'日事'元作'兩進', 考次."라고 하였고, 추기에 "'日事'爲是."라고 하였다. 柳校에 "手本, '日事'作'兩進'."라고 하였다.

34 巖 : 初本·初本(13책, 《陶山雜詠》)·定草本·庚本·擬本·甲本·樊本·上本에는 "門"으로 되어 있고, 定草本의 교정기에는 "巖"이 있다.

此名偶似前賢地, 耕隱風聲³⁶詎易論?

(詩-內卷3-45)

天淵臺

縱翼揚鱗孰使然? 流行活潑³⁷妙天淵。

江臺盡日開心眼, 三復明誠一巨編。

(詩-內卷3-46)

天光雲影臺【或只稱天雲臺。】³⁸

活水天雲鑑影光, 觀書深喩在方塘。

我今得意清潭上, 恰似當年感歎長。

(詩-內卷3-47)

濯纓潭

漁父當年笑獨醒, 何如³⁹孔聖戒丁寧?

我來叩枻吟風月, 却喜清潭可濯纓。

---

35 荒 : 柳校에 "手本'荒'作'巖'."라고 하였다.

36 風聲 : 두주에 "'風聲', 一本作'高情'."라고 하였고, 甲本·樊本·上本에도 동일한 두주가 있다. 定草本의 부전지에 "'聲'作'流', 皆考次."라고 하였다.

37 流行活潑 : 두주에 "'流行', 一本作'生生'."이라고 하였고, 甲本에도 동일한 두주가 있다. 樊本·上本의 두주에 "'流行', 一本作'生生潑潑'."이라고 하였다. 初本에는 "生生潑潑"로 되어 있다.

38 天光雲影臺【或只稱天雲臺。】: 初本(13책,《陶山雜詠》)에는 〈天雲臺【或云'天光雲影臺'。】〉으로 되어 있다.

39 何如 : 上本에는 "如何"로 되어 있다.

(詩-內卷3-48)

盤陀石

黃濁滔滔便隱形，安流帖帖始分明。
可憐如許奔衝裏，千古盤陀不轉傾。

(詩-內卷3-49)

東翠屏山

簇簇群巒左翠屏，晴嵐時帶白雲橫。
斯須變化成飛雨，疑是營丘筆下生。

(詩-內卷3-50)

西翠屏山

嶷嶷群峯右翠屏，中藏蘭若下園亭。
高吟坐對眞宜晚，一任浮雲萬古靑。

(詩-內卷3-51)

芙蓉峯【趙上舍士敬家，在峯下。】[40]

南望雲峯半隱形，芙蓉曾見足嘉名。
主人亦有烟霞癖，茅棟深懷久未成。

40　【趙上舍士敬家在峯下】：初本·定草本·庚本·擬本·甲本에는 이 구절이 없다.

二十六絶【五言○逐題又有四言詩一章。】[41]

(詩-內卷3-52)

蒙泉【書堂之東，有泉曰蒙。何以體之？養正之功。】

山泉卦爲蒙，厥象吾所服。
豈敢忘時中？尤當思果育。

(詩-內卷3-53)

洌井【書堂之南，石井甘洌。千古烟沈，從今勿幕。】

石間井洌寒，自在寧心惻？
幽人爲卜居，一瓢眞相得。

(詩-內卷3-54)

庭草【閒庭細草，造化生生。目擊道存，意思如馨。】

庭草思一般，誰能契微旨？
圖書露天機，只在潛心耳。

(詩-內卷3-55)

澗[42]**柳**【澗邊[43]垂柳，濯濯風度。陶邵賞好，起我遐慕。】

無窮造化春，自是風流樹。

---

41 계사년(1533, 중종28, 33세) 2월 1일경 善山에서 쓴 시로 추정된다. 이 시 이하부
터 〈曉發北倉江八峽, 寄時甫〉까지 수록된 初本 제1책(71장)의 표지 안쪽 면에 "士純
校, 安道校."라고 추기되어 있다. 士純은 金誠一의 字이며, 安道는 退溪의 長孫이니
교정자를 밝힌 것이다. 初本 제1책은 목판본 권1에서 권2에 해당한다.

千載兩節翁, 長吟幾興寓?

(詩-內卷3-56)

菜圃【節友社[44]南, 隙地爲圃。下帷多暇, 抱甕何苦?[45]】

小圃雲間靜, 嘉蔬雨後滋。

趣成眞自得, 學誤未全癡。

(詩-內卷3-57)

花砌【堂後衆花, 雜植爛爛。天地精英, 莫非佳[46]玩。】

曲砌無人跡, 幽香發秀姿。

風輕午吟處, 露重曉看時。

(詩-內卷3-58)

西麓【悄蒨西麓[47], 堪結其茅。以藏以修, 雲霞之交。】

舍西橫翠麓, 蕭灑可幽貞。

二仲豈無有? 愧余非蔣卿。

----

42 澗 : 初本(13책, 《陶山雜詠》)에는 '磵'으로 되어 있다.

43 澗邊 : 初本에는 '小澗'으로, 初本(13책, 《陶山雜詠》)에는 '磵邊'으로 되어 있다.

44 社 : 初本에는 '壇'으로 되어 있으며 부전지에 "'壇', 《溪山》作'社'。"라고 하였으며, 樊本에는 두주에 "'社', 一本作'壇'."라고 하였다.

45 下帷……何苦 : 初本에는 '學則誠誤, 何妨我甕。'으로 되어 있다.

46 佳 : 初本(13책, 《陶山雜詠》)에는 '嘉'로 되어 있다.

47 悄蒨西麓 : 初本에는 '小麓悄蒨'로 되어 있으며 부전지에 "'小麓悄蒨'《溪山》作'悄蒨西麓'。"라 하였으며, 樊本·上本의 두주에 "'悄蒨西麓', 一本作'小麓悄蒨'。"라고 하였다.

(詩-內卷3-59)

南沚【石之揭揭，樾之陰陰。于江之沚，納凉蕭森。】

異石當山口，傍邊澗入江。

我時來盥濯[48]，清樾興難雙。

(詩-內卷3-60)

翠微【翠微翠微，書堂之東。九日故事，感慨余衷。】

東隴上翠微，九日攜壺酒。

卻勝陶淵明，菊花空滿手。

(詩-內卷3-61)

寥朗【寥朗寥朗，精舍[49]之西。仰眺俯瞰，孰知其倪？】

西隴上寥朗，矯首望烟霞。

安得陵[50]八表，仍尋羽人家？

(詩-內卷3-62)

釣磯【臨江苔石，一絲颺風。貪餌則懸，冒利則釘。】

弄晚竿仍裊，來多石亦溫。

魚穿青柳線，蓑帶綠烟痕。

---

48 濯：두주에 "'濯', 一本作'漱'."라고 하였으며, 甲本·樊本·上本에도 같은 두주가
있다.

49 精舍：初本에 '雲菴'로 되어 있으며 부전지에 "'雲菴', 《溪山》作'精舍'."라고 하였
으며, 樊本·上本의 두주에 "'精舍', 一本作'雲庵'."라고 하였다.

50 陵：初本·初本(13책, 《陶山雜詠》)·定本에는 '凌'으로 되어 있다.

(詩-內卷3-63)

月艇【一葉小艇，滿載風月。懷人不見，我心靡歇。】

寒潭如拭鏡，乘月弄扁舟。

<u>湖老</u>烟波詠[51]，<u>坡仙</u>桂棹秋。[52]

(詩-內卷3-64)

櫟遷【櫟之不材，多至壽老。厥或不免，乃壽之道。】

緣崖路呼遷，其上多樹[53]櫟。

何妨抱離奇？ 壽已過數百。

(詩-內卷3-65)

漆園【漆[54]有世用，其割焉保？ 厥或免割，乃割之道。】

古縣但遺基，漆林官[55]所植。

見割有警言，<u>蒙</u>、<u>莊</u>亦高識。

(詩-內卷3-66)

魚梁【丙穴底貢，編木如山。每夏秋交，我屛<u>溪</u>間。】

玉食須珍異，銀脣合進供。

---

51 詠 : 上本에 '咏'으로 되어 있다.

52 湖老……棹秋 : 두주에 "末二句, 一本作'<u>九曲羊裘</u>詠, <u>黃岡桂棹秋</u>。'"라고 하였으며, 甲本·樊本·上本에도 동일한 두주가 있다.

53 樹 : 樊本·上本에는 '壽'로 되어 있다.

54 漆 : 初本에는 '榛'로 되어 있다.

55 官 : 두주에 "'官', 一本作'誰'。"라고 하였으며, 甲本·樊本·上本에 동일한 두주가 있다. 初本(13책,《陶山雜詠》)에는 '誰'로 되어 있다.

岌岌梁截[56]斷，瀎瀎罟施重。

(詩-內卷3-67)

漁村【太平烟火，<u>宜仁</u>之村。漁以代徭，式飽且溫。】
隔岸民風古，臨江樂事多。
斜陽如畫裏，收網得銀梭。

(詩-內卷3-68)

烟林【吟不盡興，畫不盡變。春濃繡錯，秋老霞絢。】
遠近勢周遭，漠漠迷烟樹。
延望足玩心，變態多朝暮。

(詩-內卷3-69)

雪徑【皓皓崖壑，迢迢磴徑[57]。踏作瑤迹，誰先乘興？】
一徑傍江潯，高低斷復遠。
積雪無人蹤，僧來自雲表。

(詩-內卷3-70)

鷗渚【舞而不下，渠未可干。狎而有盟，吾何敢寒？】
浩蕩浮還沒，毰毸晒復眠。
閒情乃如許，機事定無緣。

----

56 截：初本·定本에는 '絶'로 되어 있다.
57 徑：初本(13책，《陶山雜詠》)에는 '逕'으로 되어 있다.

(詩-內卷3-71)

鶴汀【鳴臯聞天，掠舟驚夢。野田有侶，盍愼媒弄？】

水鶴烟霄下，晴沙立遠汀。

那能無飮啄？ 得處莫留停。

(詩-內卷3-72)

江寺【江上招提，老仙舊居。月寒庭蕪，風悲室虛。】

古寺江岸空，仙遊杳方丈。

蟠桃定何時，結子重來賞。

(詩-內卷3-73)

官亭【官作之亭，歲月茫茫。樂匪[58]知濠[59]，擧似如棠】

小亭境自佳，後江前皐隰[60]。

皂蓋不來時，野禽自栖集。

(詩-內卷3-74)

長郊【郊原膴膴，籬落依依。戴星而出，帶月而歸。】

炎天彌翠浪，商節滿黃雲。

薄暮歸鴉望，遙風牧笛聞。

---

58 匪 : 初本(13책，《陶山雜詠》)에는 '非'로 되어 있다.

59 濠 : 初本에는 '魚'로 되어 있으며 부전지에 "'魚'，《溪山》作'濠'."라고 하였으며，樊本·上本의 두주에 "'濠'，一本作'魚'."라고 하였다.

60 隰 : 樊本·上本에는 '濕'으로 되어 있다.

(詩-內卷3-75)

遠岫【如黛如簪，非烟非雲。入夢靡遮，上屛何分？】

微茫常對席，縹緲定何州。

雨暗愁無奈，天空意轉悠。

(詩-內卷3-76)

土城【維彼南山，因山作城。海桑一朝，蠻觸何爭？】

禦難何代人？ 古籍莽難考。

時平久已頹，兎穴深蔓草。

(詩-內卷3-77)

校[61]洞【古縣鄕校，遺址宛然。麗季屛王，敎化無傳。】

宮牆沒澗烟，絃誦變山鳥。

誰能起廢規[62]，張皇道幽眇？

KNP0243(詩-內卷3-78~81)

又四絶【五言 ○ 以下四絶所詠，皆天淵所望，然皆有主。故不係陶山，而別錄于下，亦山谷所謂'借景'之義也。】[63]

(詩-內卷3-78)

聾巖【在西翠屛東，故知中樞李先生亭館在其傍[64]。】

西望巖崖勝，高亭勢欲飛。

---

61 校 : 樊本·上本에는 "'校'，一本作'學'。"로 되어 있다.

62 起廢規 : 初本에는 '變所爲'로 되어 있다.

風流那復覩? 山仰只今稀。

(詩-內卷3-79)

汾川【在西翠屏南, 實里名也。知事之胤[65]大成所居, 大成號碧梧。】[66]

汾川非異水, 回首想梧陰。

摵摵鳴疎雨, 秋來戀主深。

(詩-內卷3-80)

賀淵【在西翠屏下, 承旨李公幹亭舍, 在其上。】

激湍下爲淵, 深處知幾丈?

主人在銀臺, 烟波頻夢想。

(詩-內卷3-81)

屛庵[67]【在西翠屛崖壁中, 上舍李大用所構, 命僧守之[68]。舊有淨室, 近聞守僧改置其室, 殊失佳致[69]云。】

屛庵在懸崖, 石縫泉冰齒。

----

63 初本에는 위와 같은 상란추기가 있으며, 初本(13책, 《陶山雜詠》)에는 〈又五言絶句。四首【以下四處, 皆天淵所望, 然皆有主, 故不係陶山, 而別錄于後, 亦山谷借景之喻。】〉으로 되어 있다.

64 在其傍 : 初本(13책, 《陶山雜詠》)에는 '所在'로 되어 있다.

65 胤 : 初本(13책, 《陶山雜詠》) 뒤에 '察訪李'가 있다.

66 在西……碧梧 : 定本에는 【里名, 在西翠屛南, 察訪李大成所居, 大成自號碧梧。】로 되어 있다.

67 庵 : 樊本·上本에는 '巖'으로 되어 있다.

68 命僧守之 : 初本(13책, 《陶山雜詠》)에는 없다.

69 殊失佳致 : 初本(13책, 《陶山雜詠》)에는 '頗失佳趣'로 되어 있으며, 樊本의 두

舊愛一室明，如今定何似？

偶題二絶[70]

(詩-內卷3-82)

桂棹蘭槳[71]一葉舟，澄江如練靜涵秋。

無端一夕西風急，鷗鷺驚飛過別洲。

(詩-內卷3-83)

江上淸風直萬錢，扁舟無計買秋天。

可憐明月如相識，猶向山間盡意圓。

KNP0245(詩-內卷3-84)

溪齋[72]

琴生結茅棟[73]，在我南溪曲。

주에 "'殊失佳致'，一本'頗失佳趣'。"로 되어 있다.

70 初本에는 〈偶題〉로 되어 있다. 庚申年(明宗15, 1560년, 60세) 가을 禮安에서 쓴 시로 추정된다.

71 槳 : 養校에 "'槳'恐'檣'。"로 되어 있다.

72 溪齋 : 初本(13책, 《退溪雜詠》)에는 〈溪南茅齋〉로 되어 있다. 庚申年(明宗15, 1560년, 60세) 가을 禮安에서 쓴 시로 추정된다. 初本에는 주묵추기에 "見《退溪雜

退溪先生文集 內集 卷三　255

搖窗林影寒，照席嵐光綠。

邇來闃無人，蓬蒿翳庭菊。

呼兒痛掃溉，終日坐幽獨。

手中一卷書，隨意繙且讀，

有理古猶今，有味飫如沃。

悲秋自懷遠，〈考槃〉甘弗[74]告。

喟然長太息，商風振山[75]木。【<u>琴壎之</u>[76]】

KNP0246(詩-內卷3-85)

溪上秋興[77]

雨捲雲歸暮天碧，西風入林鳴策策。

溪禽忘機立多時，忽然決起飛無迹。

詠〉。”로 되어 있다. 이 시는《日休勉進聯稿》에 실린 琴應壎의《勉進齋先生遺稿》에
도 실려 있다. (《退溪學資料叢書》6, 170면.)

73 棟：初本의 부전지에 “棟《溪山》作齋”。라고 하였으며, 初本(13책,《退溪雜詠》)
에는 ‘齋’로 되어 있으며 추기에 “一作‘棟’。”이라고 하였으며, 樊本의 두주에 “‘棟’, 一本
作‘齋’。”라고 하였다.

74 弗：樊本·上本에는 ‘不’로 되어 있다.

75 山：初本(13책,《退溪雜詠》)에는 ‘林’으로 되어 있으며 추기에 “一作‘山’。”이라고
하였다.

76 琴壎之 : 初本·定本에는 없다.

77 庚申年(明宗15, 1560년, 60세) 가을 禮安에서 쓴 시로 추정된다. 初本의 주묵추
기에 “同上”이라 하였다.

KNP0247(詩-內卷3-86)

寄鄭子中正字⁷⁸

尺素書從谷口來，山窓欣對碧雲開。
躬行正似梨甛熟，妙處眞同火撥埋。
遲暮光陰難把玩，別離懷抱佇追陪。
卻愁好事奇明彥，差說精微坐俊才。【子中謄示明彥所與鄭靜而書，
其論四端七情，與愚見有小異。】

KNP0248(詩-內卷3-87~89)

寄贈李仲久三絶【仲久號靜存】⁷⁹

(詩-內卷3-87)

靜存贈我一丸朱，我正昏眸欲廢書。
結習未除時點染，山窓非是注蟲魚。

(詩-內卷3-88)

晚從書裏悟迷塗，病業還嫌大丈夫。
爲問靜存存底事？書來肝膽好相輸。

---

78 庚申年(明宗15, 1560년, 60세) 9~10월 禮安에서 쓴 시로 추정된다.

79 初本에는 〈寄贈李仲久【仲久號靜存。】〉로 되어 있다. 庚申年(明宗15, 1560년, 60
세) 9~10월 禮安에서 쓴 시로 추정된다.

(詩-內卷3-89)

山木何能便秀穹？存心要在積年功。
君看日夜東流水，放海先從一坎中。

KNP0249(詩-內卷3-90~109)

和子中閒居二十詠[80]

(詩-內卷3-90)

講學

同流亂德勢侵淫，墜緒茫茫不易尋。
只向彝倫明盡道，更因情性得存心。
須知糟粕能傳妙，始識熊魚孰味深。
卻恨山樊無[81]麗澤，齋居終日獨欽欽。

(詩-內卷3-91)

求志

隱志非他達所由，天民德業尚須求。
希賢正屬吾儕事，守道寧忘此日憂？

---

80 庚申年(明宗15，1560년，60세) 9~10월 禮安에서 쓴 시로 추정된다. 初本의 주
묵추기에 "見《退溪雜詠》"라고 하였다. 初本(13책,《退溪雜詠》)에는〈和鄭子中閒居
二十詠〉으로 되어 있다.

81 無 : 두주에 "'無'，一本作'阻'"라고 하였으며 甲本·樊本·上本에도 동일한 두주가
있다. 初本의 부전지에 "'無'，《溪山》作'阻'."라고 하였으며, 初本(13책,《退溪雜詠》)
에는 '阻'로 되어 있고 추기에 "一作'無'."라고 하였다.

大錯鑄來容改範，迷途覺處急回輈。

秪[82]從顏巷勤攸執，貴富[83]空雲一點浮。

(詩-內卷3-92)

習書【近世, 趙、張書盛行, 皆未免誤後學】

字法從來心法餘，習書非是要[84]名書。

蒼、羲[85]制作自神妙，魏、晉風流寧放疎？

學步吳興憂失故，效顰東海恐成虛。

但令點畫皆存一，不係人間浪毀譽。

(詩-內卷3-93)

吟詩

詩不誤人人自誤，興來情適已難禁。

風雲動處有神助，葷血消時絶俗音。

栗里賦成眞樂志，草堂改罷自長吟。

緣他未著[86]明明眼，不是吾緘耿耿心。

82 秪 : 初本·初本(13책, 《退溪雜詠》)·定本에는 '秪'로 되어 있으며, 庚本·擬本·甲本에는 '秪'로 되어 있으며, 樊本에는 '秪'로 되어 있으며, 上本에는 '秪'로 되어 있다.

83 貴富 : 定本의 부전지에 "'貴富'更考."라고 하였으며 추기에 "手本同."라고 하였다.

84 要 : 初本에는 '擬'로 되어 있으며, 初本(13책, 《退溪雜詠》)의 주묵추기에 "一作'擬'."라고 하였다.

85 羲 : 初本에는 '籒'로 되어 있으며, 初本(13책, 《退溪雜詠》)의 주묵추기에 "一作'籒'."라고 하였다.

86 著 : 初本(13책, 《退溪雜詠》)에는 '着'으로 되어 있다.

(詩-內卷3-94)

愛閒

林間茅屋石間泉，閒愛秋風灑靜便。

《易》玩羲、文一兩卦，詩吟陶、邵五三篇。

園容野鹿栖雲宿，窗對沙禽向日眠。

不獨身閒心亦泰，任從多病在人先。

(詩-內卷3-95)

養靜

休道山林已辦安，心源[87]未了尙多干。

眼中灑若常恬養，事過超然莫控搏。

九歲觀空非面壁，三年服氣異燒丹。

聖賢說靜明如日，深戒毫釐錯做看。

(詩-內卷3-96)

焚香

焚香非是學禪僧，清坐無塵思若凝。

已遣襟靈渾洗滌，從敎心地凜淵冰。

史巫祈祝唯增怪，羅綺薰濃只長矜。

誰與沈材除此厄，敬拈一瓣爲顏、曾？

---

87 源：樊本에는 '原'으로 되어 있다.

(詩-內卷3-97)

服藥

重重積病等丘陵，藥裏君臣有減增。

道驗若神難對證，試方偶中已稱能。

庸工失診輕生誤，良劑無傷久見徵。

但得服勤差少病，何妨瘦骨似枯藤？

(詩-內卷3-98)

彈琴

先王作樂意尤深，天地中和發自心。

鳳下南薰元盡美，鶴來東國別成音。

平生我未專[88]師學，此日君能古譜尋。

好待明年山月夜，無絃琴和有絃琴。

(詩-內卷3-99)

投壺

禮樂從來和與嚴，投壺一藝已能兼。

主賓有黨儀無傲，算爵非均意各厭。

比射男兒因肄習，其爭君子可觀瞻。

心平體正何容飾，一在中間自警潛。

---

88 專：上本에는 '全'으로 되어 있다.

(詩-內卷3-100)

賞花

一番花發一番新，次第天將慰我貧。

造化無心還露面，乾坤不語自含春。

澆愁喚酒禽相勸，得意題詩筆有神。

詮[89]擇事權都在手，任他蜂蝶謾紛繽。

(詩-內卷3-101)

釣魚

清時多病早投閒，萬事漁竿本不干。

小艇弄殘宜月宿，寒絲收罷任風餐。

荻花楓葉深秋岸，篛笠蓑衣細雨灘。

可笑從前閒失脚，軟紅塵土沒高冠。

(詩-內卷3-102)

曬册

古稱書畫損梅黃，一日園林喜得陽。

散帙白[90]魚驚不定，護庭赤脚倦思僵。

愧無可曬惟空腹，閒勝隨人或倒裳。

莫歎[91]塵編寥落甚，櫝中珠在最難忘。

---

89 詮 : 두주에 "'詮', 一本作'銓'."라고 하였으며, 甲本·樊本·上本에도 동일한 두주가
있다. 初本·初本(13책, 《退溪雜詠》)·定本에는 '銓'으로 되어 있다.

90 白 : 養校에 "愚山標曰, '白'疑'碧'."라고 하였다.

91 歎 : 初本·初本(13책, 《退溪雜詠》)·定本에는 '嘆'으로 되어 있으며, 庚本·擬本·

對客

本收蹤[92]跡入深林, 何意親朋或遠尋?
酢舌未須談別事, 開顔正好款同心。
溪雲婉婉低相酌, 山鳥嚶嚶和共吟。
他日思君獨坐處, 不堪明月盡情臨。

煮蕨

東風習習踏青過, 美食春山不作魔。
晨採趁樵雲壓擔, 晚烹汲澗雪飜和。
首陽歌激人爭[93]慕, 坡老嘲愍我已[94]多。
扣腹儘知書籍穩, 荒哉日食萬錢麽。

飲酒

逃入昏冥我不求, 但師陶令爲忘憂。
年荒可怕塵生甕, 客至何妨葛喚篘?

甲本에는 '嘆'으로 되어 있다.

92 蹤 : 上本에는 '踪'으로 되어 있다.

93 爭 : 初本에는 '皆'로 되어 있으며 부전지에 "'皆'《溪山》作'爭'."라고 하였으며, 初本(13책, 《退溪雜詠》)의 주묵추기에 "一作'皆'."라고 하였다.

94 已 : 두주에 "'已', 一本作'則'."라고 하였으며, 樊本·上本에도 동일한 두주가 있다. 初本·定本에는 '則'으로 되어 있으며, 初本(13책, 《退溪雜詠》)의 주묵추기에 "一作'卽'."라고 하였다.

月到天心應婉戀，風將花事故遲留。
可憐李白疎狂甚，枉詫⁹⁵同杯憶五侯。

(詩-內卷3-106)
玩⁹⁶月

十分圓未一分偏，況復沈痾近少瘳？
把酒李生吟且問，傷時杜老坐無眠。
斫來桂樹應多白，栖得姮娥底用妍？
珍重至人心地妙，一般灑落又誰⁹⁷傳？

(詩-內卷3-107)
納涼

寒暑相推酷與嚴，人情當劇每難淹。
雲峯蘊熱如團戶，火傘張空欲透簾。
大廈深簷渠⁹⁸自得，茂林泠澗我還添。
冰頒玉井渾如夢，感此清陰豈病嫌？

---

95 詫 : 樊本에는 '挓'로 되어 있다.

96 玩 : 初本·初本(13책, 《退溪雜詠》)·定本에는 '翫'으로 되어 있으며, 庚本·擬本·甲本에도 '翫'으로 되어 있다.

97 誰 : 初本(13책, 《退溪雜詠》)에는 '須'로 되어 있으며, 李校에 "'誰', 《溪山雜詠》作'須'."라고 하였다.

98 渠 : 初本에는 '他'로 되어 있으며 부전지에 "'他'《溪山》作'渠'."라고 하였으며, 初本(13책, 《退溪雜詠》)의 주묵추기에 "一作'他'."라고 하였다.

(詩-內卷3-108)

治圃

褊性幽栖嗜簡便，不煩老圃也能先。
瓊苗沃沃培雲壤，玉本鮮鮮洗澗泉。
理罷抛鋤[99]閒曳杖，摘來迎客不憂錢。
秋深更愛黃金菊，滿地風霜尙傑然。

(詩-內卷3-109)

種松

嶺上蒼蒼盡對楹，移根何事下崢嶸？
山苗枉使校長短，院竹何如作弟兄？
風雨震凌根不動，雪霜凍裂氣餘[100]淸。
誰知喜聽茅山隱，隴[101]上和雲有宿盟？

KNP0250(詩-內卷3-110)

濯纓潭泛月【十月十六日，同大成、大用、文卿】[102]

臺上初看月色多，臺前呼酒泛金波。

---

99 鋤 : 初本(13책, 《退溪雜詠》)에는 '鉏'로 되어 있다.

100 餘 : 두주에 "'餘', 一本作'逾'"라고 하였으며, 樊本·上本에도 동일한 두주가 있다. 甲本의 두주에 "'餘', 一本作'逾'。【手本】"라고 하였으며 初本(13책, 《退溪雜詠》)에는 '逾'로 되어 있다.

101 隴 : 初本·定本에는 '壟'으로 되어 있으며, 庚本·擬本·甲本에는 '壘'으로 되어 있다.

疑乘夜雪尋溪興？似傍銀河接海查[103]。

桂棹歌殘懷渺渺，羽衣夢見笑呵呵[104]。

年年十月風流事，莫恨新秋有障魔？【夏秋之交，予[105]例屏溪上[106]。】

KNP0251(詩-內卷3-111~112)

寄宋台叟知事。二絶[107]

(詩-內卷3-111)

憶昨東行鹿似驚，蒙君憐我誨丁寧。

寸心欲說何由得？長對靑山愧遠情。

(詩-內卷3-112)

晝錦歸時寵若驚，中途書札寄深情。

---

102 庚申年(明宗15, 1560년, 60세) 10월 16일 禮安에서 지었다. 初本의 주묵추기에 "見《陶山雜詠》。"라고 하였다. 初本(13책, 《陶山雜詠》)에 〈濯纓潭泛月【十月旣望, 與 大成、大用、文卿同泛。】〉으로 되어 있다.

103 查 : 두주에 "'查'一本作'槎'。"라고 하였으며, 樊本에도 동일한 두주가 있다. 上本 의 두주에 "'查'一本作'楂'。"라고 하였으며, 初本(13책, 《陶山雜詠》)에는 '楂'로 되어 있다.

104 呵呵 : 上本에는 '訶訶'로 되어 있다.

105 予 : 上本에는 '余'로 되어 있다.

106 上 : 樊本·上本 뒤에 "○ 每年七月, 於潭有故, 不得追赤壁故事, 故云。"라고 하였다.

107 庚申年(明宗15, 1560년, 60세) 10월 禮安에서 쓴 시로 추정된다. 初本에는 〈寄 宋台叟知事〉로 되어 있다.

丈夫盡瘁何須嘆？ 只恐因循自作屛。

答寄權景由貳相。二絕[108]

(詩-內卷3-113)

石門同醉菊花秋， 曾笑吾廬太僻陋。
近得陶山天與景， 憶公那得更追遊？

(詩-內卷3-114)

同遊才傑騁亨衢， 柱國功名滿世譽。
朽鈍不堪雕鏤質， 山齋終日注蟲魚。

琴聞遠自丹城書來，卻寄一絕[109]

歲暮難堪憶故人， 平安書到雪溪濱。
南行莫負酬心事， 方丈山中訪隱淪。

---

108 庚申年(明宗15, 1560년, 60세) 겨울 禮安에서 쓴 시로 추정된다. 初本에는 〈答寄權景由貳相〉으로 되어 있다.

109 庚申年(明宗15, 1560년, 60세) 12월 1~16일 禮安에서 쓴 시로 추정된다.

示金而精、李棐彥。二絕[110]

　　臘望，二君與寯兒往遊[111]陶山，回言雪霽佳景。是夜，溪
上[112]雪月清甚。曉起齋中[113]，偶成兩[114]絕云。

(詩-內卷3-116)

雪滿羣山凍一江，歸來誇說興難雙。
更憐遙夜清無寐，玉澗瓊林鎖月窻。

(詩-內卷3-117)

怯寒藏六老陶翁，觀雪從君自作雄。
唯有碧窻寒夜月，一般情[115]味兩齋同。

110　庚申年(明宗15, 1560년, 60세) 禮安에서 12월 16일에 지었다. 初本의 주묵추기
에 "見《退溪雜詠》."라고 하였다. 初本·初本(13책, 《退溪雜詠》)에 〈示金而精·李棐
彥〉으로 되어 있으며, 養校에 "手本, '彥'作'卿', '二絕'字無."라고 하였다.

111　遊 : 初本·初本(13책, 《退溪雜詠》)·定本에는 '游'로 되어 있으며, 庚本·擬本·
甲本에는 '游'로 되어 있다.

112　溪上 : 初本(13책, 《退溪雜詠》)에는 없으며, 養校에는 "手本, '是夜'下, 無'溪
上'."라고 하였다.

113　曉起齋中 : 初本(13책, 《退溪雜詠》)에는 '齋中曉起'로 되어 있으며, 養校에는
"手本, '曉起齋中'作'齋中曉起'."라고 하였다.

114　兩 : 初本(13책, 《退溪雜詠》)에는 '二'로 되어 있으며, 養校에 "手本'兩'作'二'."
라고 하였다.

115　情 : 初本·初本(13책, 《退溪雜詠》)는 '清'으로 되어 있다.

次韻, 答友人。二絶[116]

(詩-內卷3-118)

清香堂裏舊知人, 怪物天池尙臥濱。

欲向陶山問心事, 伐檀河上[117]詠漣淪。

右李君浩

(詩-內卷3-119)

清風谷口意中人, 別去南天夏海濱。

遙想酌泉吟不易, 未應初志竟成淪。

右鄭子精

春寒記所見【辛酉】[118]

去歲冬溫地不凝, 凌人臘月憂無冰。

今歲春寒雪塞空, 凶飆頓撼山岳[119]崩。

---

116 庚申年(明宗15, 1560년, 60세) 禮安에서 12월에 지었을 것으로 추정된다. 初本
〈次韻, 答友人〉으로 되어 있고, 文草에는 〈寄李君浩〉로 되어 있다.

117 河上 : 文草에는 '吾欲'으로 되어 있다.

118 辛酉年(明宗16, 1561년, 61세) 2월 30일경 禮安에서 쓴 시로 추정된다.

119 岳 : 上本에는 '嶽'으로 되어 있다.

閭井蕭條牛馬凍，夾鍾之末蟄未動。

攜持婦子欲棄溝，仰訴蒼蒼那易狃？

KNP0257(詩-內卷3-121~122)

春日溪上二絶¹²⁰

(詩-內卷3-121)

雪消冰泮淥¹²¹生溪，淡淡¹²²和風颺¹²³柳堤。

病起來看幽興足，更憐芳草欲¹²⁴抽¹²⁵荑。

(詩-內卷3-122)

傍柳尋溪坐白沙，小童新試從婆娑。

120　辛酉年(明宗16, 1561년, 61세) 禮安에서 3월 하순에 지었을 것으로 추정된다.
初本의 주묵추기에 "同上"이라고 하였으니, '同上'은 初本(13책, 《退溪雜詠》)에 실려
있다는 뜻이다. 初本에는 〈春日溪上〉으로 되어 있으며, 初本(13책, 《退溪雜詠》)에도
〈春日溪上〉으로 되어 있으며, 주묵추기에 "辛酉"라고 하였다.

121　淥 : 上本에는 '綠'이 있다.

122　淡淡 : 두주에 "'淡淡'一本作'澹澹'。"라고 하였으며 甲本에도 동일한 두주가 있
다. 初本(13책, 《退溪雜詠》)에는 '澹澹'으로 되어 있다.

123　颺 : 두주에 "'颺', 一本作'滿'。"라고 하였으며, 樊本·上本에도 동일한 두주가
있다. 初本(13책, 《退溪雜詠》)에는 '滿'으로 되어 있으며, 주묵추기에 "一作'颺'。"라고
하였으며, 養校에 "手本'颺'作'滿'。"라고 하였으며, 李校에 《溪山雜詠》作'滿'。"이라고
하였다.

124　欲 : 上本에는 '細'로 되어 있다.

125　抽 : 初本(13책, 《退溪雜詠》)에는 '生'으로 되어 있으며, 주묵추기에 "一作'抽'。"
라고 하였으며, 養校에 "'抽'作'生'。"라 하였다.

誰知滿面東風裏，繡出千芳與萬葩？

KNP0258(詩-內卷3-123)
偶題[126]

白髮空驚歲月奔，年來踪跡在山樊。
依依小聚烟生屋，漠漠春朝雨滿園。
杞梓棟梁非夙願，駑駘驂駕誤前恩。
著書欲使何人信？ 老學多忘自要存。

KNP0259(詩-內卷3-124)
鄭子中來訪溪莊，因與俱至陶山眺覽，旣別追寄[127]

幾歲纔看環堵闢，今晨頓有玉人來。
共憐蕭灑[128]堂臨沼，同玩涵泓水映臺。
黃卷白雲容我拙，紫宸靑瑣[129]試君才。

---

126 辛酉年(明宗16, 1561년, 61세) 3월 하순 禮安에서 쓴 시로 추정된다.
127 辛酉年(明宗16, 1561년, 61세) 3월 하순 禮安에서 쓴 시로 추정된다. 初本의
주묵추기에 "見《陶山雜詠》."라고 하였다. 初本(13책, 《陶山雜詠》)에는 〈鄭子中來
訪, 俱至陶山眺覽, 旣別追寄【子中近以假注書入銀臺, 故有靑瑣試才之語。】〉로 되어
있으며, 주묵추기에 "辛酉"라고 하였다.
128 灑 : 初本·初本(13책, 《陶山雜詠》)·定本에는 '洒'로 되어 있으며, 庚本·擬本·
甲本에도 '洒'로 되어 있다.

送君獨自盤桓處，花落春歸思莫裁。【子[130]中近以假注書入銀臺，故有靑瑣[131]試才之語[132]。】

KNP0260(詩-內卷3-125)

步自溪上，踰山至書堂【李福弘、德弘、琴悌筍輩從之。】[133]

花發巖崖春寂寂，鳥鳴澗樹水潺潺。
偶從山後攜童冠，閒到山前問考槃。

KNP0261(詩-內卷3-126)

四月旣望，濯纓[134]泛月，令審、安道、德弘，以明月淸風[135]分韻，得明字[136]

水月蒼蒼夜氣淸，風吹一葉泝空明。

---

129 瑣 : 樊本·上本에는 '鎖'로 되어 있다.

130 子 : 初本·定本 앞에 '王直方家, 有頓有亭.'라고 하였으며, 樊本·上本에는 '王直方家, 有頓有亭.'라고 하였다.

131 瑣 : 樊本·上本에는 '鎖'로 되어 있다.

132 故有……之語 : 初本에 '故云丹墀試才'로 되어 있으며 부전지에 "詩云'紫宸', 注云'丹墀', 必是初作'丹墀', 後改'紫宸', 此等處改正如何?"라고 하였으며, 定本에는 '故云紫宸丹墀試才'라고 하였다.

133 辛酉年(明宗16, 1561년, 61세) 禮安에서 3월 29일에 지었다. 이 시는 琴蘭秀의 《惺齋先生文集》卷3의 〈陶山書堂營建記事〉에도 실려 있다.

134 纓 : 樊本·上本 뒤에 '潭'이 있다.

匏尊[137]白酒飜[138]銀酌，桂棹流光掣玉橫。

采石顚狂非得意，落星占弄最關情。

不知百歲通泉後，更有何人續正聲？【晦庵先生〈泛月落星湖〉[139]詩，學蘇後湖"長占烟波弄明月"之句，冠之詩首，而深嘆[140]後湖之遺烈。蓋後湖舊居在西郭門外，舟行[141]所望也。又先生嘗與傅景仁、袁機仲、梁文叔、吳茂實，泛舟九曲，相與唱酬，先生詩，有"百歲誰復來通泉"之句，景仁終日吟此句。】

135 令甯……明字：初本(13책，《陶山雜詠》)'【令(甯)姪、安道孫及李宏仲，以明月淸風分韻，得明字。】'로 되어 있으며，養校에 "手本，'泛月'以上爲題，餘作小註，而'甯'下有'侄'字，'道'下有'孫及李'三字，'德弘'作'宏仲'。"이라고 하였다. 辛酉年(明宗16，1561년，61세) 禮安에서 4월 16일에 지었다. 初本의 주묵추기에 "見《陶山雜詠》。"라고 하였다. 이 시는 李德弘의 문집인《艮齋先生文集》卷6《溪山記善錄下》에도 실려 있다.

136 明月淸風：上本에는 '淸風明月'로 되어 있다.

137 尊：上本에는 '樽'으로 되어 있다.

138 飜：上本에는 '翻'으로 되어 있다.

139 湖：初本(13책，《陶山雜詠》)에는 '灣'으로 되어 있으며，養校에 "手本'落星湖'之'湖'作'灣'。"라고 하였다.

140 嘆：初本・初本(13책，《陶山雜詠》)・上本에는 '歎'으로 되어 있다.

141 行：初本(13책，《陶山雜詠》)에는 '中'으로 되어 있으며，養校에 "手本'行'作'中'。"라고 하였다.

歧¹⁴²亭十詠【在咸昌、公儉池上。】¹⁴³

(詩-內卷3-127)

露陰望雲

亭前巨澤萬象分，露陰入望山耶雲？
出岫何妨去作雨？怡神不堪持贈君。
船舶暝夏境非世，頹笏朝拄人超群。
白衣蒼狗自世態，向此雲山君莫云。

(詩-內卷3-128)

歧¹⁴⁴洲玩¹⁴⁵月

歧亭主人去超越，洲上尙懸當時月。
嗣世衒恩擁朱輔¹⁴⁶，得暇來看情不歇。
嗟我聞風激衰懦，況乃形勝眞仙窟？
何時亭中對罇¹⁴⁷酒，水面同看湧銀闕？

---

142 歧 : 養校에는 "'歧'當作'岐'。"가 있다.

143 辛酉年(明宗16, 1561년, 61세) 여름 禮安에서 쓴 시로 추정된다.

144 歧 : 養校에 "'歧'當作'岐'。"라고 하였다.

145 玩 : 初本·定本에는 '翫'으로 되어 있고, 庚本·擬本·甲本에는 '翫'으로 되어 있다.

146 輔 : 上本에는 '旛'으로 되어 있다.

147 罇 : 初本·定本에는 '樽'으로 되어 있다.

蛇淵釣魚

臨淵不作徒羨魚，竹竿一絲風嫋如。

大魚如神倏[148]遠逝，芳餌來貪俄衆拏。

渭川非熊[149]事曠絶，東海連鼇談誕虛。

我思江湖有散人，金蘲玉膾聊同渠。

孤山聽笛

遙山一抹暮天碧，山下何人弄長笛？

數聲隨風落洲渚，鳥獸悲號龍舞澤。

君山舟上呂逢仙，奪秀亭中劉捻鐵。

憑欄終夕獨感慨，烟水蒼茫墮寒月。

竹林翠烟

萬玉森森擢岸邊，寒枝瘦葉搖蒼烟。

龍拏虎攫筍競長，雪虐風饕節彌堅。

嘯咏[150]誰知袁尹眞？切磋還思衛武賢。

安得湖州入神筆，爲寫一幅山家傳？

---

148 倏 ： 初本·定本에는 '悠'으로 되어 있고, 上本에도 '悠'으로 되어 있다.

149 熊 ： 初本에는 '羆'로 되어 있다.

150 咏 ： 初本에는 '詠'으로 되어 있다.

(詩-內卷3-132)

梅塢清香[151]

誰將尤物破天荒，小塢臨池栽韻芳？
皎皎驚人冰雪白，馥馥襲袂旃檀香。
孤山微吟占風情，草堂索笑開愁腸。
麻姑後夜許同攀，莫辭對月傾壺觴？

(詩-內卷3-133)

斜陽落雁

秋日悠揚下天畔，一陣點破遙空鴈。
渺渺冥冥羽翮低，庚庚秩秩天機慣。
稻梁多處有網羅，風霜落後饒葭薍。
君看禽鳥愼翔集，世事茫茫歲向晏。

(詩-內卷3-134)

平蕪散牧

春燒沒盡春草綠，膴膴郊原盈遠目。
驅催不到村野閒，太平氣象看遊牧。
髫童忘機但鞭後，飽滿歸來月下宿。
不解謳歌堯與舜，但願年豐協夢卜。

---

151 初本의 주묵추기에 "亦見《梅花詩》."라고 하였다.

(詩-內卷3-135)

凍雨飜[152]荷

聞道杭州十里荷，錦雲此地還如何？

無端風雨滿空至，翠蓋歷亂飜紅萏。

萬斛明珠瞥眼撒，千指哀箏鬧手搊。

須臾雨卷[153]定千植，淸遠更覺天香多。

(詩-內卷3-136)

神龍耕冰

玄陰閉野陂水凝，素田百頃寒稜稜。

淵潛神物亦憂人，起蟄明告豐凶徵。

老農來看強解事，水[154]陸喜愕談經曾。

勸汝作勞待天時，無使坐負龍耕冰。

KNP0263(詩-內卷3-137)

贈趙士敬[155]

人間貧富海茫茫，每憶君窮感歎長。

---

152 飜 : 上本에는 '翻'으로 되어 있다.

153 卷 : 上本에는 '捲'으로 되어 있다.

154 水 : 定本에는 '氷'으로 되어 있다.

155 贈趙士敬 : 初本(19책, 書簡)에 '七月十八日'라고 하였다. 辛酉年(明宗16, 1561년, 61세) 禮安에서 7월 18일에 지었다. 이 시는 《師門手簡(全)》 第3에 〈寄趙士敬〉라는 제목으로 실려 있다.

錦里已看疎[156]屋破，玉川況復一奴亡？
滿潭風月尊[157]無綠，拄腹詩書面有黃。
賴有古人餘樂事，朝吟[158]衡泌夕歌〈商〉。

KNP0264(詩-內卷3-138)

陶山言志[159]

自喜山堂半已成，山居猶得免躬耕。
移書稍稍舊龕盡，植竹看看新笋[160]生。
未覺泉聲妨夜靜，更憐山色好朝晴。
方知自古中林士，萬事渾忘欲晦名。

KNP0265(詩-內卷3-139)

偶題[161]

窓下聽泉金石奏，臺前觀漲雪雲崩。

156　疎：初本(19책, 書簡)에는 '茅'로 되어 있다.

157　尊：初本(19책, 書簡)에는 '樽'으로 되어 있으며, 上本에는 '罇'으로 되어 있다.

158　吟：初本(19책, 書簡)에는 '歌'로 되어 있다.

159　辛酉年(明宗16, 1561년, 61세) 가을 禮安에서 쓴 시로 추정된다. 初本의 주묵추기에 "見《陶山雜詠》."라고 하였다.

160　笋：初本(13책, 《陶山雜詠》)에는 '筍'으로 되어 있다.

161　偶題：初本(13책, 《陶山雜詠》)에는 〈閑中戲題〉로 되어 있으며, 養校에 "手本

莫言樂水偏於智，更有靑山面面層。

KNP0266(詩-內卷3-140)

夕霽登臺[162]

天末歸雲千萬峯，碧波靑嶂夕陽紅。
攜筇急向高臺上，一笑開襟萬里風。

KNP0267(詩-內卷3-141)

李大用將之星州，戲贈一律，兼呈州牧黃仲擧[163]

君今往見星山牧，牧使憂民不自閒。
書院月明增感古，郡齋朝冷忽懷山。
新聞學政如風動，舊識詩情似菊斑。
若問幽人在何許，淸溪白石掩雲關。

作‘閑中戲題’。”라고 하였다. 辛酉年(明宗16, 1561년, 61세) 가을 禮安에서 쓴 시로
추정된다. 初本의 주묵추기에 “同上”이라고 하였다.

162 辛酉年(明宗16, 1561년, 61세) 가을 禮安에서 쓴 시로 추정된다. 初本의 주묵추
기에 “同上”이라고 하였다.

163 辛酉年(明宗16, 1561년, 61세) 7월 중순 禮安에서 쓴 시로 추정된다. 이 시는
李楨의 《龜巖先生文集別集》 卷2에도 실려 있다.

贈慶州府尹李剛而[164]

剛而冒大水，再駕見訪，前因路斷而還。今乃始至。僕江
舍亦阻水，迎見於縣館共宿，明日，贈此，二首[165]。

(詩-內卷3-142)

千里關河再動轓，不辭重險爲停雲。
交情淡淡明霜在，世事茫茫白髮紛。
此日陶山猶阻我，他年泗水幾思君？
好歸努力崇明德，只在躬行不在文。

(詩-內卷3-143)

野老迎君始入城，一尊終夕話平生。
聯床夜館凉如水，臥聽啼鵑裂竹聲。

---

164 辛酉年(明宗16, 1561년, 61세) 7월 중순 禮安에서 쓴 시로 추정된다. 이 시는
李楨의 《龜巖先生文集別集》 卷2에도 실려 있다.

165 二首 ： 初本에는 없다.

湖南卜成溫秀才【字汝潤】來訪，留數日而去，贈別。五絕[166]

(詩-內卷3-144)

重逢顏面記茫茫，屈指如今已六霜。

千里來尋珍重意，一庭相對萬叢香。

(詩-內卷3-145)

河西蓬館舊同遊，欻去修文白玉樓。

今日逢君門下士，話君終夕涕橫流。【河西，金厚之，汝潤嘗從遊[167]，厚之今年下世。】

(詩-內卷3-146)

佳山佳水日徘徊，仁智吾猶未竭才。

敢叩[168]師門有何訣？請將餘論賁江臺。【與汝潤登天淵臺。】

(詩-內卷3-147)

江臺寥闊共登臨，俯仰鳶魚感慨深。

妙處自應從我得，晦庵詩句爲君吟。【上同[169]】

---

166 庚申年(明宗15, 1560년, 60세) 9월 禮安에서 쓴 시로 추정된다. 初本에는 〈湖南卜成溫秀才【字汝潤】來訪，留數日而去，贈別〉로 되어 있다.

167 遊 : 初本·定本에는 '游'로 되어 있으며, 庚本·甲本에도 '游'로 되어 있다.

168 叩 : 初本에는 '扣'로 되어 있다.

169 上同 : 初本·定本에는 '同上'으로 되어 있다.

(詩-內卷3-148)

風雪尋師十載前，云何一瓣嘆靡傳？

勸君莫被因循誤，努力須樯[170]上水船。

KNP0270(詩-內卷3-149~150)

次韻金舜擧學諭題天淵佳句。二絕[171]

(詩-內卷3-149)

此理何[172]從問紫陽？ 空看雲影與天光。

若知體用元無間，物物天機妙發揚。

(詩-內卷3-150)

鱗爲陰物羽爲陽，一在飛潛[173]自顯光。

正是幽人觀樂處，灘聲何事抑還揚？

---

170 樯 : 初本・定本에는 '撐'으로 되어 있으며, 庚本・擬本・甲本에는 '撑'으로 되어 있으며, 上本에는 '撑'으로 되어 있다. 이 표제의 글자는 다른 판본들에 대부분 '撑'으로 되어 있는데 癸本에 '樯'으로 되어 있다. 癸本의 '樯'은 '버팀목' '버티다'의 뜻이기에 '배를 젓는다'는 의미의 '撑'이 옳을 듯하다.

171 辛酉年(明宗16, 1561년, 61세) 가을 禮安에서 쓴 시로 추정된다. 初本의 주묵추기에 "見《陶山雜詠》."라고 하였다. 初本에는 〈次韻金舜擧學諭題天淵佳句〉로 되어 있으며, 初本(13책,《陶山雜詠》)에는 〈次韻金舜擧題天淵絕句〉로 되어 있으며, 養校에 "手本'學諭'二字無, '佳句二絕'四字, 作'絕句'."라고 하였다.

172 何 : 上本의 두주에 "'何'一本作'難'."라고 하였다.

173 一在飛潛 : 上本의 두주에 "'一在飛潛'一本作'潛躍翔飛'."라고 하였다.

KNP0271(詩-內卷3-151)

秋日，獨至陶舍，篋中，得趙士敬詩，次韻遣懷[174]

人生同作海中漚，弱纜收風覺少[175]優。
道術千歧多失脚，世情百變盡回頭。
山橫晚[176]野迎新瘦，菊滿霜林[177]佇遠愁。
賴有故人詩發篋，長吟終日獨由由。

KNP0272(詩-內卷3-152-153)

寄湖西監司閔景說。二首[178]

(詩-內卷3-152)

兩別東湖一後園，中間人事幾紛紛。
聞君又按湖西節，顧我仍耕嶺外雲。
千里有懷難命駕，一尊無計可論文。
西風獨臥思君處，鴈過長空菊吐芬。

---

174 辛酉年(明宗16, 1561년, 61세) 9월 22일경 禮安에서 쓴 시로 추정된다. 初本의 주묵추기에 "同上"이라고 하였다. 初本(13책, 《陶山雜詠》)에는 〈秋日，獨至陶舍，篋中，得趙士敬詩〉으로 되어 있고, 初本(19책, 書簡)에는 〈秋日，到陶山，發篋得士敬詩，次韻〉으로 되어 있으며, 養校에 "手本'次韻遣懷'字無。"라고 하였다.

175 少 : 初本(19책, 書簡)에는 '最'로 되어 있다.

176 晚 : 初本(19책, 書簡)에는 '曠'으로 되어 있다.

177 林 : 初本(19책, 書簡)에는 '堭'로 되어 있다.

178 辛酉年(明宗16, 1561년, 61세) 10월 禮安에서 쓴 시로 추정된다. 初本에는 〈寄湖西監司閔景說〉로 되어 있다.

(詩-內卷3-153)

憶在蓬山慕古仙，相期修鍊與君偏。

鼎中龍虎功非速，壺裏乾坤事亦遷。

霜髮照秋吾不奈？ 野雲觀物子悠然。

琅函祕¹⁷⁹訣應無恙，努力何心廢暮年？

KNP0273(詩-內卷3-154～156)

次韻金舜擧見寄。三首¹⁸⁰

(詩-內卷3-154)

近歲衰門理頗茫，祖先流慶訝空長。

寧知六七聯中表，倂捷科名慰在亡？

躬敎我雖慙慶、建，賀詩君擬學蘇、黃。

諷吟斗覺光增戶，春氣融融發顥商。【右，舜擧以孫兒安道參蓮榜稱

慶。故云。】

(詩-內卷3-155)

詩思超然接混茫¹⁸¹，謀生雖拙¹⁸²興何長？

179 祕 : 擬本에는 '秘'로 되어 있고, 樊本·上本에는 '秘'로 되어 있다.

180 辛酉年(明宗16, 1561년, 61세) 10월 禮安에서 쓴 시로 추정된다. 初本에는 〈次
韻金舜擧見寄〉로 되어 있다.

181 混茫 : 李校에는 "'茫'本作'芒' 混茫, 是晦藏不自露之意。"라고 하였다.

182 拙 : 上本의 두주에 "'拙'一本作'短'。"라고 하였다.

284 校勘標點 退溪全書 1

名登仕籍身前卻，粟在官倉食繼亡。

處世豈能容<u>季</u>、<u>孟</u>，游[183]心常欲反<u>羲</u>、<u>黃</u>。

病夫向壁經三日，始信言詩許<u>賜</u>、<u>商</u>。

(詩-內卷3-156)

少年求道指淳茫，白首窮經意更長。

我自病閒非世棄[184]，人由欲汩豈心亡？

霜淸漲潦凝寒碧，葉滿山林爛赤黃。

安得與君同賞詠，春容金石協宮商？

KNP0274(詩-內卷3-157)

次韻<u>黃仲擧</u>寄示<u>鹿峯精舍</u>落成，一首[185]

<u>儒館</u>何須續舊名？<u>鹿峯</u>堪賀落新成。

<u>武城</u>言偃興絃誦，<u>蜀地</u>文翁闡教聲。

古道未亡同受性，今人那欠獨超情？

<u>星山</u>本號英雄藪，莫負羣生我最靈。

---

183 游：上本에는 '遊'로 되어 있다.

184 棄：上本의 두주에 "'棄'一本作'斥'."이라고 하였다.

185 辛酉年(明宗16, 1561년, 61세) 10월 禮安에서 쓴 시로 추정된다.

KNP0275(詩-內卷3-158)

示諸友[186]

臥雲庵裏存心法，觀善齋中日用功。
要識講明歸宿處，請將踐履驗吾躬。【臥雲庵，見《語類》訓滕德粹處，
觀善齋，見〈武夷精舍〉詩，講明踐履[187]之說，見〈答程允夫書〉中。】

KNP0276(詩-內卷3-159)

山堂夜起[188]

山空一室靜，夜寒霜氣高。
孤枕不能寐，起坐整[189]襟袍。
老眼看細字，短檠煩屢挑。
書中有眞味，飫沃勝珍庖。
當空半輪月，誤畫驚禽號。
影入方塘底，臨之欲手撈。
西舍悄無蹤，幽人夢仙遨。

---

186 辛酉年(明宗16, 1561년, 61세) 10월 禮安에서 쓴 시로 추정된다. 初本의 주묵
추기에 "見《陶山雜詠》."라고 하였다.

187 踐履 : 初本(13책, 《陶山雜詠》)에는 '歸宿'으로 되어 있고, 養校에는 "手本'踐履'
作'歸宿'."라고 하였다.

188 辛酉年(明宗16, 1561년, 61세) 10월 禮安에서 쓴 시로 추정된다. 初本의1 주묵
추기에 "同上"이라고 하였다.

189 整 : 定本에는 '正'으로 되어 있다.

詩成喚相和，似聞鳴九皐。

立春，題門窻。二絶【壬戌】¹⁹⁰

(詩-內卷3-160)

一炷香烟滿意春，溪光山色坐來新。
舊痾從此渾如雪，長作清時秉耒民。

(詩-內卷3-161)

但祝明時泰慶同，消除陰沴驗微躬。
眼如明鏡心如日，燭破羣書啓客蒙。¹⁹¹

KNP0278(詩-內卷3-162~163)

次友人寄詩求和韻。二首¹⁹²

(詩-內卷3-162)

歲月仍遲暮，風塵幾往迴？

---

190 壬戌年(明宗17, 1562년, 62세) 1월 禮安에서 지었다. 初本의 주묵추기에 "一首見《陶山雜詠》."라고 하였다. 初本에는 〈立春, 題門窗【壬戌】〉으로 되어 있고, 初本(13책,《陶山雜詠》)에는 〈壬戌立春〉으로 되어 있으며, 養校에 "手本此題, 只書'壬戌立春'."라고 하였다.

191 但祝……客蒙 : 初本의 주묵추기에 "見《陶山雜詠》."라고 하였다.

親朋非有問，懷抱詎能開？

我願長閒得，君思漸退來。

古¹⁹³人猶尙爾，況復最非才？

(詩-內卷3-163)

性僻常耽靜，形羸實怕寒。

松風關院聽，梅雪擁爐看。

世味衰年別，人生末路難。

悟來成一笑，曾是夢槐安。

KNP0279(詩-內卷3-164)
磵石¹⁹⁴臺踏靑¹⁹⁵

擘開靑石出飛泉，山斷如門水抱前。

擬作蘭亭追勝會，憶陪鳩杖破荒烟。

仙遊不與雲俱返，樂事無端感自纏。

壘¹⁹⁶石作臺非好事，欲將陳跡永流傳。【聾巖先生嘗遊¹⁹⁷此澗。¹⁹⁸】

---

192 壬戌年(明宗17, 1562년, 62세) 1～2월 禮安에서 쓴 시로 추정된다. 이 시는
《梅花詩帖》에 제1수가 실려 있다. 初本에는 〈次友人寄詩求和韻〉으로 되어 있고, 《梅
花詩帖》에는 〈答友人【壬戌】〉으로 되어 있다.

193 古 : 李校에 "'古'疑'故' 當更攷."라고 하였다.

194 磵石 : 養校에 "'磵石'恐乙."라고 하였다.

195 壬戌年(明宗17, 1562년, 62세) 3월 3일 禮安에서 쓴 시로 추정된다.

196 壘 : 樊本의 두주에 "'壘'恐'累'."라고 하였으며, 上本에는 '累'로 되어 있다.

節友壇梅花，暮春始開。追憶往在甲辰春，在東湖，訪梅於望湖堂，賦詩二首，忽忽十九年矣。因復和成一篇，道余追舊感今之意，以示同舍諸友[199]

青春欲暮嶠[200]南村，處處桃李迷人魂。

眼明天地立孤樹，一白可洗群芳昏。

風流不管臘雪天，格韻更絶韶[201]華園。

道山疇昔幾仙賞？廿載重逢欣色溫。

臨風宛若西湖伴，對月不覺東方暾。

問我緣何太瘦生，白首長屛雲巖門。

向來自有烟霞疾，今者何須蘭臭言？

天涯故人不可見，與爾日飮無何罇[202]。

---

197 遊 : 初本·定本에는 '游'로 되어 있으며, 庚本·擬本·甲本에도 '游'로 되어 있다.

198 澗 : 上本에는 '磵'으로 되어 있다.

199 壬戌年(明宗17, 1562년, 62세) 禮安에서 3월 4~15일에 지었을 것으로 추정된다. 初本의 주묵추기에 "同上"라고 하였으며, 初本(13책,《陶山雜詠》)의 주묵추기에 "見《梅花詩》."라고 하였다. 두주에 "'壇'一本作'社'."라고 하였으며, 樊本·上本에도 동일한 두주가 있다. 初本(13책,《陶山雜詠》)에는 〈節友社梅花, 暮春始開。因憶往在甲辰春, 在東湖, 訪梅於望湖堂, 賦詩二首, 忽忽十九年矣。因復和成一篇, 道余追舊感今之意, 以示同舍諸友云【皆用東坡韻。】〉으로 되어 있으며,《梅花詩帖》에는 〈節友社梅花, 暮春始開。追憶往在甲辰歲, 東湖賞梅, 用東坡韻賦詩二篇, 忽忽十九年矣。因復和成一篇, 以示同舍諸友, 道余思舊感今之意云〉으로 되어 있으며, 養校에 "手本'壇'作'社'."라고 하였으며 "'道'作'因'."라고 하였으며 "手本'友'下有'云'字."라고 하였다.

200 嶠 : 上本에는 '嶺'으로 되어 있다.

201 韶 : 樊本에는 '昭'로 되어 있다.

202 罇 : 初本·定本에는 '樽'으로 되어 있으며, 初本(13책,《陶山雜詠》)에는 '尊'으

韓上舍 永叔江墅十景[203]

(詩-內卷3-166)

儉端朝雲【儉端，山名】

疊嶂雲生逗曉寒，無心行雨上玄間。

知君對此常怡悅，不學王郎拄笏看。

(詩-內卷3-167)

斗尾暮帆【斗尾，水名】

隱隱帆檣過眼頻，滄江落照畫圖新。

當年我自追歸興，豈料君看畫裏人？

(詩-內卷3-168)

早谷探薇

昨夜春雷百草掀，攜筐晨去笑穿雲。

歸來更覺盤飧媚，獻御誠心足替芹。

(詩-內卷3-169)

小川釣魚

渭水雄誇遇聖君，桐江奇事動星文。

何如寂寞溪雲裏，魚鳥相親遠世紛？

로 되어 있다.

203 壬戌年(明宗17, 1562년, 62세) 3월 4~15일 禮安에서 쓴 시로 추정된다.

菜圃春雨

手開幽圃種春苗，嫩葉丹荑得雨饒。
不待漢陰勤抱甕，逃名猶足慰簞瓢。

菊逕秋霜

霜露鮮鮮菊萬[204]葩，金風蕭瑟野人家。
花中隱逸知人意，歲晚心期詎有涯？

梅梢明月[205]

天上冰輪若賁團，庭前玉樹掛梢端。
渚宮清艶雖藏好，何厭幽人百匝看？

竹林清風

森森齊挺翠琅玕，六月窗扉灑[206]雪寒。
不是調刁生衆竅，滿林清吹自團欒[207]。

---

204 萬 : 上本에는 '滿'으로 되어 있다.
205 梅梢明月 : 初本의 주묵추기에 "亦見《梅花詩》。"라고 하였다.
206 灑 : 初本·定本에는 '洒'로 되어 있으며, 庚本·擬本·甲本에도 '洒'로 되어 있다.
207 欒 : 養校에 "欒當作䜌。"라고 하였다.

(詩-內卷3-174)

晴晝杜鵑

山木陰陰晝響鵑，幽居方信別區天。

莫言口血偏號訴，超越神心自可憐。【使晦庵〈聞子規〉詩意。】

(詩-內卷3-175)

雪夜松籟

地白風生夜色寒，空山竽籟萬松間。

主人定是茅山隱，臥聽欣然獨掩關。

KNP0282(詩-內卷3-176~177)

喜李剛而府尹見訪。二首[208]

(詩-內卷3-176)

歷盡崎嶇荷遠尋，花殘春老恨休深。

天敎緩緩梅花[209]發，月白風淸待子吟。

(詩-內卷3-177)

道義相交卽會神，何人頭白尙如新？

放麑不忍雖云誤，納履爲嫌豈是眞？

---

208 壬戌年(明宗17, 1562년, 62세) 3월 16~18일 禮安에서 쓴 시로 추정된다. 初本의 주묵추기에 "見《梅花詩》"라고 하였으며, "七言一絶, 見《梅花詩》。"라고 하였다.

209 緩緩梅花 : 上本에는 '梅花緩緩'으로 되어 있다.

世路風波經百險，男兒心地照千春。

天將玉汝因讒毀，更願孶孶競日辰。【剛而冒簡書，越境遠尋，故使放
麑事，時剛而又不俚於口。】

KNP0283(詩-內卷3-178)

安東 權使君 士遇見訪，先寄詩來，次韻奉答²¹⁰

急景奔梭肯少遲？ 流波日夜竟安之？
老從頭上來如約，愁向心中結不知。
繞屋烟嵐閒俯仰，落花風雨斷尋窺。
明朝可試從公醉，莫被床頭酒甕欺。

KNP0284(詩-內卷3-179~182)

四時幽居好吟四首²¹¹

(詩-內卷3-179)

春日幽居好，輪蹄逈絶門。
園花露情性，庭草妙乾坤。

---

210 壬戌年(明宗17, 1562년, 62세) 4월 禮安에서 쓴 시로 추정된다.

211 壬戌年(明宗17, 1562년, 62세) 여름 禮安에서 쓴 시로 추정된다. 初本의 주묵
추기에 "見《退溪雜詠》."라고 하였다. 初本에는 〈四時幽居好吟〉으로 되어 있고, 初
本(13책, 《退溪雜詠》)의 주묵추기에 "壬戌"라고 하였으며, 養校에 "手本'四首'字無."
라고 하였다.

漠漠栖霞洞，迢迢傍水村。
須知詠歸樂，不待浴沂存。

(詩-內卷3-180)

夏日幽居好，炎蒸洗碧溪。
海榴花正發，湘竹笋[212]初齊。
古屋雲生砌，深林鹿養麑。
從來掩身戒，柔道莫牽迷[213]。

(詩-內卷3-181)

秋日幽居好，涼飆自爽襟。
崖楓爛紅錦，籬菊粲黃金。
稻熟更炊釀，雞肥間煮燖。
霜冰古所戒，歲晚若爲心？

(詩-內卷3-182)

冬日幽居好，田家事亦休。
築場開圃地[214]，橫約過溪流。
熨病樵兒仗，排寒織婦謀。

---

212 笋 : 初本(13책,《退溪雜詠》)에는 '筍'으로 되어 있다.

213 迷 : 養校에 "手本'迷'作'連', 下貼標識曰'連', 內集作'迷', 似是後賢考訂."라고 하였다.

214 開圃地 : 두주에 "'開圃地'一本作'看斂積'."라고 하였으며, 甲本·樊本에도 동일한 두주가 있다. 初本(13책,《退溪雜詠》)에는 '看斂積'으로 되어 있으며 주묵추기에 "一作'開圃地'."라고 하였다.

窮泉陽德長，從此百無²¹⁵憂。

KNP0285(詩-內卷3-183~184)

李剛而新置西岳精舍，有詩見寄，次韻。二首²¹⁶

(詩-內卷3-183)

羅墟麥秀幾悲殷？ 創置仍遭物議羣。

欲使英才欣式穀，可無遊²¹⁷處善相薰？

千年白日元無翳，萬古靑山一任雲。

珍重箇中眞樂事，莫將餘外較紛紛。【剛而因此營作，多得謗。】

(詩-內卷3-184)

箕範吾東曾善國，只今天步屬文明。

多材聖作非無本，至道人行詎自亨？

寥落塵編尋寶訣，奮興豪傑出常情。

儒宮好闢仙山境，老我增思實趁名。

---

215 百無 : 上本에는 '無百'으로 되어 있다.

216 壬戌年(明宗17, 1562년, 62세) 여름 禮安에서 쓴 시로 추정된다. 이 시는 李楨의 《龜巖先生文集別集》卷2에도 실려 있다. 初本에는 〈李剛而新置西岳精舍，有詩見寄，次韻〉으로 되어 있다.

217 遊 : 初本·定本에는 '游'로 되어 있으며, 庚本·擬本·甲本에도 '游'로 되어 있다.

KNP0286(詩-內卷3-185~187)

次韻金秀才士純。三絕²¹⁸

(詩-內卷3-185)

雲裏巢成我勝鳩，能專一壑果前謀。
可憐地老天荒處，分付閒人待此秋。

(詩-內卷3-186)

應俗多妨頭雪白，得君偏喜眼湖靑。
從今日日開幽款，莫負雲窗與月亭。

(詩-內卷3-187)

雲谷書傳千聖心，讀來如日破昏陰。
平生不上羅浮望，幾向冥塗枉索尋？【語見《陳白沙集》】²¹⁹

---

218 壬戌年(明宗17, 1562년, 62세) 6월 17~21일 禮安에서 쓴 시로 추정된다. 初本의 주묵추기에 "見《陶山雜詠》."라고 하였다. 初本에는 〈次韻金秀才士純〉으로 되어 있고, 初本(13책, 《陶山雜詠》)에는 〈次韻金士純〉으로 되어 있으며, 養校에 "手本, 無'秀才'字及'三絕'字."라고 하였다.

219 語見陳白沙集 ： 初本(13책, 《陶山雜詠》)에는 없다.

七月旣望，期與趙士敬、金彦遇、愼仲、惇叙、琴夾之、聞遠諸人，泛舟風月潭，前一日大雨水，不果會，戲吟二絶，呈諸友一笑[220]

(詩-內卷3-188)

戌七欣逢赤壁秋，相邀風月泛蘭舟。

無端昨夜江成海，千載風流一笑休。

(詩-內卷3-189)

問月寧同白也親？狂雲復妒我三人。

世間萬事皆如此，怊[221]悵難逢恰好辰[222]。

---

220 壬戌年(明宗17, 1562년, 62세) 7월 16일 禮安에서 지었다. 樊本에는 〈壬戌秋七月旣望，將與李大成、金伯榮、彦遇、愼仲、可行、惇叙、趙士敬、琴聞遠，追赤壁故事，泛舟風月潭，不意前夜大雨，暴漲山溪，隔絶不果成會。因戲成一絶，呈諸君一粲〉으로 되어 있으며, 上本에는 〈壬戌秋七月旣望，將與李大用、金伯榮、彦遇、愼仲、可行、惇叙、趙士敬、琴聞遠，追赤壁故事，泛舟風月潭，不意前夜大雨，暴漲山溪，隔絶不果成會。因戲成一絶，呈諸君一粲〉으로 되어 있다.

221 怊 : 上本에는 '惆'로 되어 있다.

222 問月……好辰 : 樊本·上本에는 위에 〈旣望之夕快晴，山中邀月對酌，可追謫仙故事，而又爲浮雲作祟，復吟一絶云〉이라는 제목이 있다.

寄金季應二絕[223]

(詩-內卷3-190)

舊山矮屋掩蓬塵，一去南荒白髮新。
幾日歸來看壁蝎？ 種松今已老嶙峋。

(詩-內卷3-191)

飽喫南烹荷聖恩，故人能見幾來轅？
但知鵬海逍遙樂，鳶跕愁懷更莫論。

贈別鄭正字 子精[224]

君遊[225]方丈山，九萬扶搖上。
歸來尋野老，一室共幽賞。
巨編讀遊錄，奇歎屢抵掌。
半月紬微言，心局[226]胥豁敞。

---

223 壬戌年(明宗17, 1562년, 62세) 9월 禮安에서 쓴 시로 추정된다. 初本에는 〈寄金季應〉으로 되어 있다.

224 壬戌年(明宗17, 1562년, 62세) 9월 25일 禮安에서 쓴 시로 추정된다. 初本의 주묵추기에 "見《陶山雜詠》."라고 하였다.

225 遊 : 初本(13책, 《陶山雜詠》)에는 '游'로 되어 있다.

226 局 : 定本의 부전지에 "'局'更詳."이라고 하였으며, 추기에 "手本同."이라고 하

茲歡不可恃，城闕忽有往。

歲暮霜霰集，南鴈墮哀響。

涉水愼揭厲，逢人莫俯仰。

KNP0290(詩-內卷3-193)

次權生好文【癸亥】²²⁷

平生不慕乘軒鶴，末路寧羞曳尾龜？

澗底雪殘寒料峭，簷間春到日舒遲。

從他藜藋生幽徑，只恐雲雷起硯池。

莫謂小詩妨學道，聖門商賜亦言詩。

KNP0291(詩-內卷3-194~201)

鄭子中求題屛畫八絕²²⁸

(詩-內卷3-194)

商山四皓

溺冠曾恥事龍顏，應幣還隨兒女間。

였다.

227 癸亥年(明宗18, 1563년, 63세) 2월 禮安에서 지었다. 이 시는 退溪 文集에 한
수만 실려 있으나 權好文의 《松巖先生別集》〈松巖先生年譜〉에 또 한 수가 실려 있다.
이 시는 拾遺詩인 셈이다. 初本에는 〈次權生 好文【癸亥春】〉으로 되어 있다.

尚得高名千載後，應緣當日再還山。

(詩-內卷3-195)
桐江垂釣
驚動乾文脚自伸，歸來龍德政淵珍。
故人可是劉文叔，全付桐江萬古春。

(詩-內卷3-196)
草廬三顧
草廬三顧禮勤湯，談笑逡巡辦帝王。
莫恨天誅功未訖，姦雄心死[229]泣分香。

(詩-內卷3-197)
江東歸帆
望塵蚊蚋不同娛，一夕驚秋倍憶吳。
萬里歸帆風與便，任他人道爲蓴鱸。

(詩-內卷3-198)
栗里隱居
地覆天飜事莫論，秋香佳色滿霜園。
知音世遠絃無用，慕義人攀足亦尊。

---

228 壬戌年(明宗17, 1562년, 62세) 3월 4~15일 禮安에서 쓴 시로 추정된다. 初本
에는 〈鄭子中求題屛畫〉로 되어 있고, 定本에는 〈鄭子中求題屛畫十絶〉로 되어 있다.
229 死 : 樊本에는 '事'로 되어 있다.

（詩-內卷3-199）

華山墜驢

草昧經綸未可知，天心驚喜果前期。

華山歸馬從今日，不用吾驢再喚騎。

（詩-內卷3-200）

濂溪愛蓮

天生夫子闢乾坤，灑[230]落胸懷絕點痕。

卻愛清通一佳植，花中君子妙無言。

（詩-內卷3-201）

孤山梅隱[231]【畫中，返棹鶴還，而門外無客。】

返棹歸來鶴趁人，梅邊閒坐自清眞。

門前想亦非凡客，底事逡巡尙隱身。

KNP0292（詩-內卷3-202～204）

李生 宏仲自淸涼山寄詩三絕來，次韻[232]

（詩-內卷3-202）

憶昔初登千仞岡，轉頭四十九星霜。

---

230 灑 : 初本·定本에는 '洒'로 되어 있다.

231 孤山梅隱 : 初本의 주묵 추기에 "亦見《梅花詩》。"라고 하였다.

只²³³今病脚難飛步，清債雲間久未償。

(詩-內卷3-203)

洞天深鎖碧窗寒²³⁴，塵事渾無一點干。

靜定²³⁵工夫宜得力，如何更說制心難？

(詩-內卷3-204)

人心叵耐似飜車，功要西山一部書。

箇裏不妨多著靜，莫嫌持敬始生疎。

KNP0293(詩-內卷3-205)

齋中偶書，示諸君及安道孫²³⁶

四兵耘草一兵遲，捷手三兵共詫伊²³⁷。

捷者留根煩再拔，不如遲者盡初時。

【事見《朱子語類》。²³⁸】

---

232 癸亥年(明宗18，1563년，63세) 2~3월경 禮安에서 쓴 시로 추정된다.

233 只 : 定本에는 "至"로 되어 있다.

234 寒 : 定本에는 "閑"으로 되어 있다.

235 靜定 : 上本에는 "定靜"으로 되어 있다.

236 癸亥年(明宗18，1563년，63세) 5월 禮安에서 쓴 시로 추정된다. 初本의 주묵 추기에 "見《陶山雜詠》"라고 하였다. 初本(13책，《陶山雜詠》)에 〈齋中偶書〉로 되어 있으며, 주묵 추기에 〈示諸君及安道孫。【○癸亥】〉라고 하였다. 樊本·上本에 〈齋中偶 示諸君及安道孫〉으로 되어 있다.

237 詫伊 : 柳校에 "《記善錄》作咤咿"라고 하였다.

<u>郭景</u>靜城主求題山水畫幅。五絶[239]

(詩-內卷3-206)

訪人情味過橋時，老樹滄波境自奇。
箇裏平章詩併畫，詩中有畫畫中詩。

(詩-內卷3-207)

綠水靑山捲白雲，高人相對靜垂綸。
晚來風味吾能說，膾斫霜鱗酒瀉銀。

(詩-內卷3-208)

茅屋巖阿絶點塵，野亭迢[240]遞管遊人。
片帆相趁來何許？目極烟波不見津。

(詩-內卷3-209)

亂山縈帶水淸深，中有衡茅鎖竹林。
想見幽人高枕臥，世間榮辱不關心。

---

238 事見……語類 ： 初本(13책,《陶山雜詠》)에 "見《語類》"라고 하였다.

239 癸亥年(明宗18, 1563년, 63세) 2~3월경 禮安에서 쓴 시로 추정된다. 初本에 〈郭景靜城主求題山水畫幅〉으로 되어 있다.

240 迢 ： 上本에는 "超"로 되어 있다.

漠漠窮陰亂雪飛, 山川渾作玉屏圍。
小橋驢背行吟客, 肩聳如山得得歸。

KNP0295(詩-內卷3-211~212)

黃星州 仲擧挽詞。二首[241]

(詩-內卷3-211)

早騁詞華晚改求, 仕中爲學欲兼優。
勤劬積日千痾集, 歸去中途萬事休。
陶舍宿心違講習, 錦溪幽抱失藏修。
朱書每與人同讀, 幾憶平生淚共流?

(詩-內卷3-212)

穎脫爲文出俗姿, 天胡賦命獨多奇?
青雲正似鮎竿日, 綠綬還同鳳棘時。
謗有丘[242]山漂[243]衆煦[244], 家無甔石濟窮慈。

---

241 癸亥年(明宗18, 1563년, 63세) 4월 3일 禮安에서 쓴 시로 추정된다. 初本에 〈黃星州 仲擧挽詞〉로 되어 있다. 樊本에 〈黃星州 仲擧輓詞二首〉로 되어 있다. 〔資料考〕 이 시는 黃俊良의 《錦溪先生文集外集》卷9에 〈挽詞【二首】〉로 되어 있다.

242 丘 : 上本에는 "邱"로 되어 있다.

243 漂 : 初本·定本에는 "飄"로 되어 있다. 庚本·擬本·甲本에는 "飄"로 되어 있다. 上本에는 "飄"로 되어 있다.

244 煦 : 初本·定本에는 "口"로 되어 있다.

如君晚節尤堪尙，後有同心只自知。

次韻李靜存見寄[245]

德義風流夙所欽，書來觸觸爲論心。
君藏卜肆龜塗瀆，我處耕巖鳥蔚岑。
老去學憂渾[246]廢放，病中思戒苦凝沈。
瑤琴寂寞塵徽掩，古調如何發自今？
【靜存精於數學，又因思苦[247]，而有微恙[248]。】

KNP0297(詩-內卷3-214)

月夜大成來訪陶山，與吳正字子强，小酌觀瀾軒，因泛舟前潭[249]

良夜同欣好客來，隔岑呼取濁醪杯。

---

245 癸亥年(明宗18, 1563년, 63세) 5월 禮安에서 쓴 시로 추정된다. 初本의 주묵
추기에 "見《陶山雜詠》"라고 하다. 初本(13책,《陶山雜詠》)에는 〈次韻答李靜存見寄〉
로 되어 있다.

246 渾 : 初本(13책,《陶山雜詠》)에는 "常"으로 되어 있다.

247 思苦 : 初本(13책,《陶山雜詠》)에는 "苦思"로 되어 있다.

248 恙 : 初本(13책,《陶山雜詠》)에는 뒤에 "故云"이 있다.

249 癸亥年(明宗18, 1563년, 63세) 9월 3~17일경 禮安에서 쓴 시로 추정된다. 初
本의 추기에는 "見《陶山雜詠》."이라고 하였다. 初本(13책,《陶山雜詠》)에 〈月夜, 大
成來訪陶山【與吳子强正字, 小酌觀瀾軒, 因泛舟濯纓潭。】〉으로 되어 있다.

臨軒鼎坐開幽款，更上蘭舟弄月回。

江上即事，示子强[250]

閒共攜書泛小舟，晚逢急雨上江樓。
斯須雨卷雲無跡，水色山光畫裏秋。

吳子强正字將行，贈別二絶[251]

(詩-內卷3-216)

雲谷遺書百世師，際天蟠地入毫絲。
感君驢笈來相訂，愧我宮牆老未窺。

(詩-內卷3-217)

聞昔伽倻講此書，兩心同切辨熊魚。
錦溪忽作修[252]文去，見子深悲不見渠。

---

250 癸亥年(明宗18, 1563년, 63세) 9월 3~17일경 禮安에서 쓴 시로 추정된다. 初本의 추기에 "同上"이라고 하였다.

251 癸亥年(明宗18, 1563년, 63세) 9월 18일경 禮安에서 쓴 시로 추정된다. 初本의 추기에 "見《陶山雜詠》。"이라 하였다. 初本·初本(13책, 《陶山雜詠》)에 〈吳子强正字 將行, 贈別〉로 되어 있다.

星山李子發, 號休叟, 索題申元亮畫十竹。十絕[253]

(詩-內卷3-218)

雪月竹

玉屑寒堆壓, 冰輪迴映徹。

從知苦節堅, 轉覺虛心潔。

(詩-內卷3-219)

風竹

風微成莞笑, 風緊不平鳴。

未遇伶倫采, 空含大樂聲。

(詩-內卷3-220)

露竹

晨興看脩竹, 涼露浩如瀉。

清致一林虛, 風流衆枝亞。

(詩-內卷3-221)

雨竹

窓前有叢筠, 淅瀝鳴寒雨。

---

252 修 : 上本에는 "脩"로 되어 있다.

253 癸亥年(明宗18, 1563년, 63세) 9월 이후 禮安에서 쓴 시로 추정된다. 初本에
〈星山 李子發, 號休叟, 索題申元亮畫十竹〉으로 되어 있다.

怳然楚客愁，如入瀟湘浦。

（詩-內卷3-222）

抽筍

風雷亂抽筍，虎攫雜龍騰。

門掩看成竹，吾今學<u>少陵</u>。

（詩-內卷3-223）

稺竹

千角纏牛沒，十尋俄劍拔。

方持雨露姿，已見風霜節。

（詩-內卷3-224）

老竹

老竹有孫枝，蕭蕭還閟淸。

何妨綠苔破？滿意凉吹生。

（詩-內卷3-225）

枯竹

枝葉半成枯，氣節全不死。

寄語膏粱兒，無輕憔悴士。

（詩-內卷3-226）

折竹

强[254]項誤遭挫，貞心非所破。

凜然立不撓，猶堪激頹懦。

(詩-內卷3-227)

孤竹

聞善盍歸來，易暴將安適？
從此更成孤，有粟非吾食。

KNP0301(詩-內卷3-228)

鄭子中同泛濯纓潭，用九曲詩韻[255]

昔賢遊處風聲傳，閩山九曲壺中天。
吾狂自笑亦自憐，不及薪水供盤旋。
日日詩書服音旨，夜夜魂夢飛雲烟。
今朝何幸得見君[256]，亦如我志尤專專。
眼中萬事不須論，理義今古知同然。
聯床晤語兩綢繆，得處超詣如登仙。
相攜復泛烟潭艇，泝沿日夕忘回鞭。

---

254 强：初本·定本에는 "彊"으로 되어 있고, 庚本·擬本·甲本에는 "彊"으로 되어
있다.

255 癸亥年(明宗18, 1563년, 63세) 5월 禮安에서 쓴 시로 추정된다. 初本의 주묵
추기에 "同上"이라 하였다. 初本(13책, 《陶山雜詠》)에 〈鄭子中同泛濯纓【用〈九曲〉詩
韻。〉으로 되어 있다. 養校에 "《陶山雜詠》'潭'字無, 用下五字皆爲小註。"이라 하였다.

256 君：初本(13책, 《陶山雜詠》)에는 '子'로 되어 있다. 養校에 "《陶山雜詠》'君'作
'子'。"라고 하였다.

我歌遺聲君擊節，畫舸如上淸泠川。
仰嗟吾道日中天，顧我溝涸羞原泉。
萬鍾千駟是何物？ 發憤且和〈仙遊篇〉。

KNP0302(詩-內卷3-229)

和白樂天眼漸昏昏耳漸聾【甲子】[257]

眼漸昏昏耳漸聾，懶當勞事怯當風。
謬懷志願平生裏，蹉過光陰一夢中。
僧報野堂春尙峭，婢愁山甕酒仍空。
題詩莫浪傳人手，年少叢多笑此翁。

KNP0303(詩-內卷3-230)

次琴聞遠孤山韻[258]

君非出仕故無歸，占斷烟霞自不[259]違。
境絶更饒田墾闢，山孤唯[260]稱鶴栖飛。

---

257 甲子年(明宗19, 1564년, 64세) 봄 禮安에서 쓴 시로 추정된다.

258 甲子年(明宗19, 1564년, 64세) 봄 禮安에서 쓴 시로 추정된다. 이 시는 퇴계의 문집에 1수가 실려 있으나 琴蘭秀의《惺齋先生文集》卷4〈次聞遠孤山亭韻〉에는 2수가 실려 있다. 다시 말해 금난수의 문집에 실린 제2수는 拾遺詩이다.

259 自不 : 上本에는 "不自"로 되어 있다.

260 唯 : 上本에는 "惟"로 되어 있다.

四時來往雙芒屬，萬事榮枯一薜衣。

日月佳名吾所愛，尋君時復玩²⁶¹餘輝。

【聞遠有田在孤山，日洞·月潭，皆其勝也。】

KNP0304(詩-內卷3-231~238)
題金上舍愼仲畫幅八絕²⁶²

(詩-內卷3-231)
扣角飯牛

飯得牛肥不外求，何心長夜自歌²⁶³謳？

起來又不逢堯舜，功業終歸假事周。

(詩-內卷3-232)
杖節牧羊

羝乳無期鴈有書，節旄零盡始歸歟。

茂陵滴到重泉淚，箇是窮邊泣主餘。

261 玩 : 初本·定本에는 "翫"으로 되어 있고, 庚本·擬本·甲本에는 "翫"으로 되어 있다.

262 甲子年(明宗19, 1564년, 64세) 봄, 禮安에서 쓴 시로 추정된다. 初本에 〈題金上舍 愼仲畫幅〉으로 되어 있다.

263 歌 : 上本에는 "謌"로 되어 있다.

(詩-內卷3-233)

富春釣魚

從他百戰定乾坤，澤上垂綸道自尊。

豈但東京扶九鼎？ 激來風節至今存。

(詩-內卷3-234)

山陰換鵝

蕭[264]灑山陰對羽人，道經揮寫動千春。

換鵝歸去風流遠，一點何曾累逸眞？

(詩-內卷3-235)

灞橋吟雪

漠漠窮陰素雪飄，蹇驢馱興度前橋。

不知凍膊如山聳，思在銀空萬里遙。

(詩-內卷3-236)

爐峯玩瀑

壯觀爐峯天下無，恢張絶勝匪凡夫。

自從帝遣仙豪詠[265]，千尺銀河振八區。

---

264 蕭：上本에는 "瀟"로 되어 있다.

265 詠：上本에는 "咏"으로 되어 있다.

廬山養鹿

隱君當日久巢雲, 仙鹿相馴亦出群。
豈謂後來天所相, 儒宮千載傍遺芬?

西湖伴鶴[266]

湖上精廬絶俗緣, 胎仙栖託爲癯仙。
不須剪翮如鸚鵡, 來伴吟梅去入天。

約與諸人遊清凉山, 馬上作[267]

居山猶恨未山深, 蓐食凌晨去更尋。
滿目羣峯迎我喜, 騰雲作態助淸吟。

---

266 西湖伴鶴 : 初本의 주묵 추기에 "亦見《梅花詩》。"라고 하였다.

267 甲子年(明宗19, 1564년, 64세) 4월 14일 禮安에서 쓴 시로 추정된다. 初本에
〈約與諸人遊清凉山, 馬上作【四月十四日】〉으로 되어 있다. 樊本·上本에 〈約與諸人
遊清凉山, 馬上作【四月十四日】〉으로 되어 있다. [資料考] 이 시는 柳仲淹의 《巴山先
生逸稿》와 柳雲龍의 《謙菴先生文集》卷1에도 실려 있다.

KNP0306(詩-內卷3-240)

到川沙，待李大成，未至[268]

烟巒簇簇水溶溶，曙色初分日欲紅。
溪上待君君不至，擧鞭先入畫圖中。

KNP0307(詩-內卷3-241)

憩景巖潭上，待士敬、惇叙、施伯，不至，先行[269]

松石清幽號景巖，涼陰匼匝俯澄潭。
後來若識先來意，妙處同歸豈二三？

KNP0308(詩-內卷3-242)

孤山見琴聞遠[270]

越險投深得一天，瓊臺瑤浦映芝田。
舊來不見今來見，疑是親逢洞裏仙？

---

268 甲子年(明宗19, 1564년, 64세) 4월 14일 禮安에서 쓴 시로 추정된다. 〔資料考〕
이 시는 李文樑의 《碧梧先生文集》卷2에도 실려 있다.

269 甲子年(明宗19, 1564년, 64세) 4월 14일 禮安에서 쓴 시로 추정된다.

270 甲子年(明宗19, 1564년, 64세) 4월 14일 禮安에서 쓴 시로 추정된다. 〔資料考〕
이 시는 柳仲淹의 《巴山先生逸稿》와 琴蘭秀의 《惺齋先生文集》卷4〈再遊孤山〉에도
실려 있다.

KNP0309(詩-內卷3-243)

入洞 憩磵石[271]

翠密蕭森萬木陰，一泓如鏡湛凝沈。
戲題名字溪邊石，記取臨溪盡日吟。

KNP0310(詩-內卷3-244)

入山[272]

壑邃林深不自迷，盤空飛路幾攀躋？
舊知橫側廬山面，今得夤緣玉井梯。
良愧諸僧勤洞候，更憐吾黨靜雲栖。
重來十載增衰老，尚覺崢嶸氣未低。

【柳景文等曾入山見待。】

KNP0311(詩-內卷3-245)

蓮臺寺[273]

蓮臺淸淨界，一山當面勢。

---

271 甲子年(明宗19, 1564년, 64세) 4월 14일 禮安에서 쓴 시로 추정된다. "磵"이
樊本·上本에는 "澗"으로 되어 있다.

272 甲子年(明宗19, 1564년, 64세) 4월 14일 禮安에서 쓴 시로 추정된다.

金碧煥增新，象敎何詭麗？

居僧知不知，迎勞來更遞。

臺上起避風，堂前坐接袂。

同遊盡英英，曾到亦濟濟。

傾壺細酌[274]傳，開抱宏論揭。

參差不厭煩，邂逅或深契。

那無唱與酬？ 前賢固有例。

老我敢先挑，佇看諸盛製。

【時余與永陽 李大成、鳳城 琴士任、琴聞遠、光山 金愼仲、金惇叙、永嘉
權施伯、金景龐、豐山 柳景文、柳而得[275]、永陽 李宏仲、英陽 南成仲同
遊，滉姪寯、孫安道從、禮安宰苞山 郭景靜及橫城 趙士敬、鳳城 琴夾之，期
而不至。】

諸人遊外山，滉畏險中返，坐普賢庵作[276]

內山諸勝具，外山更巉絶。

---

273 甲子年(明宗19, 1564년, 64세) 4월 14일 禮安에서 쓴 시로 추정된다.〔資料考〕
이 시는 琴輔의《梅軒先生文集》卷1, 柳仲淹의《巴山先生逸稿》, 南致利의《賁趾先
生文集》卷1, 그리고 李德弘의《艮齋先生文集》卷1에도 실려 있다.

274 酌 : 樊本에는 "酢"으로 되어 있다.

275 而得 : 初本의 부전지에 "而得, 此等處, 從本直書'而得', 而注曰, 今改'應見',
可也."라고 하였다. 樊本·上本에는 "應見"으로 되어 있다.

276 甲子年(明宗19, 1564년, 64세) 4월 14~16일 禮安에서 쓴 시로 추정된다.〔資

下臨萬丈壑，中懸四五刹。

病脚澁登危，讓勇甘自劣。

獨來坐一室，超然自悟²⁷⁷悅。

KNP0313(詩-內卷3-247)

普賢壁上，見聞遠自敍前後遊山之語，有感²⁷⁸

少年攻苦此山中，老作無成一病翁。

壁上看君興歎²⁷⁹語，此心何啻與君同？

KNP0314(詩-內卷3-248)

次景文花字韻 【時景文寓普賢。】²⁸⁰

嘉君性靜去浮華，我學眞同著足蛇。

得向山房開晤語，不嫌窓外已無花。

【窓外薔薇，時已落盡.】

料考〕 이 시는 柳仲淹의 《巴山先生逸稿》와 南致利의 《賁趾先生文集》卷1에도 실려
있다.

277 悟 : 定本의 부전지에 "悟疑怡"라고 하였다.

278 甲子年(明宗19, 1564년, 64세) 4월 14~16일 禮安에서 쓴 시로 추정된다.

279 歎 : 初本·定本에는 "嘆"으로 되어 있고, 庚本·擬本·甲本에는 "嘆"으로 되어
있다.

280 甲子年(明宗19, 1564년, 64세) 4월 14~16일 禮安에서 쓴 시로 추정된다.

KNP0315(詩-內卷3-249~250)

次韻宏仲山北新得瀑布。二絶[281]

(詩-內卷3-249)

雲中千古秘懸流，好事非君孰創遊？
病脚會乘秋雨後，高尋壯觀不能休。

(詩-內卷3-250)

自聞飛瀑我心懸，坐詠銀河落九天。
快覩雄奇定何日？ 山靈應許此誠專。

KNP0316(詩-內卷3-251~252)

次韻惇敍 風穴臺、金生窟。二絶[282]

(詩-內卷3-251)

中夏盛名馳百代，海東晚節放高懷。
一床巖穴人猶敬，灑灑仙風襲杖鞋。

---

281 甲子年(明宗19, 1564년, 64세) 가을 禮安에서 쓴 시로 추정된다. 初本에는
〈次韻宏仲山北新得瀑布〉로 되어 있다. 〔資料考〕 이 시는 李德弘의 《艮齋先生文
集》 卷6, 《溪山記善錄下》에도 실려 있다.
282 甲子年(明宗19, 1564년, 64세) 4월 14~16일 禮安에서 쓴 시로 추정된다. 初本
에 〈次韻惇敍 風穴臺・金生窟〉로 되어 있다.

蒼·籒·鍾·王古莫陳，吾東千載挺生身。
怪奇筆法留巖瀑，咄咄應無歎[283]逼人。

KNP0317(詩-內卷3-253)
蓮臺月夜[284]

坐看東嶺吐冰輪，萬壑金波潑眼新。
物象怳爲[285]姑射白，梵宮疑與廣寒鄰。
因思周老鴻濛語，庶見崔仙鶴背身。
上界眞人司下土，豈無雲漢憫斯民？
【時久旱。】

KNP0318(詩-內卷3-254)
讀書如遊山[286]

讀書人說遊山似，今見遊山似讀書。
工力盡時元自下，淺深得處摠由渠。

---

283 歎 : 初本·定本에는 "嘆"으로 되어 있고, 庚本·擬本·甲本에는 "嘆"으로 되어 있다.
284 甲子年(明宗19, 1564년, 64세) 4月 14~16일경 禮安에서 쓴 시로 추정된다.
285 爲 : 上本에는 "若"으로 되어 있다.
286 甲子年(明宗19, 1564년, 64세) 4月 14~16일경 禮安에서 쓴 시로 추정된다.

坐看雲起因知妙，行到源頭始覺初。
絶頂高尋勉公等，老衰中輟愧深余。

KNP0319(詩-內卷3-255)

將出山，留山諸君，送至場巖[287]

雨雲浩浩濃還淡，儒釋莘莘去或留。
三笑不須溪上過，一杯聊記畫中遊。

KNP0320(詩-內卷3-256)

次韻惇叙出山後有懷山中諸友[288]

仙岳我堪愧，十年今始行。
卻因佳友集，能遂勝遊淸。
栖息幽貞愜，歸來悵望生。
寫詩霞上去，應會此時情。

---

287 甲子年(明宗19, 1564년, 64세) 4월 17일 禮安에서 쓴 시로 추정된다.

288 甲子年(明宗19, 1564년, 64세) 4월 18일 이후 禮安에서 쓴 시로 추정된다.

KNP0321(詩-內卷3-257)

次韻愼仲【時愼仲諸人, 寓金生庵。】[289]

瀑巖蕭寺伴禪僧, 朝對雲屛夜月燈。
堪笑昨遊吾脚劣, 昂頭空羨絶崖層。

KNP0322(詩-內卷3-258)

陶山訪梅, 緣被去冬寒甚藥傷, 殘芳晚發, 憔悴可憐, 爲之歎[290]息, 賦此[291]

有客同心期不來, 孤筇延佇白雲堆。
重嗟宿契三梅樹, 只[292]向殘春數蕚開。
入手淸風空灑落, 傍簷明月自徘徊。
明年此事知[293]諧未? 愁思吟邊浩莫裁。

---

289 甲子年(明宗19, 1564년, 64세) 4월 18일 이후 禮安에서 쓴 시로 추정된다.

290 歎: 初本·定本에는 "嘆"으로 되어 있고, 庚本·擬本·甲本에는 "嘆"으로 되어 있다.

291 甲子年(明宗19, 1564년, 64세) 3월 禮安에서 쓴 시로 추정된다. 初本에 추기 "見《陶山雜詠》。"이 있다. 初本(13책, 《陶山雜詠》)의 추기에 "見《梅花詩》。"라 하였다. 初本(13책, 《陶山雜詠》)에 〈陶山訪梅, 緣被去冬寒甚藥傷, 殘芳晚發, 憔悴可憐, 嘆息, 爲之賦此〉로 되어 있다. 養校에 "《陶山雜詠》'爲之'字, 在'嘆息'下。"라고 하였다.

292 只: 初本(13책, 《陶山雜詠》)에는 "秖"로 되어 있다.

293 知: 初本(13책, 《陶山雜詠》)에는 "還"으로 되어 있다. 養校에 "《陶山雜詠》'知'作'還'。"이라 하였다.

陶山中夜雷雨，俄頃，月色朗然[294]

掣電奔雷萬木鳴，須臾捲[295]盡月輪明。
不知變化天公意，唯覺虛齋百慮淸。

七月旣望【幷序】[296]

溪上齋居，連夜月色淸甚，令人無寐。今日偶出霞山，士敬尋
到[297]，言其月川夜景，適與意會，欣然也。然古[298]人所謂光霽
者，殆不謂此。爲之[299]感歎．旣歸[300]得一絶，擬[301]寄士敬云[302]。[303]

---

294 甲子年(明宗19, 1564년, 64세) 6~7월경 禮安에서 쓴 시로 추정된다. 初本의
주묵 추기에 "同上"이라 하였다. 初本(13책, 《陶山雜詠》)에는 〈中夜雷雨俄頃霽月朗
然〉〔주묵추기 甲子〕로 되어 있다. 養校에 "《陶山雜詠》. '陶山'字無. '月色'作'霽月'."
이라 하였다.

295 捲 : 初本(13책, 《陶山雜詠》)에는 "卷"으로 되어 있다.

296 甲子年(明宗19, 1564년, 64세) 7월 16일 禮安에서 쓴 시로 추정된다. 初本·初
本(19책, 書簡)·定本에 〈七月旣望〉으로 되어 있다. 初本(13책, 《退溪雜詠》)에 〈初
秋旣望〉으로 되어 있다. 初本의 주묵 추기에 "見《退溪雜詠》."이라 하였다. 養校에
"手本'七月'作'初秋', 無'幷序'二字, '旣望'溪上'連接書之."라고 하였다. 〔資料考〕 이 시
는 趙穆의 《月川先生文集》 卷1에 〈次退溪先生〉 原韻詩로 실려 있다.

297 尋到 : 初本(13책, 《退溪雜詠》)에 "來訪自"로 되어 있다. 養校에 "手本'尋到'作
'來訪', '訪'下有'自'字."라고 하였다.

298 古 : 初本(13책, 《退溪雜詠》)에 "而又念昔"으로 되어 있다. 養校에 "手本'也然'
下, 有'而又念'三字. '古'作'昔'."이라 하였다.

溪堂月白川堂白，今夜風清昨夜清。
別有一般光霽處，吾儕安得驗明誠[304]？

KNP0325(詩-內卷3-261)

旱餘，大雨溪漲，旣[305]水落而出，泉石洗清，科坎變遷，魚之得意
遠去，其樂可知[306]

漲潦春磨激洗餘，石清沙白渚瓊如。
向來斗水喁喁族，何去江湖萬里歟？

─────────
299 爲之：初本(13책，《退溪雜詠》)에는 없다. 養校에 "手本‘此’字下，無‘爲之’二字."
라고 하였다.

300 旣歸：初本(13책，《退溪雜詠》)에는 "而歸"로 되어 있다. 初本(19책，書簡)에는
"歸而"로 되어 있다. 養校에 "手本‘旣’作‘而’."라고 하였다.

301 擬：初本(13책，《退溪雜詠》)·初本(19책，書簡)에는 "以"로 되어 있다. 養校에
"手本‘擬’作‘以’."라고 하였다.

302 云：初本(19책，書簡) 뒤에 "【十七日也】"가 있다.

303 溪上……士敬云：初本에는 주석으로，初本(13책，《退溪雜詠》)·初本(19책，書
簡)에는 제목으로 표기되어 있다.

304 吾儕……明誠：初本(19책，書簡)에 "不容徒得在明誠"으로 되어 있으며，추기
에 "吾儕安得驗明誠"이라 하였다.

305 旣：初本(13책，《退溪雜詠》)에는 "曁"로 되어 있다. 初本의 부전지에 ‘旣’，《溪
山》作‘曁’."이라 하였다. 養校에 "手本‘旣’作‘曁’."로 되어 있다.

306 甲子年(明宗19，1564년，64세) 6~7월경 禮安에서 쓴 시로 추정된다. 初本의
주묵 추기에 "見《退溪雜詠》."이라 하였다. 初本(13책，《退溪雜詠》)의 주묵 추기에
"甲子"라고 하였다.

<u>金而精</u>出遊[307]陶山留宿，明早，見寄三絶，次韻卻寄[308]

(詩-內卷3-262)

觀梅[309]

至後梅梢意已生，山翁不見佇幽情。

多君獨去探消息，吟到黃昏片月橫。

(詩-內卷3-263)

天淵玩[310]月

如覺襟懷累一塵，此臺看月夜來新。

都將灑落淸眞境，分付幽人絶俗因。

(詩-內卷3-264)

自歎[311]

已去光陰吾所惜，當前功[312]力子何傷？

但從一簣爲山日，莫自因循莫太忙。

---

307 遊 : 初本·定本에는 "游"로 되어 있고, 庚本·擬本·甲本에는 "游"로 되어 있다.

308 甲子年(明宗19, 1564년, 64세) 11월 禮安에서 쓴 시로 추정된다.

309 初本의 주목 추기에 "見《梅花詩》。"라 하였다.

310 玩 : 初本·定本에는 "翫"으로 되어 있고, 庚本·擬本·甲本에는 "翫"으로 되어 있다.

311 歎 : 初本·定本에는 "嘆"으로 되어 있고, 庚本·擬本·甲本에는 "嘆"으로 되어 있다.

312 功 : 上本에는 "工"으로 되어 있다.

寄眞寶 鄭子中城主。二絶[313]

(詩-內卷3-265)

避地吾先遂不還, 屛孫咫尺阻溪山。
空聞邑政清如水, 讀得初心松桂間。

(詩-內卷3-266)

如入桃源是我鄉, 玉流丹壁映琴堂。
老民幸有遊[314]仙枕, 清夢時同上釣航。

東齋夜起, 示金而精[315]

雲消月白夜如何? 獨向空齋坐攝痾。
身似靈龜能嚥息, 心如寒水正恬波。
方知李氏求中妙, 更信程門著靜多。
我老君强同[316]所勗, 從今歲月莫蹉跎。

---

313 甲子年(明宗19, 1564년, 64세) 11~12월경 禮安에서 쓴 시로 추정된다. 初本에
〈寄眞寶 鄭子中城主〉로 되어 있다.

314 遊 : 初本·定本에는 "游"로 되어 있고, 庚本·擬本·甲本에는 "游"로 되어 있다.

315 甲子年(明宗19, 1564년, 64세) 11~12월경 禮安에서 쓴 시로 추정된다. 初本에
는 〈東齋夜起〉로 되어 있다.

316 同 : 初本에는 "皆"로 되어 있다.

KNP0329(詩-內卷3-268)

端居[317]

耕也無端餒自纏，柴門常覺畏人偏。

杯停六藝難知味，屛玩三圖未契天。

竹入窖中存性命，梅歸春末誤風烟。

箇中所樂知何事，靜對遺經[318]獨喟然。

【家有六藝杯，有短屛，寫河圖、洛書、太極圖. 所居地寒，藏竹以窖，梅至暮春[319]乃發。】

KNP0330(詩-內卷3-269~270)

洪貳相【退之】寄詩，責余不作松岡碑，次韻卻問。二絶[320]

(詩-內卷3-269)

公是瀛洲弈世仙，我如慵綴老蠶眠。

何心慚作亡交誄，袖手要觀拙斷鐫？

【公時主文衡。】

---

317 甲子年(明宗19, 1564년, 64세) 11~12월경 禮安에서 쓴 시로 추정된다.

318 經 : 上本에는 "篇"으로 되어 있다.

319 暮春 : 上本에는 "春暮"로 되어 있다.

320 甲子年(明宗19, 1564년, 64세) 11~12월경 禮安에서 쓴 시로 추정된다. 初本에 〈洪貳相【退之】寄詩，責余不作松岡碑，次韻卻問〉으로 되어 있다.

(詩-內卷3-270)

故人歸作海山仙，苦憶平生忘寢眠。

想得斯情公更甚，司文何惜賁豐鐫？

【松岡《題龍宮 浮翠樓詩》，"樂天 兜率非吾願，歸卽[321]須歸海上山。"】

KNP0331(詩-內卷3-271~273)

權貳相【景由】江亭。三絕[322]

(詩-內卷3-271)

自警堂

利名如墮漆膠盆，誰解箴規雪慾昏？

好把身心常自警，主人窗几盡名言。

(詩-內卷3-272)

滌襟軒

弘化憂時累亦深，湖山佳處滌塵襟。

願公更洗調元手，和了鹽梅沃了心。

(詩-內卷3-273)

養心堂

美木齊山斧與羊，人心何況日交戕

久知理欲相消長，莫遣微塵翳鏡光。

---

321 卽 ： 定本에는 "則"으로 되어 있다.

322 甲子年(明宗19, 1564년, 64세) 11~12월경 禮安에서 쓴 시로 추정된다.

退溪先生文集

內集　卷四

寄題<u>酉谷</u> <u>青巖亭</u>。二首【乙丑○故<u>權貳相</u> <u>仲虛</u>嗣子<u>東輔</u>，爲求題詠。】[1]

(詩-內卷4-1)

我公平昔[2]抱深衷，倚伏茫茫一電空。

至今亭在奇巖上，依舊荷生故沼中。

滿目烟雲懷素樂，一庭蘭玉見遺風。

鯫生幾誤蒙知獎？白首吟詩意不窮。

(詩-內卷4-2)

<u>酉谷</u>先公卜宅寬，雲山回復水彎環。

亭開絶嶼橫橋入，荷映淸池活畫看。

稼圃自能非假學，軒裳無慕不相關。

更憐巖穴矮松在，激厲風霜老勢盤。

---

1 乙丑年(明宗20，1565년，65세) 1~2월경 <u>禮安</u>에서 쓴 시로 추정된다. 初本에 〈寄題<u>酉谷</u> <u>青巖亭</u>【乙丑 ○故<u>權貳相</u> <u>仲虛</u>嗣子<u>東輔</u>，爲求題詠。】〉으로 되어 있다.

2 昔 ：上本에는 "生"으로 되어 있다.

書院十詠[3]

(詩-內卷4-3)

竹溪書院【豐基】

竹溪風月煥宮牆，肇被恩光作國庠。
絃誦可能追白鹿，明誠誰似導南康？

(詩-內卷4-4)

臨皐書院【永川】

圃翁風烈振吾東，作廟渠渠壯學宮。
寄語藏修諸士子，淵源節義兩堪宗。

(詩-內卷4-5)

文憲書院【海州】

海陽儒學蕩城塵，野草春風燒更新。
不向山林思變作，謾將書院謗叢臻。

(詩-內卷4-6)

迎鳳書院【星州】

鳳山儒館極恢張，聚訟賢祠挾謗傷。
但願諸賢[4]明此學，閒爭浮議自消亡。

---

3 乙丑年(明宗20, 1565년, 65세) 2월 禮安에서 쓴 시로 추정된다.
4 賢 : 上本에는 "生"으로 되어 있다.

(詩-內卷4-7)

丘山書院【江陵】

人材淵藪古臨瀛，闢學丘山澗石清。
降聖千年名已近，乞靈今日教將明。

(詩-內卷4-8)

藍[5]溪書院【咸陽】

堂堂天嶺鄭公鄉，百世風傳永慕芳。
廟院尊崇眞不忝，豈無豪傑應文王？

(詩-內卷4-9)

伊山書院【榮川】

地靈人傑數龜城，刱立儒宮事亦貞。
諱避不須生[6]院號，絃歌猶待樹風聲。

(詩-內卷4-10)

西岳精舍【慶州】

東都賢祀謗何頻？變置眞成學舍新。
但使菁莪能長育，涵濡聖澤屬儒紳。

---

5 藍：定本에는 "灆〔부전지 '灆，考《玉韻》，無之，未知何如。〕"로 되어 있다. 甲本에
는 "灆"으로 되어 있다. 養校에는 "灆，《目錄》作藍。"으로 되어 있다.

6 生：定本에 "부전지 '生'字更詳。추기 手本同。"으로 되어 있다.

(詩-內卷4-11)

畫巖書院【大丘】

畫巖形勝畫難成, 立院相招誦六經。

從此佇聞明道術, 可無呼寐得羣醒?

(詩-內卷4-12)

總論諸院

白首窮經道未聞, 幸深諸院倡斯文。

如何科目波飜海, 使我閒愁劇似雲?

KNP0334(詩-內卷4-13)

三月十三日, 至陶山, 梅被寒損, 甚於去年. 窘竹亦悴, 次去春一律韻, 以見感歎之意。時鄭眞寶亦有約[7]

朝從山北訪春來, 入眼山花爛錦堆。

---

7 乙丑年(明宗20, 1565년, 65세) 3월 13일 禮安에서 쓴 시로 추정된다. 《陶山雜詠》
에는 퇴계가 3월 15일에 이 시를 지은 것으로 기록하였지만, 〈答鄭子中【乙丑三月十
三日】〉에 "滉怯寒藏縮, 今日出山舍, 山花爛熳, 漲漾如酷, 風雩之樂, 宛在目前, 但梅
竹二君, 經寒太憔悴耳。"라 한 것을 보면 3월 13일에 지은 것이 확실하다. 初本의 주묵
추기에 "見《陶山雜詠》。"이 있다. 初本(13책, 《陶山雜詠》)의 주묵 추기에 〈見《梅花
詩》。"라고 하였다. 初本(13책, 《陶山雜詠》)에 〈暮春望日, 獨至陶山, 梅爲寒損, 尙未
芬葩, 窘竹亦悴。加之, 是日風雨連宵, 追次去春律詩韻〉으로 되어 있다. 初本(13책,
《陶山雜詠》)의 주묵 추기에 "乙丑"이 있다. 《梅花詩帖》에 〈三月十三日, 至陶山, 梅被
寒損, 甚於去年。窘竹亦悴, 次去春一律韻, 以見感歎之意【時鄭眞寶亦有約。○乙
丑】〉으로 되어 있다.

試發竹叢驚獨悴，旋攀梅樹歎[8]遲開。

疎英[9]更被風顛簸，苦節重遭雨惡摧。

去歲同人今又阻，清愁依舊浩難裁。

【是日風雨[10]。】

KNP0335(詩-內卷4-14~15)

夜吟。二絶[11]

(詩-內卷4-14)

山後春深不見花，山前誰道爛如霞？

夜窓風雨無情甚，直怕千紅減卻些。

(詩-內卷4-15)

雪沍寒凝幾月餘，芳華[12]纔發暮春初。

只應生物皆天意，風雨如何更暴渠？

---

8 歎 : 初本·初本(13책,《陶山雜詠》)·定本에는 "嘆"으로 되어 있다. 庚本·擬本·甲本에는 "嘆"으로 되어 있다.

9 英 : 上本에는 "影"으로 되어 있다.

10 是日風雨 : 初本(13책,《陶山雜詠》)에는 없다.

11 乙丑年(明宗20, 1565년, 65세) 3월 13~15일경 禮安에서 쓴 시로 추정된다. 初本에는 "夜吟"으로 되어 있다.

12 華 : 上本에는 "花"로 되어 있다.

十六日, 山居觀物[13]

蕩蕩春風三月暮, 欣欣百物競年華。
山光倒水搖紅錦, 野色連天展碧羅。
鳥勸葫蘆欺我病, 蛙分鼓吹爲私吪。
乾坤造化雖多事, 妙處無心只付他。

十七日朝, 寄大成[14]

時光倐忽如飛電, 花事紛披似亂雲。
獨坐獨吟仍獨臥, 淸愁難禁爲思君。

寓感五絶[15]

(詩-內卷4-18)

猩紅灼灼映山堂,[16] 鴨綠粼粼蕩鏡光。

---

13 乙丑年(明宗20, 1565년, 65세) 3월 16일 禮安에서 쓴 시로 추정된다. 初本의
주묵 추기에 "見《陶山雜詠》。"이라 하였다. 初本(13책,《陶山雜詠》)에 〈十六日陶山觀
物〉로 되어 있다. 養校에 "手本'山居'作'陶山'。"이라 하였다.

14 乙丑年(明宗20, 1565년, 65세) 3월 17일 禮安에서 쓴 시로 추정된다.

有約¹⁷不來春欲去, 悠然孤興一揮觴。

(詩-內卷4-19)

晴朝佳色靜年芳, 百囀山禽萬樹香。
誰使封姨飜¹⁸作惡, 枉教春意一番傷?

(詩-內卷4-20)

杜鵑花似海漫山,¹⁹ 桃杏紛紛開未闌。
早識不關榮悴事, 莫將梅蘂較他看。

(詩-內卷4-21)

梅樹依依少著²⁰花,²¹ 愛他疎瘦與橫斜。
不須更辨參昏曉, 看取香梢動月華。

---

15 乙丑年(明宗20, 1565년, 65세) 3월 17일 禮安에서 쓴 시로 추정된다. 初本의 주묵 추기에 "四首見《陶山雜詠》。"이라 하였다. 初本(13책, 《陶山雜詠》)의 주묵 추기에 "四首三首, 見《梅花詩》。"이라 하였다. 初本에 〈寓感〉으로 되어 있다. 初本(13책, 《陶山雜詠》)에 〈十七日寓感〉으로 되어 있다. 《梅花詩帖》에 〈寓感〉으로 되어 있다. 養校에 "手本'十七日寓感'. ○無五絶字。"이라 하였다.

16 猩紅……山堂 : 初本의 주묵 추기에 "同上"이라 하였다. 初本(13책, 《陶山雜詠》)의 주묵 추기에 "見《梅花詩》。"이라 하였다.

17 約 : 初本(13책, 《陶山雜詠》)에 "待"로 되어 있다. 養校에 "手本'約'作'待'。"이라 하였다.

18 飜 : 上本에는 "翻"으로 되어 있다.

19 杜鵑……漫山 : 初本의 주묵 추기에 "同上"이라 하였다.

20 著 : 初本(13책, 《陶山雜詠》)에 "着"으로 되어 있다.

21 梅樹……著花 : 初本의 주묵 추기에 "同上"이라 하였다. 初本(13책, 《陶山雜詠》)의 주묵 추기에 "見《梅花詩》。"라 하였다.

(詩-內卷4-22)

絶艶風流玉雪眞,[22] 開時休怪[23]混芳春。
太平當日濂溪老, 光霽襟懷映俗塵。

KNP0339(詩-內卷4-23~26)

戲作破字詩。四絶[24]

(詩-內卷4-23)

帝降人人廿口羊, 悅心如口藹夷腸。
無端物觸心頭亞, 坐見雙人慘自戕。

【廿口羊, 善也, 心頭亞, 惡也, 雙人, 仁也。】

(詩-內卷4-24)

彼何人性亦同然, 一墜深坑不見天。
忍把至靈爲蠢物, 唯將刀子傍禾邊?

【刀子禾, 利也[25]。】

---

22 絶艷……玉雪眞 : 初本의 주묵 추기에 "同上"이라 하였다. 初本(13책,《陶山雜詠》)의 주묵 추기에 "見《梅花詩》。"라 하였다.

23 怪 : 初本(13책,《陶山雜詠》)에 "訝"로 되어 있다. 養校에 "手本'怪'作'訝'。"라 하였다.

24 乙丑年(明宗20, 1565년, 65세) 3~5월경에 禮安에서 쓴 시로 추정된다. 初本에 〈戲作破字詩〉로 되어 있다.

25 也 : 樊本에는 없다.

(詩-內卷4-25)

冥谷當前欠線陽，忽然迷失我神羊。
向來嘑[26]蹴猶忘死，今日甘心作疾狼。

【冥谷欠陽，欲也，我羊，義也。】

(詩-內卷4-26)

豖彑牛邊勿脚顚，滿江波浪夜迷船。
誰從手裏乾坤轉，水面風來月到天？

【豖彑，逐也，牛邊勿，物也，勿脚，旗脚也。】

KNP0340(詩-內卷4-27~42)

山居四時各四吟。共十六絶[27]

(詩-內卷4-27)

朝[28]

霧捲春山錦繡明，珍禽相和百般鳴。
山居[29]近日[30]無來客，碧草中庭滿意生。

---

26 嘑：初本에는 "譚"로 되어 있다.

27 乙丑年(明宗20, 1565년, 65세) 5월 禮安에서 쓴 시로 추정된다. 初本의 주묵 추기에 "見《陶山雜詠》。"이라 하였다. 初本(13책, 《陶山雜詠》)에 〈山居四時各四詠吟, 十六絶〉로 되어 있다. 養校에 "吟, 一本作詠'. '共'字無。"라 하였다.

28 朝：初本(13책, 《陶山雜詠》)의 앞 별행에 '春四詠'이 있다.

29 山居：두주에 "山居, 一本作'幽居'。"로 되어 있다. 樊本·上本에 동일한 두주가 있다. 甲本의 두주에 "山居一本作'幽居'。手本"으로 되어 있다. 初本(13책, 《陶山雜

(詩-內卷4-28)

晝

庭宇新晴麗景遲，花香拍拍襲人衣。

如何四子俱言志，聖發吝嗟[31]獨詠歸？

(詩-內卷4-29)

暮

童子尋山採蕨薇，盤飧自足療人飢。

始知當日歸田客，夕露衣沾[32]願不違。

(詩-內卷4-30)

夜

花光迎暮月昇東，花月清宵意不窮。

但得月圓花未謝，莫憂花下酒杯空。

　　　右春四吟[33]

詠》)에 "幽居"로 되어 있다.

30　近日 : 初本(13책, 《陶山雜詠》)에 "更喜"로 되어 있다. 養校에 "近日, 一本作'更喜'. 手本"이라 하였다.

31　聖發吝嗟 : 두주에 "聖發吝嗟, 一本作'聖意興嗟'."이라 하였다. 甲本·樊本·上本에 동일한 두주가 있다.

32　沾 : 初本에는 "霑"으로 되어 있다.

33　右春四吟 : 初本(13책, 《陶山雜詠》)에는 없다.

(詩-內卷4-31)

朝[34]

晨起虛庭竹露淸, 開軒遙對[35]衆山靑。

小童慣捷提瓶水, 澡頮湯盤日戒銘。

(詩-內卷4-32)

晝

晝靜山堂白日明, 蔥瓏嘉[36]樹遶簷楹。

北窓高臥羲皇上, 風送微凉一鳥聲。

(詩-內卷4-33)

暮

夕陽佳色動溪山, 風定雲閒鳥自還。

獨坐幽懷誰與語? 巖阿寂寂水潺潺。

(詩-內卷4-34)

夜

院靜山空月自明, 翛然衾席夢魂淸。

寤言弗[37]告知何事? 臥聽皐禽半夜聲。

---

34 朝 : 初本(13책,《陶山雜詠》)의 앞 별행에 "夏四詠"이 있다.

35 對 : 上本에는 "帶"로 되어 있다.

36 嘉 : 上本에는 "佳"로 되어 있다.

37 弗 : 初本의 부전지에 "不《溪山》作'弗'。"이라 하였다. 樊本·上本에는 "不"로 되어 있다.

右夏四吟³⁸

（詩-內卷4-35）

朝³⁹

殘暑全銷⁴⁰昨夜風，嫩涼朝起灑⁴¹襟胸。

靈均不是能言道，千載如何感晦翁？

（詩-內卷4-36）

晝

霜落天空鷹隼豪，水邊巖際一堂高。

近來三徑殊牢落，手把黃花坐憶陶。

（詩-內卷4-37）

暮

秋堂眺望與誰娛？　夕照楓林勝畫圖。

忽有西風吹鴈過，故人書信寄來無⁴²？

38　右夏四吟 : 初本(13책,《陶山雜詠》)에는 없다.

39　朝 : 初本(13책,《陶山雜詠》)의 앞 별행에 "秋四詠"이 있다.

40　銷 : 初本(13책,《陶山雜詠》)에 "消"로 되어 있다. 甲本의 두주에 "銷, 一本作
'消'."로 되어 있다. 上本의 두주에 "銷, 一作消."로 되어 있다.

41　灑 : 初本·初本(13책,《陶山雜詠》)·定本에 "洒"로 되어 있다. 庚本·擬本에 "洒"
로 되어 있다.

42　故人……來無 : 두주에 "末一句, 一本作'故人千里寄書無'."라고 하였다. 甲本·樊
本·上本에 이와 동일한 두주가 있다. 初本(13책,《陶山雜詠》)에 "故人千里寄書無"로
되어 있다.

(詩-內卷4-38)

夜

月映寒潭玉宇淸，幽人一室湛虛明。

箇中自有眞消息，不是禪空與道冥。

　　　右秋四吟[43]

(詩-內卷4-39)

朝[44]

群峯傑卓入霜空，庭下黃花尙倚叢。

掃地焚香無外事，紙窓銜日皦[45]如衷。

(詩-內卷4-40)

晝

寒事幽居有底營？藏花護竹攝[46]羸形。

懇懇寄謝來尋客，欲向三冬斷送迎。

(詩-內卷4-41)

暮

萬木歸根日易西，烟林蕭索鳥深棲。

43　右秋四吟 ： 初本(13책,《陶山雜詠》)에는 없다.

44　朝 ： 初本(13책,《陶山雜詠》)의 앞 별행에 "冬四詠"이 있다.

45　皦 ： 上本에 "皎"로 되어 있다.

46　攝 ： 두주에 "攝一本作衛。"이라 하였으며, 甲本·樊本에 동일한 두주가 있다. 上本의 두주에 "攝, 一作衛。"라고 하였다.

從來夕惕緣[47]何意？怠欲[48]須防隱處迷。

夜

眼花尤怕近燈光，老病偏知冬夜長。
不讀也應猶勝讀，坐看窓月冷於[49]霜。

右冬四吟[50]

遊[51]雲巖寺，示金彦遇、愼仲、惇叙、琴夾之、壎之、趙士敬諸人[52]

江亭昔望雲藏岳，山寺今登岳出雲。
眼豁天低山共遠，秋高野曠水平分。
閒開靜室思論易，健倒淸尊[53]欲討文。

---

47 緣：두주에 "緣一本作'知'。"라고 하였으며, 樊本에 동일한 두주가 있다. 甲本의 두주에 "緣, 一本作'知'。手本"이라 하였다. 初本(13책,《陶山雜詠》)에 "知"로 되어 있다.

48 欲：上本에 "慾"으로 되어 있다.

49 於：養校에 "於, 一本作'如'。手本"이라 하였다.

50 右冬四吟：初本(13책,《陶山雜詠》)에는 없다.

51 遊：初本·定本에 "游"로 되어 있다. 庚本·擬本·甲本에 "游"로 되어 있다.

52 乙丑年(明宗20, 1565년, 65세) 8월 禮安에서 쓴 시로 추정된다.

53 尊：上本에 "樽"으로 되어 있다.

落日丹楓吟更好，歸時林影月紛紛。

獨尋凌雲臺。二絕[54]

(詩-內卷4-44)

穿林入谷訪烟霞，處處吹香野菊花。
忽見丹崖臨碧水，愛深從此欲移家。

(詩-內卷4-45)

下有丹崖上有臺，青山環遶白雲堆。
只應伴鶴蒼髯叟，見我吟詩獨上來。

高世臺【在王母城下。】[55]

四老昇天鶴不回，閒雲深谷只空臺。
誰知邈邈千秋後，白髮騎牛我亦來？

---

54 乙丑年(明宗20, 1565년, 65세) 8월 禮安에서 쓴 시로 추정된다. 初本에 〈獨尋凌雲臺〉로 되어 있다.

55 乙丑年(明宗20, 1565년, 65세) 8~9월경 禮安에서 쓴 시로 추정된다.

葛仙臺【同上】[56]

蒼崖映帶明丹葉，綠水透迤護白沙。
欲勸一杯句漏令，三山何許是仙？

觀魚石【在二臺下。】[57]

知魚莊 惠論超然，不似沂公說對鳶。
此理今人如會得，莫辭來共玩天淵。

次韻金士純踏雪乘月登天淵臺。五絶[58]

(詩-內卷4-49)

雪月溪山凝素瑤，幽人登覽意迢遙。
懸知夜發山陰興，絶勝吟肩聳灞橋。
【凝去聲。】

---

56 乙丑年(明宗20, 1565년, 65세) 8~9월경 禮安에서 쓴 시로 추정된다.
57 乙丑年(明宗20, 1565년, 65세) 8~9월경 禮安에서 쓴 시로 추정된다.
58 乙丑年(明宗20, 1565년, 65세) 12월 14~28일경 禮安에서 쓴 시로 추정된다.
初本에 〈次韻金士純踏雪乘月登天淵臺〉로 되어 있다.

(詩-內卷4-50)

天將皎皎映皚皚，招得詩人上玉臺。
不有高吟三五絶，淸宵仙景詎知來？

(詩-內卷4-51)

護病關門獨處深，孤燈寒夜擁爐吟。
空憐雪月如銀海，一去何由共玩心？

(詩-內卷4-52)

踏雪登臺月不孤，飄如乘鶴到方壺。
明朝日出隨人事，怳若前宵別一吾。

(詩-內卷4-53)

看雪君能遠有思，直將心事古人期。
如吾恨不執鞭去，試從石灘聯騎時。

KNP0347(詩-內卷4-54~55)

士純昨有賀歲二律，其言太過，不敢承和，別以兩絶見意云[59]

(詩-內卷4-54)

鯤在山巖荷大鈞，十分閒地玩餘春。

---

59 乙丑年(明宗20，1565년，65세) 12월 29일 禮安에서 쓴 시로 추정된다.

那知更有欺天事, 觸撥梅花冷笑人?

【時已聞有召命除同知。】

(詩-內卷4-55)

賀祝君休及老身, 虛名今復誤廷紳。
太平方喜三陽進, 至拙還慙百病新。

KNP0348(詩-內卷4-56)

士純、景善論《啓蒙》【丙寅】[60]

東風猶似北風顚, 靜鎖明窓對篆烟。
二子同來論舊學, 喜將新益作新年。

KNP0349(詩-內卷4-57)

正月將赴召, 病留龜城, 上狀乞辭待命書懷。東軒韻[61]

病尼嚴程臥一城, 誤身何地不[62]緣名?

---

60 丙寅年(明宗21, 1566년, 66세) 1월 禮安에서 쓴 시로 추정된다. 初本에 〈士純、景善論《啓蒙》【○丙寅正月】〉으로 되어 있고, 부전지에 "正月二字, 不須書."라 하였다. 또 부전지에 "移入四卷何如"라 하였고, 주묵 추기에 "此亦移書四卷."이라 하였다.

61 丙寅年(明宗21, 1566년, 66세) 1월 29~30일경 榮州에서 쓴 시로 추정된다. 初本의 주묵 추기에 "見《丙寅道病錄》"이라 하였다. 이 《丙寅道病錄》은 退溪가 丙寅年에 召命을 받고 길을 떠난 1월부터 3월 집으로 돌아온 직후까지 지은 詩 40題 56首

歸田本爲逃名計，卻被名驅枉此行。

KNP0350(詩-內卷4-58)

雙淸堂 趙松岡韻[63]

旅病淹留自作涼，雪庭春信閟梅香。

故人尙有題名處，拭淚幽吟宛對牀。

KNP0351(詩-內卷4-59)

豐基館，答趙上舍士敬【時士敬寄詩來，頗譏余行．適聞其有恭陵參奉之命，故詩中戲云。】[64]

有鳥辭林被網羅，林中一鳥笑呵呵。

를 묶은 것이다. 이 手本 詩集은 현재 退溪 文集 初草本인《退陶先生集》13책에 필
사되어 전한다. 初本에 〈丙寅正月，將赴召，病留龜城，上狀乞辭待命，書懷東軒韻〉
으로 되어 있고, 부전지에 "上一絕, 若移入四卷, 則此'丙寅'可削去。"이라 하였다. 初
本(13책,《丙寅道病錄》)에 〈上狀乞辭，留榮待命，書懷〉로 되어 있다.

62 不 : 初本(13책,《丙寅道病錄》)에 "一"로 되어 있다.

63 丙寅年(明宗21, 1566년, 66세) 1월 29~30일경 榮州에서 쓴 시로 추정된다. 初
本의 주묵 추기에 "同上"이라 하였다. 初本(13책,《丙寅道病錄》)의 주묵 추기에 "見
《梅花詩》."라 하였다. 《梅花詩帖》에 〈雙淸堂 趙松岡韻【丙寅正月赴召，病留榮川。】〉
으로 되어 있다.

64 丙寅年(明宗21, 1566년, 66세) 2월 8일 豐基에서 쓴 시로 추정된다. 初本의 주묵
추기에 "同上"이라 하였다. 初本(13책,《丙寅道病錄》)에 〈館留豐基，答趙上舍士敬
【時士敬寄詩來，頗譏余行，而適聞其有恭陵參奉之命，故詩中云云。】〉으로 되어 있

那知更有持羅者，就[65]揜[66]渠巢不奈何[67]？

KNP0352(詩-內卷4-60~61)

病中，得金季應書。二絶【時季應量移丹陽，書云身病，雞鳴方睡。】[68]

(詩-內卷4-60)

碧海星霜十九年，丹山缺月又將圓。
神明在處能扶護，莫歎[69]愆和偶一然。

(詩-內卷4-61)

謫裏聽雞方就睡，旅中聞鴈亦無眠。
吾儕患在多思慮，盍把虛恬養寸田[70]？

다. 初本(19책, 書簡)에 "別紙"로 되어 있다. 〔資料考〕 이 시는 趙穆의《月川集》卷1
에도 실려 있다.

65 就 : 初本(19책, 書簡)에 "已"로 되어 있다.

66 揜 : 樊本·上本에 "掩"으로 되어 있다.

67 何 : 初本(13책, 《丙寅道病錄》)의 뒤에 3수가 더 있다(제2수, "不作區區巧剪縫,
經綸誰似古人風。願當泰運猶防患, 免使畸人自作傭。" 제3수, "自愧屏生不滿隅, 病中
嚴君每難趨。君方笑我爲狼狽, 未識君無狼狽無。" 제4수, "唐虞事業等浮雲, 手着應殊
耳所聞。莫說源頭吾已辦, 恐君當局亦將紛。"). 추기에 "不作區區·自愧屏生·唐虞事業
三首, 當考入。"이라 하였다. 初本(19책, 書簡)의 뒤에 "此則非吟咏之比, 事適類此,
聊以解嘲, 一笑一笑, 來詩固佳, 姑勿示人。"이라 하였다.

68 丙寅年(明宗21, 1566년, 66세) 2월 8일 豐基에서 쓴 시로 추정된다. 初本의 주묵
추기에 "同上"이라 하였다.

69 歎 : 初本·初本(13책, 《丙寅道病錄》)·定本에 "嘆"으로 되어 있다. 庚本·擬本·甲
本에 "嘆"으로 되어 있다.

二月初九日，用東軒韻。二首⁷¹

(詩-內卷4-62)

病臥愁空館，吟詩日欲淪。
力辭虞淺量，嚴譴愓中宸。
國有恩稀古，人須德照鄰。
故山天與伴，藜杖一烏巾。

(詩-內卷4-63)

雪嶺窓含日，春寒病臥時。
閉門常畏客，推枕偶成詩。
世事莊論馬，人情墨染絲。
陽和猶喜動，朝硯不冰池。

---

70 寸田：初本(13책,《丙寅道病錄》)의 뒤에 逸詩〈二月初六日大風雪〉이 있는데,
그 내용은 다음과 같다. "雪嶺岌岌截半空, 陰風如逐萬牛雄。九天恩綍何時下, 百病孤
臣正渴裏。" 부전지에 "此首當考入。"으로 되어 있다.

71 丙寅年(明宗21, 1566년, 66세) 2월 9일 豐基에서 쓴 시로 추정된다. 初本의 주묵
추기에 "同上"이라 하였다. 初本・初本(13책,《丙寅道病錄》)에〈二月初九日, 用東軒
韻〉으로 되어 있다.

KNP0354(詩-內卷4-64)

同前韻【初十日，承奉旨狀，不許退歸，徐調上來。以竹嶺凍險，將改道鳥嶺，時又遣內醫，賜藥診病，惶恐靡容云。】[72]

天上雲行豈有歧？ 東西倏忽任[73]來之。

人生動見如鉤網，邃古寧同似鹿枝？

雪嶺高關愁石棧，春風故國想園籬。

因思昔日求名誤，除患規規反築基。

KNP0355(詩-內卷4-65)

豐基道中【向醴泉。】[74]

今日妍和景色明，春風欺颭病興行。

栽松偃蹇遮官道，聚石縱橫限地耕。

老我有身仍有患，居民無事爲無名。

猶能醒得愁心處，鳥喚泉鳴野草生。

---

72 丙寅年(明宗21，1566년，66세) 2월 10일 豐基에서 쓴 시로 추정된다. 初本의 주묵 추기에 "同上"이라 하였다. 初本(13책，《丙寅道病錄》)에 〈同前韻【十日，承奉有旨，不許退歸，徐調上來，以竹嶺路險，將歸道鳥嶺，時又遣內醫，賜藥診病，故詩云。】〉이라 하였다.

73 任 : 上本에 "往"으로 되어 있다.

74 丙寅年(明宗21，1566년，66세) 2월 12일 豐基에서 쓴 시로 추정된다. 初本의 주묵 추기에 "同上"이라 하였다. 初本(13책，《丙寅道病錄》)에 〈豐基道中〉으로 되어 있다.

KNP0356(詩-內卷4-66〜67)

十三, 抵醴泉, 再辭待命, 呻吟之餘, 見軒有己酉經行拙句, 有感。
二絕[75]

(詩-內卷4-66)

鬢雪渾驚失舊靑, 客懷搖颺似風旌。
賀公若得歸吳[76]地, 杜老寧辭食楚萍?

(詩-內卷4-67)

淵魚不願試衝瀾, 老病何堪鞨鑠鞍?
乞退佇聞天賜允, 夢魂長繞紫宸間。

KNP0357(詩-內卷4-68〜69)

己酉詩題云, 〈早春, 由豐基沿牒到郡, 用軒韻〉[77]

(詩-內卷4-68)

庭院高明竹柏靑, 春寒猶自透簾旌。

---

75 丙寅年(1566, 明宗21, 66세) 2월 15일 醴泉에서 쓴 시로 추정된다. 〔資料考〕
初本에 추기 "同上。"이 있다. 初本에는 〈十三, 抵醴泉, 再辭待命, 呻吟之餘, 見軒有
己酉經行拙句, 有感〉으로 되어 있고, 初本(13책, 《丙寅道病錄》)에는 〈十三日, 抵醴
泉, 再辭待命, 伏枕呻吟之餘, 見軒有己酉經行拙句, 有感, 次韻遣懷【十五日】〉로 되
어 있다.

76 吳 : 定草本에는 "虞"로 되어 있고, 부전지에 "'虞', 手本作'吳'."라고 하였다.

77 己酉年(1549, 明宗4, 49세) 1월 醴泉에서 쓴 시이다. 〔資料考〕 初本에 추기 "同

一杯笑說從前事，來往浮生似泛萍。

(詩-內卷4-69)

病中猶未息波瀾，客路塵埃撲馬鞍。

何似襄陽醉李白，〈銅鞮〉爭唱滿街間？

KNP0358(詩-內卷4-70~71)

十六日，病吟。二首[78]

(詩-內卷4-70)

禽啼空館晝陰陰，旅枕情懷昨又今。

險劇山川[79]悲世路，名同箕斗愧儒林。

鵬飛縱遣搏風厚，豹養還須隱霧深。

天上羣公自可辦，澤中何地不堪吟？

(詩-內卷4-71)

近[80]人鳴噪厭飢鴉，肯把龍鍾逐世譁？

上。"이 있다. 初本(13책,《丙寅道病錄》)에는〈己酉詩題云，早春，由豐基沿牒到郡，
用東軒韻，示主人金泓之〉로 되어 있다.

78 丙寅年(1566, 明宗21, 66세) 2월 16일 醴泉에서 쓴 시이다.〔資料考〕初本에
추기 "同上."이 있다. 初本·初本(13책,《丙寅道病錄》)에는〈十六日，病吟〉으로 되어
있다.

79 險劇山川 : 두주에 "'川', 一本作'谿'."라고 하였고, 甲本·樊本에도 동일한 두주가
있으며, 初本의 부전지에 "'川'作'谿'."，"險劇山川，《溪山》作'陰處山谿'."라고 하였
다. 初本(13책,《丙寅道病錄》)에는 "險處山谿", 定草本에는 "險劇山谿"로 되어 있다.

千里只懷清禁月，雙眸難睇上林花。

光陰逆旅寒兼暖，形勝山川直復斜。

願得病臣安義命，非關春日憶山家。

KNP0359(詩-內卷4-72)

折梅，挿置案上[81]

梅萼迎春帶小寒，折來相對玉窓間。

故人長憶千山外，不耐天香瘦損看。

KNP0360(詩-內卷4-73)

十八日，風雨感懷[82]

不覺吾心兩用難，情懸北闕與南山。

客中謾恨風和雨，病裏深憂熱共寒。

---

80 近 : 初本·初本(13책, 《丙寅道病錄》)에는 앞에 별행으로 '又'가 있다. 初本에
추기 "同上。"이 있다.

81 丙寅年(1566, 明宗21, 66세) 2월 17일 醴泉에서 쓴 시이다. 〔資料考〕初本에
추기 "同上。"이 있고, 初本(13책, 《丙寅道病錄》)에 추기 "見《梅花詩》。"가 있다. 初本
(13책, 《丙寅道病錄》)에는 〈折梅挿置案上【十七日】〉로 되어 있고, 《梅花詩帖》에는
〈折梅挿置案上【病辭召命，留醴泉。】〉으로 되어 있다.

82 丙寅年(1566, 明宗21, 66세) 2월 18일 醴泉에서 쓴 시이다. 〔資料考〕初本에
추기 "同上。"이 있다. 初本(13책, 《丙寅道病錄》)에는 〈十八日，風雨有感〉으로 되어
있다.

官閣吟梅方屬杜，水雲詠鴈又同韓。
渠渠厦屋非干事，一芥千鍾貴所安。

KNP0361(詩-內卷4-74)
郡人尹祥、趙庸二公，皆明經授徒，惜無著述，後來無徵爾[83]

性理淵源不易明，襄陽稱道二公名。
如何著[84]述無傳後？ 仰止高山獨感情。

KNP0362(詩-內卷4-75)
二十一日，偶題[85]

梅花初發郡舍東，客子臥病愁思中。
冷雨凄風殊未已，天香國艷無與同。
襄陽自古稱樂國，李白狂歌詫山翁。
只今耆舊無多存，誰是鹿門龐德公？

---

83 丙寅年(1566, 明宗21, 66세) 2월 18~20일 醴泉에서 쓴 시로 추정된다. 〔資料
考〕初本에 추기 "同上。"이 있다. 初本(13책,《丙寅道病錄》)에는〈郡人尹、趙二公，
皆明經授徒，惜無着述，後無徵爾〉로 되어 있다.

84 著 ： 初本(13책,《丙寅道病錄》)에는 "着"으로 되어 있다.

85 丙寅年(1566, 明宗21, 66세) 2월 21일 醴泉에서 쓴 시이다. 〔資料考〕初本에
추기 "同上。"이 있고, 初本(13책,《丙寅道病錄》)에 추기 "見《梅花詩》。"가 있다. 《梅花
詩帖》에는〈二月二十一日，偶題【同上】〉으로 되어 있다.

得鄭子中書, 益歎進退之難, 吟問庭梅【書言陞拜事。】[86]

梅花孤絶稱[87]孤山, 底事移來郡圃間?
畢竟自爲名所誤, 莫欺吾老困名關。

代梅花答[88]

我從官圃憶孤[89]山, 君夢雲溪客枕間。
一笑相逢天所借, 不須仙鶴共柴關。

---

86 丙寅年(1566, 明宗21, 66세) 2월 22일 醴泉에서 쓴 시로 추정된다. 〔資料考〕
初本에 추기 "同上。"이 있고, 初本(13책, 《丙寅道病錄》)에 추기 "見《梅花詩》。"가 있
다. 이 시는 奇大升의 《高峯先生續集》 卷1에도 실려 있다. 初本(13책, 《丙寅道病錄》)
에는 〈二十一日, 見鄭子中書, 絶嘆處世之難, 僵臥鬱鬱, 寓意庭梅【書言陞拜事。】〉로
되어 있고, 《高峯先生續集》에는 〈丙寅仲春, 乞辭召命, 留醴泉東軒, 問庭梅〉로 되어
있다.

87 梅花孤絶稱 : 初本의 부전지에 "梅花孤絶稱□……□從古說。"라고 하였고, 樊本의
두주에 "梅花孤絶稱', 一作'風流從古說'。"이라고 하였으며, 上本의 두주에 "梅花孤絶
稱', 一本作'風流從古說'。"이라고 하였다.

88 丙寅年(1566, 明宗21, 66세) 2월 22일 醴泉에서 쓴 시로 추정된다. 〔資料考〕
初本에 추기 "同上。"이 있고, 初本(13책, 《丙寅道病錄》)에 추기 "見《梅花詩》。"가 있
다. 이 시는 奇大升의 《高峯先生續集》 卷1에도 실려 있다. 初本(13책, 《丙寅道病錄》)
에는 〈代梅花和答〉으로 되어 있고, 《高峯先生續集》에는 〈梅花答〉으로 되어 있다.

89 孤 : 初本·初本(13책, 《丙寅道病錄》)에는 "湖"로 되어 있고, 初本의 부전지에
"'湖', 《溪山》作'孤'。"라고 하였다. 樊本·上本의 두주에 "'孤', 一本作'湖'。"라고 하였다.

趙士敬親老且窮，不堪遠宦，未赴命，寄詩來，奉和。二絕[90]

(詩-內卷4-78)

猿鶴無端怨且驚，召除荐沓百艱生。
君今亦試嘗艱味，總爲吾儕[91]太近名。

(詩-內卷4-79)

衰白難堪走軟紅，乞身何日返吾窮？
歸時更勉求師訓，晚木春容尙賁[92]躬[93]。

---

90 丙寅年(1566, 明宗21, 66세) 2월 22~24일 醴泉에서 쓴 시로 추정된다.〔資料
考〕初本에 추기 "同上."이 있다. 初本에는〈趙士敬親老且窮，不堪遠宦，未赴命，寄
詩來，奉和〉로 되어 있고, 初本(13책,《丙寅道病錄》)에는〈趙士敬，未能赴都，寄
詩六絕來，病未盡和，和首尾二絕云〉으로 되어 있으며, 初本(19책, 書簡)에는〈四月
□日○士敬未赴恭陵祠官，寄詩六絕，病未盡和，和首尾二絕云〉으로 되어 있다.

91 吾儕：初本(19책, 書簡)에는 "從前"으로 되어 있다. 定草本의 추기에 "'吾儕'，
一本作'從前'."이라고 하였다.

92 尙賁：初本(19책, 書簡)에는 "得見"으로 되어 있고, 定草本의 추기에 "'賁'，一本
作'見'."이라고 하였다.

93 躬：初本(19책, 書簡)에는 뒤에 "丙寅暮春，陶叟"가 있다. 初本(13책,《丙寅道病
錄》)에는 뒤에 다음과 같은 逸詩와 逸文이 있다.〈安上舍孝思集勝亭任武伯韻〉"人
笑溪山占一隅，一隅須識未全愚。軒裳苟得應多患，水竹閑居是永娛。輞墅天成供活
畫，松江風味付鮮鱸。登臨每恨吾無分，不是相欺子有渝。"上舍自少有詩名，亭景絕
勝。余嘗再過其下，輒與相違，未遂登覽。但自都下寄詩二章，以副上舍之索。今來上
舍年，已八十有四，爲來郡舘見訪，精神不爽，論說往事，使人忘病。旣而又寄示集勝
亭諸公題詠巨編，間以自作，於是益知上舍之深於詩也。編中有崔艮齋演之、任知足
武伯詩，上舍要余和之，余心許而未竟，適聞陞除之命，又不許辭免，兢危之中，無暇
及此等外事。卽奏還其編而辭之，上舍必以爲恨，而老拙亦多愧負之懷，聊記所得一
首，於此以見意云." 부전지에 "此首當考."라고 하였다.

二十六日, 尋廣興寺⁹⁴【昨日, 奉旨, 如前不許退, 且知實有冬官之除。以 求退得進, 尤當力辭, 官舍久留不便, 遂入山。】⁹⁵

童稺⁹⁶曾來過洞門, 重尋白髮映山雲。
幾多羊胛光陰裏, 虛度浮生道未聞?

廣興寺, 次聾巖 李先生舊題韻。二絶⁹⁷

(詩-內卷4-81)

佛燈聊借繼沈暉, 愁對寒窓坐斂眉。
始信謝公憂不免, 深慙陶令喜言歸。

---

94 丙寅年(1566, 明宗21, 66세) 2월 26일 安東에서 쓴 시이다. 〔資料考〕初本에 추기 "同上。"이 있다.

95 昨日……入山 : 初本(13책, 《丙寅道病錄》)에는 "二十五日, 承奉有旨, 如前不許。 以官舍不便久留, 遂入山。"으로 되어 있다.

96 稺 : 初本・初本(13책, 《丙寅道病錄》)・定草本에는 "稚"로 되어 있고, 庚本・擬本・ 甲本・樊本에는 "稺"로 되어 있다.

97 丙寅年(1566, 明宗21, 66세) 2월 26~29일 安東에서 쓴 시로 추정된다. 〔資料 考〕初本에 추기 "同上。"이 있다. 初本에는 〈廣興寺, 次聾巖 李先生舊題韻〉으로 되어 있고, 初本(13책, 《丙寅道病錄》)에는 〈寓興寺, 寺有李知事【聾巖】詩在楣間, 謹伏和 云〉으로 되어 있다.

(詩-內卷4-82)

古人行止日爭暉，肯學時粧⁹⁸半額眉？

抱病來依山寺臥，杜鵑終夜勸人歸⁹⁹。

KNP0368(詩-內卷4-83~84)

偶吟。二絶¹⁰⁰

(詩-內卷4-83)

野人不慣大鼎食，公館能令增百疾。

廣興東院靜且深，翛然一味如禪悅。

(詩-內卷4-84)

平生磨驢環鶴山，今臥山根登陟艱。

安得一躡飛雲履，爛熳衆皺高眼看？

【鶴駕山¹⁰¹來自太白，而屹然雄峙於安東之西、醴泉之東，北臨榮川，南控¹⁰²豐山，衆山之散漫諸邑境者，盡如培塿。平生環行諸¹⁰³境，到處山輒入望，每

---

98 粧 : 初本(13책,《丙寅道病錄》)에는 "裝"으로 되어 있다.

99 歸 : 初本(13책,《丙寅道病錄》)에는 뒤에 다음과 같은 逸詩가 있다.〈三月二日，得柳景文書〉"一春羇絆泥塗間，歸來山寺聊偸閑。故人頻書問行止，欲答難答汗滴顏." 부전지에 "此首當考."라고 하였다.

100 丙寅年(1566, 明宗21, 66세) 3월 2일 安東에서 쓴 시로 추정된다.〔資料考〕初本에 추기 "同上."이 있다. 初本·初本(13책,《丙寅道病錄》)·庚本·擬本·甲本에는〈偶吟〉으로 되어 있다.

101 山 : 初本(13책,《丙寅道病錄》)에는 뒤에 "脈"이 있다.

102 控 : 初本(13책,《丙寅道病錄》)에는 "據"로 되어 있다.

不勝其盪胸決眥之興。今幸來廣興寺，寺在山脚第一洞，正可因遂登陟，而病縶世故，顰[104]呻東院中，可歎也已。間令寺僧，談山上諸寺，曠望絶致，以洗病鬱，仍書一絶，以識恨云。】

KNP0369(詩-內卷4-85)

三月三日，用晦菴先生一字韻[105]

出處昧所適，龍鍾抱沈疾。
夙尙在丘壑，遯迹甘離索。
寧知落虛名？晦藏慙不密。
尺書下巖扃，束帶恭矩律。
君看椒變樧[106]，胡取薦芬苾？
使蚊强負山，應無令終畢。
霧露蒙道塗，呻吟淹月日。
拜章三乞骸，虔若炳蕭膵。
局促臥僧廬，遇興聊援筆。
靑靑未暇踏，耿耿何能述？
每蒙天語溫，轉覺臣心怵。

---

103 諸 ： 初本(13책,《丙寅道病錄》)에는 "此"로 되어 있다.

104 顰 ： 上本에는 "嚬"으로 되어 있다.

105 丙寅年(1566, 明宗21, 66세) 3월 3일 安東에서 쓴 시이다. 〔資料考〕初本에 추기 "同上。"이 있다.

106 樧 ： 樊本에는 "椒"로 되어 있다.

明朝放還山，歸愚眞第一。

對雨，次〈客舍聽雨〉韻[107]

幽夢罷春曉，聽雨僧寺淸。
披衣起來看，小庭靑草生。
濺濺中霤瀉，決決東澗鳴。
誰知太虛中，寥寥本無聲？

是日，復用〈晨起對雨〉韻。二首[108]

(詩-內卷4-87)

病枕寄僧窓，春雨夜連朝。
餘寒薄侵肌，谷風乍鳴條。

---

107 丙寅年(1566, 明宗21, 66세) 3월 6일 安東에서 쓴 시로 추정된다. 〔資料考〕
初本에 추기 "同上。"이 있다. 初本(13책, 《丙寅道病錄》)에는 〈對雨, 用〈客舍聽雨〉
韻〉으로 되어 있다.

108 丙寅年(1566, 明宗21, 66세) 3월 6일 安東에서 쓴 시로 추정된다. 〔資料考〕
初本에 추기 "同上。"이 있다. 初本에는 〈是日, 復用〈晨起對雨〉韻〉으로 되어 있다.
初本(13책, 《丙寅道病錄》)에는 〈同日, 復用〈晨起對雨〉韻。二首〉로 되어 있고, 추기
에 "一作是。"라고 하였다.

瓦溝碧蘚滋，山顏縹氣消。
寓目仍懷人，關梁何迢迢？
世故自肘掣，吾心猶燕超。
沈思忽有會，千載諒非遙。

(詩-內卷4-88)

茲晨好觀雨，底事懷憂端？
天道莽推遷，人情浩沒乾。
有力如砥柱，孰能遏奔湍。
矧伊蟻戴粒，逍遙依僧闌？
吾聞磻溪翁，八十尙桓桓。
今余[109]耄且疾，棄置非所歡。

KNP0372(詩-內卷4-89~90)

初八日，移鳳停寺，馬上。二絶[110]

(詩-內卷4-89)

寒食一番風雨過，清明時節艷陽天。
又從山寺移山寺，依舊塵羈未脫牽。

---

109 余 : 初本(13책, 《丙寅道病錄》)에는 "人"으로 되어 있다.

110 丙寅年(明宗21, 1566년, 66세) 3월 8일 安東에서 쓴 시이다. 〔資料考〕初本에 추기 "同上."이 있다. 初本·初本(13책, 《丙寅道病錄》)에는 〈移鳳停寺, 馬上【初八日】〉로 되어 있다. 初本의 부전지에 "'初八日'三字, 書之於'移'字上, 何如?"라고 하였고, 추기에 "何必移易?"이라고 하였다.

(詩-內卷4-90)

磵谷潺潺綠水鳴，山含花氣媚春明。
煩君莫問山中路，自有山僧導我行。

KNP0373(詩-內卷4-91)

鳳停寺西樓，次韻[111]

梵宮西畔一樓橫，創自新羅幾毀成？
佛降天燈眞是幻，胎興王氣定非情。
山含欲雨濃陰色，鳥送芳春款喚聲。
漂到弱齡栖息處，白頭堪歎坐虛名。
【樓有吏曹正郎裴杠詩，且記事蹟云，寺始刱於新羅，大德能仁所刱。仁居此
山，天燈長垂於[112]前，因名曰天燈山。又山前有地名胎藏，相傳藏某時某王
胎。樓題多稱其事，以爲地靈之異云。余年十六，嘗讀書于此。[113]】

---

111 丙寅年(1566, 明宗21, 66세) 3월 8~14일 安東에서 쓴 시로 추정된다.〔資料
考〕初本에 추기 "同上。"이 있다. 初本(13책,《丙寅道病錄》)에는〈鳳停寺西樓韻〉으
로 되어 있다.

112 於：初本(13책,《丙寅道病錄》)에는 "其"로 되어 있다.

113 此：初本(13책,《丙寅道病錄》)에는 뒤에 "今僅五十而道病，漂轉之餘，來尋
舊跡，俛仰感慨，詩末及之。"가 있다.

KNP0374(詩-內卷4-92)

夜雨[114]

病客三更[115]抱百憂，行身許國兩難謀。
如何一夜山窓雨，滴碎[116]幽襟苦未休？

KNP0375(詩-內卷4-93)

喜晴[117]

蕩空雲霧捲朝陰，白日晴[118]天照客心。
坐聽泉聲如戞玉，更憐靑藹欲渾林。

---

114 丙寅年(1566, 明宗21, 66세) 3월 8~14일 安東에서 쓴 시로 추정된다. 〔資料考〕 初本에 추기 "同上。"이 있다.

115 更 ： 初本(13책, 《丙寅道病錄》)에는 "春"으로 되어 있다.

116 滴碎 ： 初本(13책, 《丙寅道病錄》)에는 "更攬"로 되어 있고, 上本에는 "滴灑"로 되어 있다.

117 丙寅年(1566, 明宗21, 66세) 3월 8~14일 安東에서 쓴 시로 추정된다. 〔資料考〕 初本에 추기 "同上。"이 있다.

118 晴 ： 初本·樊本에는 "靑"으로 되어 있다.

鳴玉臺【臺舊名落水, 今取陸士衡詩"飛泉漱鳴玉"之語, 改之。**】**[119]

　　寺之洞門, 有奇巖數層, 高可數丈, 水從上瀉下, 最爲一
　　境佳處。往在丙子春, 余與從弟壽苓, 棲寺讀書, 屢遊於
　　此, 貢生權敏義、姜翰從之。旣去, 無因再來, 而吾弟不
　　幸早世, 權、姜二生, 死亦已久[120]。余今[121]旅困之餘, 踽踽
　　獨來, 撫事興懷, 寧不慨然? 詩云:

此地經遊五十年, 韶顏春醉百花前。
只今攜手人何處? 依舊蒼巖白水懸。

黃魚【俗云, 黃魚多上, 旱荒之兆。**】**[122]

洛水春風雪漲時, 黃魚潑潑[123]罟爭施。
年荒若信魚來故, 一飽何心忍百飢?[124]

---

119 丙寅年(1566, 明宗21, 66세) 3월 8~14일 安東에서 쓴 시로 추정된다.〔資料
考〕初本에 추기 "同上。"이 있다. 初本(13책, 《丙寅道病錄》)에는〈鳴玉臺【臺舊名落
水, 今取陸士衡"飛泉漱鳴玉"之語, 改之。】〉로 되어 있다.

120 亦已久 : 初本(13책, 《丙寅道病錄》)에는 "已久矣"로 되어 있다.

121 余今 : 初本(13책, 《丙寅道病錄》)에는 "而今者"로 되어 있다.

122 丙寅年(1566, 明宗21, 66세) 3월 8~14일 추정 安東에서 쓴 시로 추정된다.
〔資料考〕初本에 추기 "同上。"이 있다.

123 潑潑 : 初本(13책, 《丙寅道病錄》)에는 "發發"로 되어 있다.

KNP0378(詩-內卷4-96)

出山, 題鳴玉臺[125]

白水蒼巖境益奇, 無人來賞澗林悲。
他年好事如相問, 爲報溪翁坐詠時。

KNP0379(詩-內卷4-97)

歸途馬上[126]

世議紛紛總落虛, 自知明處毀譽無。
山花亂發春風好, 吹送歸鞍入谷愚。

---

124 飢 : 初本(13책, 《丙寅道病錄》)에는 뒤에 다음과 같은 逸詩가 있다. 〈鳳停持吾僧空允詩軸, 慕齋金先生首題, 駱峯申先生和之, 允往在甕寺時所贈也〉"甕寺經行也繫舟, 登臨臺閣幾回秋。寺僧今作他山主, 病我來看屬旅遊。詩卷只憑思化鶴, 烟波無復繼吟鷗。多師袖裏雙珍在, 魚目何煩更要收。"부전지에 "此首山寺夜吟, 當考。"라고하였다.

125 丙寅年(1566, 明宗21, 66세) 3월 15일 安東에서 쓴 시로 추정된다. 〔資料考〕初本에 추기 "同上。"이 있다.

126 丙寅年(1566, 明宗21, 66세) 3월 15일 安東에서 쓴 시로 추정된다. 〔資料考〕初本에 추기 "同上。"이 있다.

追次洪大提【退之】見寄韻。二首[127]

(詩-內卷4-98)

玉堂僚罷幾經秋？ 萬事人間付壑舟。

老圃田園歸得所，貳公廊廟屬紆籌。

沈痾每負君恩重，厚責堪驚物議浮。

縱荷兩章勤遠賜，寒龜其奈合藏頭？

(詩-內卷4-99)

圖南何似一枝栖？ 瞠眄無心並秀閨。

叵奈[128]白頭人共笑，非關青嶂士堪稽。

文章豈是依葫得？ 富貴寧須卽鹿迷？

痾疾一生兼至拙，蓬門圭竇老寒溪。

【洪公每有誤奬之意，來詩，又有"詞壇讓一頭"之語。 然則致令滉遭文衡之命，難於進退，皆出於公意，故云。】[129]

---

127 丙寅年(1566, 明宗21, 66세) 3월 15~26일 禮安에서 쓴 시로 추정된다.〔資料考〕初本에 추기 "同上。"이 있다. 初本에는〈追次洪大提【退之】見寄韻〉으로 되어 있고, 初本(13책,《丙寅道病錄》)에는〈追次洪大提 退之 見寄〉로 되어 있다.

128 奈 : 初本(13책,《丙寅道病錄》)에는 "耐"로 되어 있다.

129 洪公……故云: 初本(13책,《丙寅道病錄》)에는 "洪相每有誤奬之意, 今來詩, 又有'詞壇讓一頭'之語。 某近遭文衡之命, 皆緣公誤而致之, 故云。"으로 되어 있다.

368 校勘標點 退溪全書 1

KNP0381(詩-內卷4-100)

陶山訪梅[130]

爲問山中兩玉仙，留春何到百花天？
相逢不似襄陽舘，一笑凌寒向我前。

KNP0382(詩-內卷4-101)

代梅花答[131]

我是逋仙[132]換骨仙，君[133]如歸鶴下遼天。

---

130 丙寅年(1566, 明宗21, 66세) 3월 하순 禮安에서 쓴 시로 추정된다.〔資料考〕
初本에 추기 "見《陶山雜詠》."이 있고, 初本(13책, 《陶山雜詠》)에 추기 "見《梅花詩》."
가 있다. 이 시는 奇大升의 《高峯先生續集》卷1에도 실려 있다. 初本(13책, 《丙寅道
病錄》)에는 〈陶山訪梅【見《梅花詩》. ○一作'季春, 辭召命, 還陶山, 梅花問答'】〉으로
되어 있고, 初本(13책, 《陶山雜詠》)에는 〈病歸, 訪梅山舍〉로 되어 있다. 《梅花詩帖》
에 〈季春, 辭召命, 還陶山, 梅花問答〉으로 되어 있고, 《高峯先生續集》에 〈丙寅季春,
辭召命, 還山問梅【在醴泉見梅後, 近數旬而至陶山, 山梅始發。】〉로 되어 있다. 養校
에 "手本作《病歸訪梅山舍》."라고 하였다.

131 丙寅年(1566, 明宗21, 66세) 3월 하순 禮安에서 쓴 시로 추정된다.〔資料考〕
初本에 추기 "見《陶山雜詠》."이 있고, 初本(13책, 《陶山雜詠》)에 추기 "見《梅花詩》."
가 있다. 이 시는 奇大升의 《高峯先生續集》卷1에도 실려 있다. 初本(13책, 《丙寅道
病錄》)에는 〈代梅花答【見《梅花詩》. ○一作'梅答'○襄陽見梅後, 近數旬而陶山, 梅始
發。】〉로 되어 있고, 初本(13책, 《陶山雜詠》)에는 〈梅花答〉으로 되어 있다. 《梅花詩
帖》에는 〈梅答【襄陽見梅後, 近數旬而陶山, 梅始發。】〉로 되어 있고, 《高峯先生續集》
에 〈梅花答〉으로 되어 있다. 養校에 "手本'代'字無."라고 하였다.

132 仙 : 두주에 "'逋仙'之'仙', 一作'翁'."이라고 하였고, 樊本·甲本에도 동일한 내용
의 두주가 있다.

相看一笑天應許，莫把襄陽較後前。[134]

次韻琴聞遠見寄[135]

晚向塵編竊覷窺，自欣忘食會心思。
近聞君亦朱書讀，能有深源見得時？

KNP0384(詩-內卷4-103~104)

題畫二牛。二絶[136]

(詩-內卷4-103)

終日困驅牽，後捶[137]前繩鼻。

---

133 君：初本(13책,《陶山雜詠》)에는 "公"으로 되어 있고, 養校에 "'君', 一作'公'."이
라고 하였다.

134 前：初本(13책,《陶山雜詠》)에는 뒤에 별행으로 "頃於醴泉見梅發, 二月晦間
也。及來山中, 春已暮矣, 而梅始發."이 있다. 養校에 "頃於醴泉見梅發, 二月晦間也。
及來山中, 春已暮矣, 而梅始發。手本"이라고 하였다.

135 丙寅年(1566, 明宗21, 66세) 5월 16일 禮安에서 쓴 시로 추정된다. 〔資料考〕
이 시는 琴蘭秀의 《惺齋先生文集》 卷1에도 실려 있다. 여기에 실린 두 수 가운데
제1수는 退溪 文集에는 실려 있지 않은 拾遺詩이다.《惺齋先生文集》에는 〈上退溪先
生二絶次韻〉 제하에 〈次韻【退溪先生】〉으로 되어 있다.

136 丙寅年(1566, 明宗21, 66세) 5월(16일 이후)에 禮安에서 쓴 시로 추정된다.

137 捶：上本에는 "打"로 되어 있다.

幽人肯似之，將身逐名利？

(詩-內卷4-104)

自牧自閒眠，茅山有深願。
蕭帝亦可人，千秋遂肥遯。

KNP0385(詩-內卷4-105～106)
次韻答趙士敬。二絶[138]

(詩-內卷4-105)

聞百誇矜道已成，吾儕渾未出常情。
憑君欲保胸中樂，請學簞瓢陋巷生。[139]

(詩-內卷4-106)

兩君酬唱切[140]交修，起我頹心老不羞？
準擬學成追少壯，利名[141]關外洗窮愁。

---

138 丙寅年(1566, 明宗21, 66세) 5～6월 禮安에서 쓴 시로 추정된다. 初本·定草本
에는 〈次韻，答趙士敬〉으로 되어 있다.

139 聞百……巷生 : 定草本에는 없다.

140 切 : 初本(19책, 書簡)에는 "劇"으로 되어 있다.

141 利名 : 上本에는 "名利"로 되어 있다.

KNP0386(詩-內卷4-107)

晨自溫溪踰聲峴，至陶山[142]

曉霧侵衣濕，羸鞭越峴艱。
短長[143]松並立，黃白菊相斑[144]。
闃寂柴門逈，蕭疎竹院寒。
晚來風日好，凝坐望秋山。

KNP0387(詩-內卷4-108)

叢竹[145]

依巖叢竹碧蕭蕭，刮眼平生見久要。
窖裏莫辭藏素節，團欒[146]不作鳳鳴簫。

【吾鄉近北多寒，患竹難活，每歲作土室以藏。】

---

142 丙寅年(1566，明宗21，66세) 가을 禮安에서 쓴 시로 추정된다.

143 短長 : 上本에는 "長短"으로 되어 있다.

144 斑 : 上本에는 "班"으로 되어 있다.

145 丙寅年(1566，明宗21，66세) 가을 禮安에서 쓴 시로 추정된다.

146 欒 : 養校에 "圝"으로 되어 있다.

KNP0388(詩-內卷4-109)

怪松[147]

斬伐餘生老不僵，橫挐鬱激勢昂藏。
怪形正合山人賞，聾叟何須自憤傷？

KNP0389(詩-內卷4-110)

訪大成、公幹於汾川，金舜舉適至[148]

病夫長臥困蠅蚊，強策蹇驢出澗雲。
鼎坐開尊雙老友，隨來啓齒一斯文。
碧潭秋晚波凝冷，紅樹風多葉隕[149]紛。
頭上片陰[150]將雨意，滿天詩思惜臨分。

KNP0390(詩-內卷4-111)

友人見訪[151]

五十年前八九人，算來存沒太傷神。

---

147 丙寅年(1566, 明宗21, 66세) 가을 禮安에서 쓴 시로 추정된다.

148 丙寅年(1566, 明宗21, 66세) 9월 禮安에서 쓴 시로 추정된다.

149 隕 : 初本·定草本에는 "殞"으로 되어 있다.

150 陰 : 樊本에는 "雲"으로 되어 있다.

151 丙寅年(1566, 明宗21, 66세) 10월 禮安에서 쓴 시로 추정된다.

休嫌白髮如霜雪，好對黃花醉小春。

KNP0391(詩-內卷4-112~113)
寄題淸遠亭。二首[152]

(詩-內卷4-112)
聞道幽居作小塘，花中君子發天香。
可憐植物淸如許，曾對高人映霽光。

(詩-內卷4-113)
光霽高懷百世風，淸通嘉植一塘中。
洗心洗眼來看處，宛見當時無極翁。

KNP0392(詩-內卷4-114)
答柳應見。應見書云，"弟而見欲及其未有官守，隨意行止。"[153]

日照明窓裊篆烟，書來同病荷相憐。
更憐賢弟初攀桂，萬事將纏欲脫纏。

---

152 丙寅年(1566, 明宗21, 66세) 10월~윤10월 禮安에서 쓴 시로 추정된다. 初本에
는 〈寄題淸遠亭〉으로 되어 있다.
153 丙寅年(1566, 明宗21, 66세) 11월 8일 禮安에서 쓴 시로 추정된다.

KNP0393(詩-內卷4-115~116)

至月初八日夜記夢。二絶[154]

(詩-內卷4-115)

夢入天門近耿光，血誠容許露衷腸。
團辭未半驚蝴蝶，月落參橫夜正長。

(詩-內卷4-116)

未竟危辭感慨多，不知能竟又如何？
起來依舊身痾絆，其奈洪恩若海波？

KNP0394(詩-內卷4-117~123)

遊月瀾菴。七絶[155]

(詩-內卷4-117)

招隱臺

招招幽隱歷崎嶔，抱犢山中莫苦心。
豈識幽人無苦事，〈反招歌〉罷入雲深？

---

154 丙寅年(1566, 明宗21, 66세) 11월 8일 禮安에서 쓴 시로 추정된다. 初本에 〈至月初八日夜記夢〉으로 되어 있다.

155 丙寅年(1566, 明宗21, 66세) 10월 26일 禮安에서 쓴 시로 추정된다. 初本에 〈遊月瀾菴〉으로 되어 있다.

(詩-內卷4-118)

月瀾臺

不到瀾臺今幾年？ 明窓一室坐如禪。

憶曾感慨西林意，秋月冰壺尙杳然。

(詩-內卷4-119)

考槃臺

百尺丹崖上有臺，蒼松鬱鬱問誰栽？

野僧結屋堪成隱，還愧吾非碩軸才。

(詩-內卷4-120)

凝思臺

越壑穿雲躡磴危，臺巖幽闃古松奇。

只今已是忘懷久，終日凝然有底思？

(詩-內卷4-121)

朗詠臺

無限雲山落眼前，玉虹縈帶俯長川。

何妨掃石憑高處，朗詠金聲擲地篇？

(詩-內卷4-122)

凌雲臺

欲作凌雲且自稽，開荒他日倩僧儕。

要令病脚登凌處，千點雲鬟一眼齊。

(詩-內卷4-123)

御風臺

列子當年骨已仙，飛空無跡馭泠然。

我今延佇高臺上，恰似從渠上得天。

KNP0395(詩-內卷4-124~125)

孫兒安道近往龍壽寺讀書。因追憶先世爲子姪訓戒之詩，所以誨導期望者，丁寧懇到，反復誦繹，不勝感涕拳拳之至，不可不使後生輩聞之，謹用元韻，寄示安道，庶幾知家教所自來，以自勉云爾[156]

先吏曹府君少時，與叔父松齋府君，讀書龍壽寺，先祖兵曹府君寄詩一絶云[157]

節序駸駸歲暮天，雪山深擁寺門前。

念渠苦業寒窓下，淸夢時時到榻邊。

先[158]**第三兄、第四兄，少時讀書龍壽寺，先叔父松齋府君寄詩一律云**

碧嶺圍屏雪打樓，佛幢深處可焚油。

---

156 丙寅年(1566, 明宗21, 66세) 11월 禮安에서 쓴 시로 추정된다.

157 云：定草本에 "句"로 되어 있고, 추기에 "'句', 手本作'云'."이라고 하였다.

158 先：初本의 부전지에 "以撰集他例, 分賓主, 則主爲平行, 而賓爲低行然矣。但先生手書之本, 此爲平行, 而自作低一行, 乃是尊祖盛意。恐不須變易, 依本例書之, 似當。此等依例, 不可放過。"라고 하였다.

三多足使三冬富，一理當從一貫求。

經術莫言靑紫具，藏修須作立揚謀。

古來業白俱要早，槐市前頭歲月遒。

今滉寄示安道詩。二首[159]

(詩-內卷4-124)

念爾山房臘雪天，業成勤苦庶追前。

二詩三復無窮意，一枕更闌夢覺邊。

(詩-內卷4-125)

少年龍社[160]擬書樓，幾把松明代爇油？

家訓未忘當日戒，理源仍昧至今求。

老情蘄汝承遺澤，忠告資朋尙遠謀。

門擁雪山人寂寂，好將同惜寸陰遒。

【嘉靖四十五[161]年歲在丙寅十一月日。時安道同棲有益友數人，故有忠告資朋之語。】

---

159 孫兒……二首：擬本에는〈龍壽寺，寄示孫兒安道詩。二首【幷序】〉로 되어 있고，"孫兒安道近往龍壽寺讀書。因追憶先世爲子姪訓戒之詩，所以誨導期望者，丁寧懇到，反復誦繹，不勝涕泗拳拳之至，不可不使後生輩聞之，謹用元韻，寄示安道，庶幾知家敎所自來，以自勉云爾。"가 있다。養校에"《目錄》不同。"이라고 하였다。

160 社：樊本·上本에는"寺"로 되어 있다。

161 五：저본에는"六"으로 되어 있으나，이는 오류이므로 수정하였다。

KNP0396(詩-內卷4-126~127)

隆慶丁卯踏靑日，病起，獨出陶山，鵑杏亂發，窓前小[162]梅一樹，
皓如玉雪團枝，絶可愛也[163]

(詩-內卷4-126)

不到陶山歲已更，山巖無主自春明。
千紅喜我初乘興，一白憐君晚有情。
病起尙耽芳節好，吟餘更覺午風輕。
悠然又向江臺坐，俯仰乾坤感慨生。

(詩-內卷4-127)

雲物芳姸麗景遲，韶[164]華滿眼暮春時。
陶公止酒還思酒，杜老懲詩更詠詩。
蓋地翠茵千卉亂，漫山紅闒萬花披。
平生苦厭紛華事，壓掃全憑玉雪枝。

----

162 小 : 初本·定草本에 "少"로 되어 있다.

163 丁卯年(1567, 明宗22, 67세) 3월 3일 禮安에서 쓴 시이다. 〔資料考〕初本에
추기 "見《梅花詩》."가 있다. 初本에 추기 "○丁卯"가 있다. 《梅花詩帖》에는 〈丁卯踏靑
日, 病起, 獨出陶山, 鵑杏亂發, 窓前少梅一樹, 皓如玉雪團枝, 絶可愛也〉로 되어 있
다. 養校에 "'絶', 《目錄》見脫."이라고 하였다.

164 韶 : 上本에는 "昭"로 되어 있다.

KNP0397(詩-內卷4-128~137)

再訪陶山梅。十絶¹⁶⁵

(詩-內卷4-128)

手種寒梅今幾年？風烟蕭灑小窓前。
昨來香雪初驚動，回首羣芳盡索然。

(詩-內卷4-129)

南國移根荷故人，溪山烟雨占清眞。
何妨桃李同時節？玉骨冰魂別樣春。

(詩-內卷4-130)

箇箇瓊葩抵死姸，眞剛休詫鐵腸堅。
撚鬚終日孤¹⁶⁶吟賞，妙處如逢雪子然。

(詩-內卷4-131)

千載孤山有宿緣，高吟香影世爭傳。
只今人境雖非舊，那忍風流墮杳然？

(詩-內卷4-132)

玉瘦瓊寒雪韻姿，詩窮霞癖野心期。

---

165 丁卯年(1567, 明宗22, 67세) 3월 4~7일 禮安에서 쓴 시로 추정된다. 〔資料考〕
初本에 추기 "同上。"이 있다.

166 孤：上本에는 "苦"로 되어 있다.

相從莫逆如蘭臭，不道逋仙粉蝶知。

(詩-內卷4-133)

日暮東風太放顚，浮紅浪蘂摠翻¹⁶⁷翩。
丁寧爲報東君道，莫使封姨撼玉仙。

(詩-內卷4-134)

坡仙十絶與三詞，不獨西湖作已知。
況有紫陽風雅手，長吟絶歎寓心期。

(詩-內卷4-135)

一花纔背尙堪猜，胡奈垂垂盡倒開？
賴是我從花下看，昂頭一一見心來。

(詩-內卷4-136)

病來杯勺久成疎，此日梅邊置一壺。
野鳥不須啼更款，清宵將擬待麻姑。

(詩-內卷4-137)

童子疑人久不歸，惻寒餘戀動斜暉。
不辭日日來幽款，湖面無如片片飛。
【第八首一花云云，誠齋梅花詩，"一花無賴背人開"。余得此重葉梅於南州親
舊，其著花一皆倒垂向地，從傍看望，不見花心，必從樹下仰面而看，乃得一

---

167 翻：初本에는 "翩"으로 되어 있다.

一見心，團團可愛。杜詩所謂"江邊一樹垂垂發"者，疑指此一種梅也。】

KNP0398(詩-內卷4-138~143)
三月初八日，獨遊<u>新巖</u>。六絶[168]

(詩-內卷4-138)
日照山花絢眼明，溪光漠漠柳靑靑。
蹇驢駄病向何處？ 泉石招人興未停。

(詩-內卷4-139)
亂山深入水洄洄，野杏山桃處處開。
逢著田翁問泉石，回頭指點白雲堆。

(詩-內卷4-140)
白白奇巖矗兩層，雲泉吼落湛成泓。
我來正値春三月，紅綠紛披鳥喚鷹[169]。

(詩-內卷4-141)
杜鵑花發爛霞明，翠壁中開作錦屛。
滿耳泉聲仍坐久，洗來塵慮十分淸。

---

168 丁卯年(1567, 明宗22, 67세) 3월 8일 榮州에서 쓴 시이다. 初本에 추기 "○丁卯"
가 있다.

169 鷹 : 柳校에 "案'鷹'本作'䳜', 答言也。《集韻》或作'鸎'。"이라고 하였다.

(詩-內卷4-142)

搜勝誇傳自李君，幾年魂夢繞山雲？
竭來却恨無幽伴，君在山西不及聞。

【李宏仲】

(詩-內卷4-143)

造物雄豪辦此奇，千秋方得我來時。
莫將名字題崖石，猿鶴雲間創見疑。

KNP0399(詩-內卷4-144)

**中和郡刊謬文字，曾囑奇明彦焚毁，今得其書，已焚去之，
喜次來韻**[170]

常恨諸儒昧道眞，緣文曲說轉沈堙。
哀來校訂聊明己，刻去流傳豈望人？
畀火得君施快手，洗塵令我樂餘身。
未論秉燭功相補，且喜從今免誚嗔。

---

170 丁卯年(1567, 明宗22, 67세) 6월 초순 禮安에서 쓴 시로 추정된다.

登極使將至, 再被召旨。六月赴京, 宿龍壽寺, 早發遇雨【上使, 翰

林院檢討官許國; 副使, 兵科左給事中魏時亮。】[171]

龍壽山房一夜眠, 舊遊蹤跡尙依然。

無端曉雨迷山徑, 應戱山人走俗緣。

榮川 雙淸堂蓮塘[172]

大葉盤盤小葉田, 紅粧明媚擁蒼烟。

微風颭蓋時時動, 急雨跳珠箇箇圓。

晦父欣逢數君子, 濂翁愛說濯淸漣。

憑闌盡日追餘賞, 陡覺襟懷已灑然。

十六日, 抵昌樂驛[173]

乘涼曉向昌樂郵, 竹嶺嵳嵳公館幽。

---

171 丁卯年(1567, 明宗22, 67세) 6월 14일 禮安에서 쓴 시로 추정된다.

172 丁卯年(1567, 明宗22, 67세) 6월 15일경 榮州에서 쓴 시로 추정된다.

173 丁卯年(1567, 明宗22, 67세) 6월 16일 豐基에서 쓴 시이다.

掃地焚香病枕孤，餐風咽樹寒蟬稠。

古歎畏塗苦難行，今嗟散材誤見收。

聖恩寬大儻憐許，歸趁赤葉黃花秋。

KNP0403(詩-內卷4-148)

誤雞夜發，登嶺值大雨，用少日嶺途韻[174]

棧道如登蜀道行，凌兢脅息上崢嶸。

那堪靜聽松風耳，換得催驅驛吏聲？

萬壑重經雷夜雨，千峯幾見曜朝晴。

因思世變多如許，白首何心更入京？

KNP0404(詩-內卷4-149)

丹山，贈金季應[175]

雲容浩浩雨浪浪，盡日軒窓攪別腸。

---

174 丁卯年(1567, 明宗22, 67세) 6월 16일 豐基에서 쓴 시로 추정된다.

175 丁卯年(1567, 明宗22, 67세) 6월 17일 丹陽에서 쓴 시로 추정된다. 〔編輯考〕
이 시는 遺集 外篇 卷1의 〈冒雨蹑嶺，抵丹山，見金季應於校樓，叙意說病，以虛憊惻
風，不能久坐。別來郡館，枕上聞雨悵然。三絶句【一首見《元集》。】〉과 합편해야 한
다. 遺集의 시는 다음과 같다. "遷客行聞恩赦日，病臣强赴誤徵時。相逢卽席還相別，
感淚無端各欲垂。" "一別俄驚二十年，白頭同病自相憐。因思昔日相從友，幾在人間幾
下泉。"

好待¹⁷⁶龜城重握手，中秋月色正如霜。

KNP0405(詩-內卷4-150)

早行，望龜潭作¹⁷⁷

曉過龜潭月在山，高居想像有無間。
主人今作他山隱，鶴怨猿啼雲自閒。

【李而盛】

KNP0406(詩-內卷4-151)

惟新，次盧寡悔見寄¹⁷⁸

促召加申命，扶行出舊墟。
衝炎多疾病，歷險備艱虞。
旅館淹留日，親朋問勞書。
焉能辨爻¹⁷⁹象？ 自不免沈濡。

---

176 待 : 樊本·上本에는 "對"로 되어 있다.

177 丁卯年(1567, 明宗22, 67세) 6월 18일 丹陽에서 쓴 시로 추정된다.

178 丁卯年(1567, 明宗22, 67세) 6월 22일경 忠州에서 쓴 시로 추정된다.〔資料考〕
이 시는 盧守愼의 《穌齋集》 卷5에 〈寄退溪行軒【時登金灘舟, 赴召。】〉의 次韻詩로
실려 있다.

179 爻 : 李校에 "穌齋詩作'何'."라고 하였다.

KNP0407(詩-內卷4-152)

廿一日，留惟新縣，登慶延樓¹⁸⁰

一時頑梗掃區區，形勝依然壯地隅。
三伏遠來緣底事？ 十年重見豈曾圖？
滿池紅蓇如相語，當檻青山欲試呼。
誘奪只今多所歷，莫令心地有塵蕪。

KNP0408(詩-內卷4-153)

雨中賞蓮¹⁸¹

畫樓東畔俯蓮池，罷酒來看急雨時。
溜滿卽傾攲器似，聲喧不厭淨襟宜。

KNP0409(詩-內卷4-154)

明宗大王挽詞【幷序】¹⁸²

六月二十五日，【臣】入都，二十六日，始微聞上違豫。二十

---

180 丁卯年(1567, 明宗22, 67세) 6월 21일 忠州에서 쓴 시이다. 樊本에는 〈廿一日，
惟新縣，登慶延樓〉로 되어 있다. 李校에 "《地志》, '延'作'迎'."이라고 하였다.

181 丁卯年(1567, 明宗22, 67세) 6월 21일 忠州에서 쓴 시로 추정된다.

182 丁卯年(1567, 明宗22, 67세) 8월 25일경 禮安에서 쓴 시로 추정된다. 初本에는
〈明宗大王挽詞〉로 되어 있다.

七日，大漸，二十八日，宮車晏駕。【臣】在道加病，未及拜命，而遽遭大變，攀號殞絕，五內糜潰。加以奔走於詔使之來，勞傷賤疾，頓至深劇，會有春官之命，不能一日供職而辭遞。自以前朝病退之【臣】，當嗣王新政之初，又負恩命如此，人臣之義，掃地盡矣。若復因循不去，而死於尸竊之中，則數十年苦乞辭退之意安在？而致仕請骸，皆不可得焉，乘遞職之隙，而抽身以歸，誠迫於不得已也。【臣】在都中，已聞令羣臣各製進挽詞，【臣】病思昏岡，營構未就，迨免塡壑之日，情不自抑，僅得成篇，附人入都，冒呈于都監。第【臣】以未竟山陵而歸，方得罪時論，不知其能無退却否也。【臣】無任痛涕憯惶之至。詞曰：

國運昔重否，明王繼陟遐。
庚占迎代邸，末命付周家。
赫赫承基重，榮榮訪落多。
亶聰天所縱，克嶷日云加。
機務逾明習，綱條亦總摩。
母臨休護攝，權孽去巢窠。
王業思艱大，躬行戒侈夸。
遊田屏般樂，聲色絕妖哇。
切切興文教，拳拳致理和。
士風先己責，民隱劇身痾。
峻德如山鎮，汪恩若海波。
頃年更至化，陰翳滌前瑕。
白日循瑤軌，青雲動草窩。

滿朝賢濟濟，熙號績峨峨。

謬簡如臣賤，虛蒙幾命嘉？

負乘辭許免，官使冀趨衙。

何意天休祐，飜[183]成昦映嗟？

雲埋梧野慘，龍去鼎湖賒。

不豫神謀定，能無大策蹉。

嗣君登九五，前烈接光華。

百志追先澤，同寅效節姱。

孤臣獨無似，宿疾邐增挐。

力竭無餘寸，神澌欲盡麼。

命官官失守，言祿祿仍奢。

古義當遄去，今情有峻訶。

義情難並處，今古奈殊何？

漠漠橋山遠，茫茫禹穴遮。

更無他報地，永負此生涯。

都把糜身願，裁成相韍歌。

霧昏西望眼，老淚只傾河。[184]

---

183 飜：上本에는 "翻"으로 되어 있다.

184 老淚只傾河：初本의 부전지에 "〈次奇明彥韻〉，'去歲分襟憶泝流，君行今復此遲留。故應去國同懷抱，渭水終南如許愁。【明彥辭官去，宿于東湖南岸箕城亭舍。】"라고 하였고, "湖嶺相尋只夢魂，覺來明月滿山門。願將心事隨明月，寫向君庭不作煩。【元入。】"이라고 하였다. 初本 부전지에 수록되어 있는 시는 初本 卷4 마지막 면의 여백부 전지에 실려 있는 逸詩이다.

退溪先生文集

續內集　卷五

**<u>金彦遇</u>示余近作佳什，清新可喜。病惱中不容盡和，就取其意所
到者，次韻答寄**[1]

(詩-內卷5-1~2)

〈春日江村〉，<u>老杜韻</u>。二首【戊辰】

(詩-內卷5-1)

老去知人審，春來感物深。
拘攣塵世態，浩蕩鷺鷗心。
散疾時閒步，憐芳獨遠尋。
詞壇<u>杜陵</u>客，見子亦難今。

(詩-內卷5-2)

平時山澤性，蕭灑送殘生。
不獻<u>陶</u>牛畫，寧知賀鑑榮？
人飜疑久病，自覺困虛名。
白日江山麗，難明魏闕情。

(詩-內卷5-3)

〈<u>金鶴峯</u>〉[2]**韻。登<u>寧芝山</u>作【金鶴峯，山名。】**[3]
生長依山今白首，登山感慨久忘歸。

---

1 戊辰年(1568, 선조1, 68세) 1월 禮安에서 쓴 시로 추정된다.
2 金鶴峯 : 定草本에 추기 "次"가 있고, 추기 "<u>士純</u>"이 있다.

烟雲遐邈隔塵世，繚白縈青無盡時。

〈望清凉山〉韻

不向仙山作隱眞，望山清絶愧蹤塵。

近聞菑墾侵雲壑，勒逐風除會有人。

【史《唐太宗紀》，有"電掃風除"之語。】

〈阿灰花〉韻【彥遇疑阿灰爲蠟[4]梅，滉以爲非也。】

無房無瓣匪花栽，著莢偸春傍磵隈。

向使蠟[5]梅同此輩，黃、陳安肯首頻回？

〈雉尾帚〉韻

爲愛翬翹綵且長，束成珍帚送山堂。

能令我室清塵翳，日日凝神坐帶香。

---

3 金鶴峯山名 ： 定草本·庚本·擬本에는 없다.

4 蠟 ： 上本에는 "臘"으로 되어 있다.

5 蠟 ： 上本에는 "臘"으로 되어 있다.

KNP0411(詩-內卷5-7)

和士敬韻[6]

默默藏逃度景陰，未扳朋盍恨無任。
況聞儒館初恢闢，空和來遊迭唱吟。

KNP0412(詩-內卷5-8~11)

奉[7]酬金愼仲〈詠梅〉。三絶句，一近體[8]

(詩-內卷5-8)

但知姑射出塵姿，莫把芳辰較早遲。
萬紫千紅渾失色，小園驚動兩三枝。

(詩-內卷5-9)

婥約天葩玉雪姿，何妨春晚景遲遲？
細看冷艷彌貞厲，不必淸霜凍樹枝。

(詩-內卷5-10)

棲遯難兄苦憶梅，溪居難弟獨徘徊。

---

6 戊辰年(1568，선조1，68세) 2월 禮安에서 쓴 시로 추정된다.

7 奉 : 樊本·上本에는 "春"으로 되어 있다.

8 戊辰年(1568，宣祖1，68세) 3월 16일경 禮安에서 쓴 시로 추정된다.〔資料考〕
이 시는 《梅花詩帖》에도 실려 있다. 《梅花詩帖》에는 〈次金彦遇愼仲梅花韻。詠梅〉로
되어 있다. 養校에 "'句'下四字，《目錄》見脫。"이라고 하였다.

寄詩撩我吟梅興，更與懷人一倂催。

【來詩一、二絶，皆道此間梅晚發，三絶，言其伯氏梅時不在家之恨。】

(詩-內卷5-11)

韻格淸癯甚，冰霜慘刻餘。

和曾三疊僭，栽尙百株疎。

偶入小羌笛，偏宜高士廬。

令人益生厭，薇藥欲紛如。

【朱先生嘗和東坡松風亭梅花詩，有"梅花自入三疊曲"之語。蓋坡詩三篇，而
先生三和之，合爲六篇。篇[9]篇皆有仙風道韻，每一諷誦，令人飄飄然有凌雲
之氣，不勝其欣慕愛樂之情，亦嘗兩和於東湖梅，一和於陶山梅，僭妄何可
言也？范石湖於石湖雪坡，種梅數百本，又於范村，種梅尤多。張約齋於玉
照堂，植梅三四百株，蓋絶致淸賞，不厭其多也。余之植梅於溪莊山舍，僅十
餘本，將漸廣以至百本也，故云。】

KNP0413(詩-內卷5-12)

次韻金愼仲〈落梅〉[10]

別去梅初落，重來我復遲。

剪冰憐委地，飄玉恨空枝。

---

9 篇 : 樊本·上本에는 없다.

10 戊辰年(1568, 宣祖1, 68세) 4월 禮安에서 쓴 시로 추정된다.〔資料考〕이 시는
《梅花詩帖》에도 실려 있다.《梅花詩帖》에는〈次韻愼仲不及賞梅〉로 되어 있다.

妙韻森餘想，孤風宛在詩。

子成如未實，和鼎詎深期？

次韻寄李宏仲【戊辰秋，在漢城。】[11]

想子尋陶舍，乘秋坐小堂。

非揚辨玄白，如孔歎蒼黃。

暫別顏增變，長思歲欲荒。

擬酬來問語，舊學更微茫。

【揚子雲《解嘲》，時人譏其玄尚白，子雲自謂"不如嘿然復守吾太玄"。孔德璋

《北山移文》，有"蒼黃反覆"之語。】

呈張仲紀【應旋】[12]

白髮相隨指玉京，同慚驚怪嶺頭氓。

何時共轡還踰嶺，却被人看作羨榮？

---

11 戊辰年(1568, 宣祖1, 68세) 8월 서울에서 쓴 시로 추정된다.

12 戊辰年(1568, 宣祖1, 68세) 7월 6일 鳥嶺에서 쓴 시로 추정된다. 定草本에는
〈呈張仲紀【應旋○戊辰】〉으로 되어 있다.

KNP0416(詩-內卷5-15~16)

獲鄭子中書，知遊清凉見憶，奉呈。二絕[13]

(詩-內卷5-15)

今歲鷗盟歎已寒，坐看紅葉滿長安。
因書遠慕宣城宰，蠟屐[14]靑鞋訪碧山。

(詩-內卷5-16)

脚躡飛雲腋有風，仙山如在太淸中。
可憐一念猶人世，能記紅塵白髮翁。

KNP0417(詩-內卷5-17)

用大成〈早春見梅〉韻[15]

周詩詠梅非眞識，不爲梅花分皂白。
屈原《離騷》侈衆芳，還昧冰霜天下色。
何遜 楊州始知己，別去重來屢歎息。
或吟江南寄情思，或詫嶺上分南北。

---

13 戊辰年(1568，宣祖1，68세) 10월 12일 서울에서 쓴 시로 추정된다.

14 屐 ：樊本·上本에는 "履"로 되어 있다.

15 戊辰年(1568，宣祖1，68세) 1~2월 禮安에서 쓴 시로 추정된다. 〔資料考〕 이
시는 《梅花詩帖》에도 실려 있다. 《梅花詩帖》에는 〈用大成《早春見梅》韻【戊辰】〉으로
되어 있다.

剛腸尙吐嫵媚詞，廣平節義逾堅石。

唐、宋紛紛幾騷客？賞到孤山不落莫。

何況雲臺老眞逸，腸斷江城詠霜角。

我生多癖酷愛梅，人道癯仙著山澤。

舊遊南國識玉面，故人遠惠連根得。

自期相伴老巖壑，胡奈風塵去飄泊？

豈無京洛或相逢？素衣化緇嗟非昔。

寧辭白髮赴佳招？瞥眼榮華過虻雀。

丙歲自比遼東鶴，歸來及見花未落。

丁年病起始尋芳，絶喜瓊枝攢雪萼。

何意今年老更甚？光生正患汾陽額。

尺一嚴程久稽滯，仰兢俯慄如龜縮。

梅君不須遽疎我，我事尙可親高格。

未諧法眞避名聲，猶信尙平知損益。

道韻休將一日離，馨懷預恐終年隔。

淡烟微雨客絶門，清夜無風月上岳。

呼尊[16]試一病已蘇，作詩縱百情何極？

汾翁好事誇我說，早梅先得天工力。

豈知陶梅知我病畏寒，爲我佳期晚發猶不惜？

君不見范石湖，種梅譜梅爲天職？

又不見張約齋，玉照風流匪索寞？

嗟我與君追二子，苦節清修更勵刻。

---

16 尊：定草本에는 "樽"으로 되어 있다.

KNP0418(詩-內卷5-18~19)

次韻金惇叙〈梅花〉[17]

(詩-內卷5-18)

我友五節君，交情不厭淡。
梅君特好我，邀社不待三。
使我思不禁，晨夕幾來探？
帶烟寒漠漠，傍湖清澹澹。

(詩-內卷5-19)

粲然百花間，益見眞與濫。
自臨吸月杯，肯上賞春擔？
吟詩託密契，夜光非投暗？
精神炯相照，俗物難窺瞰。

KNP0419(詩-內卷5-20)

次韻琴壎之【幷序】[18]

　　滉不幸之中，又復不幸，誤恩荐沓，莫測端倪。窮窘惶戰，

17　戊辰年(1568, 宣祖1, 68세) 봄 禮安에서 쓴 시로 추정된다. 〔資料考〕이 시는
《梅花詩帖》에도 실려 있다.
18　戊辰年(1568, 宣祖1, 68세) 4월 禮安에서 쓴 시로 추정된다. 〔資料考〕이 시는
琴應壎의 문집《勉進齋先生遺稿》에도 〈詠山雲詩上退溪先生〉의 차운시로 실려 있다.
定草本·庚本에는 〈次韻琴壎之〉로 되어 있다.

罔知所爲，惠詩慰問，甚荷存厚。無聊中，謹和一絕見意
云。

錯道山雲能澤物，山雲終不願升空。
升空豈是能成澤？來往徒勞指笑中。

KNP0420(詩-內卷5-21)

贈金泰和[19]

感君高義蕩秋旻，急手援拯井裏人。
更護遠來分付我，脩然歸去不矜仁。

KNP0421(詩-內卷5-22~23)

**裴汝友、趙士敬、琴聞遠、朴彦秀【蕝】諸君，同枉顧溪齋，因往遊
孤山。明日，寄呈二絕句** [20]

(詩-內卷5-22)

聞說山潭辦釣船，夢中乘弄覺猶仙。

---

19 戊辰年(1568, 宣祖1, 68세) 7월 14일 忠州에서 쓴 시로 추정된다. 定草本의 부전
지에 "初秋在途時。"라고 하였다.

20 戊辰年(1568, 宣祖1, 68세) 4월 禮安에서 쓴 시로 추정된다. 定草本의 부전지에
"□□初吉。"이라고 하였다.

勝遊此日身如縶，空把殘杯款款傳。

(詩-內卷5-23)

敗閑吾迹太無端，負我非山我負山。

臥想諸君追賞處，玉峯搖影鏡潭寒。

KNP0422(詩-內卷5-24)

淹留州館，時主牧朴希正，以王事入京，書懷留²¹贈²²

二嶺參天割域區，中原雄勝異偏隅。

浮雲往事空無迹，泛梗連年到豈圖？

舊病新秋如赴約，清風潦暑奈辭呼？

滯留日日思公意，題在藤牋不愧蕪。

KNP0423(詩-內卷5-25~27)

趙士敬以集慶殿祠官來謝東歸，贈別。三首²³

(詩-內卷5-25)

一落塵中萬事多，君恩如海病如何？

---

21 留 ：上本에는 "遺"로 되어 있다.

22 戊辰年(1568, 宣祖1, 68세) 7월 7~17일 忠州에서 쓴 시로 추정된다. 定草本의
부전지에 "七月"이라고 하였다.

送君白露金風節，憑報²⁴吾行趁菊花。

(詩-內卷5-26)

一鳥辭林一鳥隨，西來東去總麋麋。
何如共止丘隅日，自在和鳴自在飛？

(詩-內卷5-27)

故國山河萬古情，雲荒陵墓月荒²⁵城。
勸君好上瞻臺望，星象于今屬太平。

KNP0424(詩-內卷5-28~29)
得見存齋中興洞佳句，秋思難禁，吟和見意，奉呈一笑²⁶

(詩-內卷5-28)

白髮犯塵秋欲老，青山回首月頻周。
誰能解出籠中鳥，目送孤帆上玉流？

---

23 戊辰年(1568, 宣祖1, 68세) 8월 6일 서울에서 쓴 시로 추정된다. 初本(19책, 書簡)에는 〈趙士敬以集慶殿祠官, 來謝東歸, 贈別。三首【仲秋】〉로 되어 있다. 定草本의 부전지에 "戊辰中秋"라고 하였다.

24 報 : 初本(19책, 書簡)에는 "赴"로 되어 있다.

25 荒 : 初本(19책, 書簡)에는 "寒"으로 되어 있다.

26 戊辰年(1568년, 宣祖1, 68세) 9월 서울에서 쓴 시로 추정된다. 李校에 "《地志》重興洞, 在北漢 重興寺北."라고 하였다.

(詩-內卷5-29)

山稜病骨宵千痛，輪轉愁腸日萬周。
蟄物豈宜蒙大凍，淵魚自合畏衝流。

KNP0425(詩-內卷5-30)

寄穌齋[27]

乞退公先去，思歸我獨留。
君親懷耿耿，天地思悠悠。
學貴虛心得，名羞掩耳偸。
相逢柂樓底，儻在菊花秋。

【杜詩，"還疑柂樓底，晚飯越中行。"】

KNP0426(詩-內卷5-31)

次韻謝存齋餉菊[28]

天高霜氣緊，病客若爲留。
好古時將晚，懷人道轉悠。

---

27 戊辰年(1568년, 宣祖1, 68세) 8~9월 서울에서 쓴 시로 추정된다. 이 시는 盧守
愼의 《穌齋集》卷5에도 〈酬陶叟先生〉의 原韻으로 실려 있다. 定本의 부전지에 "戊辰"
이라고 하였다.

28 戊辰年(1568년, 宣祖1, 68세) 9월 서울에서 쓴 시로 추정된다. 定本에는 〈次答存
齋餉菊韻〉이라고 되어 있고, 定本의 부전지에는 〈次韻謝存齋餉菊〉이라고 되어 있다.

拳拳愧無補，逐逐恐成偸。

此意騷翁解，將詩餉菊秋。

KNP0427(詩-內卷5-32)

挽權同知【應昌】[29]

才傑當年第一流，端如東序薦天球。

玉堂金馬蜚英早，霖雨丹青屬望優。

偶感杯蛇巡隰日，忽驚雞夢臥漳秋。

鴒原契分如膠漆，慟[30]到三喪白盡頭。

【三國陳琳詩，"余嬰沈痼疾，三年臥漳濱。"】

KNP0428(詩-內卷5-33)

書院成，名以易東，一絶見意[31]

邈邈田門嘆易東，吾東程易昉吾公。

更攀朱邵名茲院，要見天心皦日中。

---

29 戊辰年(1568년, 宣祖1, 68세) 8월 17일 서울에서 쓴 시로 추정된다.

30 慟 : 上本에는 "痛"으로 되어 있다.

31 丁卯年(1567년, 明宗22, 67세) 8~9월 禮安에서 쓴 시로 추정된다.

夢遊淸凉山。二首[32]

(詩-內卷5-34)

泉石烟霞事未寒，暮年身誤入槐安。

那知更藉遊仙枕，去上淸凉福地山。

(詩-內卷5-35)

身御泠然禦寇風，千巖行盡一宵中。

老僧贈我田家笠，勸早歸來作野翁。

次韻奇明彦贈金而精。二首[33]

(詩-內卷5-36)

勤學

出世昨太誤，歸山今已晚。

行身蹈悔吝，撫事知益損。

---

32 戊辰年(1568년, 宣祖1, 68세) 8~12월 서울에서 쓴 시로 추정된다.

33 定本에는 〈次韻奇明彦參議贈金而精。二首〉로 되어 있고, 부전지에 "戊辰十月"이라고 하였다. 《退溪先生年表月日條錄》권2에는 이 시가 戊辰年(1568년, 宣祖1, 68세) 10월 서울에서 쓴 시로 추정된다고 하였으나 "歲月今幾何? 來看禾樹晼。"라는 구절을 감안하면 5~6월에 지어졌으며, 서울이 아닌 禮安으로 돌아온 이후에 지은 작품으로 추정된다.

憶初約吾心，前後無相反。
胡爲竟失墜，自納涇渭混。
處心或流徇，持論尚狷狠。
不有友善導，迷塗詎能返。
奇子靑雲器，於道覷堂梱。
金君後來秀，志學務其本。
水激則鼓勢，馬驟能致遠。
我觀奇子詩，爲金闢關楗[34]。
嚴辭與琢磨，刻意攄誠懇。
我亦識金久，曾尋我溪遁。
意欲借聾聽，愧我心靡[35]忖。
茅齋掩冰雪，寒榻對婉婉。
一朝去遭艱，人事車折阪。
野廬風樹悲，烏啼夜夜喧。

【《韻書》，兒啼不止也。】

我哀[36]厥志篤，言學有未墾。
貽書每苦口，努力相推輓[37]。
歲月今幾何？來看禾樹畹。
要須更自奮，鱗甲變蜿蜒。
諸經及諸史，功緒極繾綣。

---

34 楗 ： 定本의 추기에 "'關楗'之'楗'，恐是'鍵'字。"가 있다.

35 靡 ： 上本에는 "未"로 되어 있다.

36 哀 ： 樊本·上本에는 "愛"로 되어 있다.

37 輓 ： 上本에는 "挽"으로 되어 있다.

寸陰莫虛擲，掣鞭方休塞。

我言質而愨，奇辭謬以謇。

相待各孳孳，稼寶收耕蒕。

(詩-內卷5-37)

守靜

守身貴無撓，養心從未發。

苟非靜爲本，動若車無軏。

我性愛山隱，塵紛久消歇。

一朝來嘗世，已覺神外滑。

何況都城中，欲海競顛越？

君爲布衣生，樹蘭寧自伐。

君門扉好掩，君井泥莫汩。

四壁有圖書，焚香坐超忽。

潛昭判善利，一帥麾千卒。

豈有中行士，衒寶甘自刖。

乘除得與失，不啻霄壤揭。

二子勉專精，老我誠亦竭。

KNP0431(詩-內卷5-38~39)

金而精送盆竹。二首[38]

(詩-內卷5-38)

一盆擔送碧湘秋，蕭瑟中含夜雨愁。

客裏不堪聲攪耳，安排莫太近牀頭。

(詩-內卷5-39)

憶從三逕厲風霜，翠竹靑松菊有黃。
頓荷此君來入眼，宛然當日見裵羊³⁹。

KNP0432(詩-內卷5-40)
謝金而精送梅竹一盆⁴⁰

淇隱與湖隱，相隨慰我來。
從今旅窓裏，淸絶共徘徊。

KNP0433(詩-內卷5-41)
奉別郭景靜城主⁴¹

六載終難借一年，民情如孺慕懸懸。
方知魯令傳三異，卻笑劉公受一錢。

---

38 戊辰年(1568년, 宣祖1, 68세) 9월 20일 서울에서 쓴 시로 추정된다.

39 裵羊 : 定本에 추기 "淇隱與湖隱。"이 있다.

40 戊辰年(1568년, 宣祖1, 68세) 8~12월 서울에서 쓴 시로 추정된다. 定本의 부전지에 "戊辰已書"라고 하였고, 추기 "當在'金而精送盆竹二首'下。"가 있다.

41 戊辰年(1568년, 宣祖1, 68세) 1월(17일 이전) 禮安에서 쓴 시로 추정된다.

臘雪惹愁吟陟岵，春風吹恨去朝天。
鼇潭賴有留佳澤，百歲邦人藹誦絃。

挽南僉知【致勗】[42]

武藝身登仕，文資行若儒。
專城民袴有，清座客氈無。
好善爲家法，平心得壽途。
哀榮看寶樹，人比慶門于。

寄題金雲甫【德龍】、駱谷、靜齋[43]

禦動常由靜，超塵不厭高。
歸來臥松石，軒冕一秋毫。

---

42 戊辰年(1568년，宣祖1，68세)．
43 戊辰年(1568년，宣祖1，68세)．

KNP0436(詩-內卷5-44)

病中, 偶記前日無字韻和句, 錄呈存齋[44]

末學紛蹊徑, 高人眩有無。
舊聞狂作聖, 今見智歸愚。
邈邈朱山嶽, 滔滔陸海湖。
中原及東國, 回首謾嗟吁。

KNP0437(詩-內卷5-45)

記夢[45]

我夢尋[46]幽入洞天, 千巖萬壑凌雲烟。
中有玉溪青如藍, 泝洄一棹神飄然。
仰看山腰道人居, 行穿紫翠如登虛。
迎人開戶一室清, 臞[47]仙出揖曳霞裾。
髣髴何年吾所遊, 壁上舊題留不留。
屋邊刳木飛寒泉, 團團桂樹枝相樛。
同來二子顧且歎, 結棲永擬遺塵絆。

---

44 戊辰年(1568년, 宣祖1, 68세) 8~12월 서울에서 쓴 시로 추정된다. 定本의 부
전지에 "戊辰"이라고 하였다.

45 丙寅年(1566년, 明宗21, 66세) 10월 22일경 禮安에서 쓴 시로 추정된다. 이 시는
李德弘의 《艮齋集》 卷6의 《溪山記善錄下》에도 실려 있다.

46 尋 : 上本에는 "深"으로 되어 있다.

47 臞 : 上本에는 "癯"로 되어 있다.

忽然欠伸形蓬蓬，雞呼月在南窓半。

KNP0438(詩-內卷5-46~47)

次韻朴監司見寄。二首[48]

(詩-內卷5-46)

千年國運應河清，雲起諸賢慶典行。
自愧迷蹤招世擯，佇聞嚴譴出臺評。
綸音誤作窮閻貢，痼疾仍纏北闕情。
報謝棠陰勤至意，干旄豈足枉茅荊。

(詩-內卷5-47)

聖主誤恩驚此際，微臣沈疾慨長年。
空慙勸駕皇華使，夜到山門夜裏旋。

KNP0439(詩-內卷5-48~49)

題柳彦遇河隈畫屏【并序】[49]

豐山柳彦遇在定州日，作一屏，令畫河隈上下、洛江一帶

---

48 戊辰年(1568년, 宣祖1, 68세) 4월 禮安에서 쓴 시로 추정된다.
49 戊辰年(1568년, 宣祖1, 68세) 12월 서울에서 쓴 시로 추정된다. 定本의〈題柳彦遇河隈畫屏〉추기에 "題柳彦遇仲郢河隈畫屏【并序】"로 되어 있고, 庚本에는〈題

圖。河隈公田園所在，以寓其遠宦思歸之意。于時，詔使成翰林憲・王給事璽將至，東萊 鄭林塘吉元以迎慰使，中原朴思庵和叔以遠接使，永嘉金駱谷雲甫以觀察使，全城李大仲・寧城辛君望，俱以從事，往候[50]于龍灣，見是屛，皆爲之玩賞題詠，實一時之盛，難遇之幸也。是年冬，彦遇去任來京師，席未暖[51]而出牧淸州，臨行，示余以是屛，求續題良勤。余固惜彦遇之去，無計以留之，且余薄業，亦在河隈上流，一出未歸，歲且向晏，展畫指點，益興慨嘆，因追敍別意并所感，吟成近體二章，錄寄淸州，仍題屛上，以付淸州之仲胤檢閱郞君云，嘗見東坡〈金山寺〉詩，"我家江水初發源，宦[52]遊直送江入海。"云云。其末云，"有田不歸如江水，"今吾二人事，與彼[53]相類，故最後并及之。

(詩-內卷5-48)

定民方詠去思吟，又佩湖州印去今。

臺閣剩員無寄足，壑溝多瘠更關心。

風流洛舍時看畫，曠蕩天門幾撫襟。

我亦出山乖遠志，一屛相對意難禁。

柳彦遇 河隈畫屛〉으로 되어 있다.

50 候 : 庚本에는 "侯"로 되어 있다.

51 暖 : 定本에는 "煖"으로 되어 있다.

52 宦 : 定本에는 "官"으로 되어 있다.

53 彼 : 두주에 "一本'彼'下, 有'頗'字。"라고 하였다. 甲本・上本에도 동일한 두주가 있으며, 定本 뒤에 '頗'가 있다.

(詩-內卷5-49)

洛上河隈擅勝名，公曾於此占鷗盟。
幾年遊宦⁵⁴憑歸夢，他日丹青感列英。
滿意烟波常在目，一毫榮辱可忘情。
因君起我江源興，欲趁春風返舊耕⁵⁵。

KNP0440(詩-內卷5-50)

月夜，示子中、景瑞、子强、子精、而精⁵⁶

不覺春回近上元，客窓心緒久忳忳。
那知昔日山中友，共款今宵月下門。
叵耐世途難九折，其如學海渺眞源。
故應偸暇相從處，不及林間得細論⁵⁷。

---

54 宦 : 定本에는 "官"으로 되어 있다.

55 舊耕 : 定本의 추기에 "不覺春回'在下."가 있다.

56 己巳年(1569년, 宣祖2, 69세) 4월 禮安에서 쓴 시로 추정된다. 이 시는《退溪先生手簡》에도 실려 있다. 初本(20책, 書簡)에는〈月夜會話，示子中·景瑞·子强·而精〉으로 되어 있고, 定本의 추기에 "己巳"가 있다.

57 論 : 初本(20책, 書簡) 뒤에 "己巳正十三日。溪叟【勿浪傳。】"가 있다.

KNP0441(詩-內卷5-51~52)

己巳正月，聞溪堂小梅消息，書懷。二首[58]

(詩-內卷5-51)

聞說溪堂少梅樹，臘前蓓蕾滿枝間。
留芳可待溪翁去，莫被春寒早損顏。

(詩-內卷5-52)

手種寒梅護一堂，今年應發滿園香。
主人京洛遙相憶，無限淸愁暗結腸。

KNP0442(詩-內卷5-53)

挽盧君【伊齋先君。】[59]

身是湘纍父，湘纍遇聖辰。
起恩承幄座，歸養許藩臣。
玉節方辭陛，霜風遽撼椿。
痛將儒誤恨，追賁落泉塵。

---

58 己巳年(1569년, 宣祖2, 69세) 서울에서 쓴 시이다. 두주에 "此詩當在‘挽盧君’下。" 라고 하였다. 이 시는 《梅花詩帖》에도 실려 있다.

59 己巳年(1569년, 宣祖2, 69세) 1월 서울에서 쓴 시이다. 養校에 "此下五題,《目 錄》見脫。"라고 하였다.

KNP0443(詩-內卷5-54~55)

憶陶山梅。二首【同前[60]，時在漢城。】[61]

(詩-內卷5-54)

湖上山堂幾樹梅，逢春延佇主人來。
去年已負黃花節，那忍佳期又負回。

(詩-內卷5-55)

丙歲如逢海上仙，丁年迎我似登天。
何心久被京塵染，不向梅君續斷絃？[62]

KNP0444(詩-內卷5-56)

送李而盛赴淸風郡任[63]

好去淸風守，龜潭舊主人。
行藏雖有異，隱見豈無因。

---

60 己巳年(1569년, 宣祖2, 69세) 1월 서울에서 쓴 시이다. 이 시는《梅花詩帖》에도
실려 있다. 同前은 柳校에 "愚伏校，同前二字當去。○ 案先生手筆《梅花帖》, 此詩與
〈己巳正月〉詩聯書，故自註"同前"，而今板本，以〈挽盧君〉詩編入於兩詩之間，"同前"
二字，便無承接。"라고 하였다.

61 定本의 부전지에 "己巳正月"이라고 하였다.

62 斷絃 : 定本에 추기 "好去淸風"在下。"가 있다.

63 己巳年(1569년, 宣祖2, 69세) 1월 서울에서 쓴 시로 추정된다. 定本의 부전지에
"己巳正月"이라고 하였다.

臥治凝香寢，欣耕抃野民。
丁寧猿鶴友，莫枉訝周倫。

寄趙士敬[64]

月川趙君捧[65]毛檄，嘗世方圓不相入。
歸來風月滿前川，獨坐欣然尋舊業。
【趙君，一本，作主人[66]。】

梅下，贈李宏仲[67]

喚取山家酒一壺，適然相值更吾徒。
梅邊細酌梅相勸，不用麻姑急掃除。

---

64 己巳年(1569년, 宣祖2, 69세) 1월 서울에서 쓴 시로 추정된다. 定本의 부전지에 "己巳正月"이라고 하였다.

65 捧 ： 樊本·上本에는 "奉"으로 되어 있다.

66 趙君……主人 ： 定本에도 없고, 庚本에도 없다. 甲本에는 "趙君, 一作主人。"으로 되어 있다.

67 己巳年(1569년, 宣祖2, 169세) 3월 하순 禮安에서 쓴 시로 추정된다. 이 시는 《梅花詩帖》에도 실려 있다.

KNP0447(詩-內卷5-59)

挽郭咸陽[68]

汗血臨千里，南圖擬萬程。

宣城鸞去慕，天嶺鵬來驚。

徹地慈親淚，否天識友情。

笑言如昨日，誰道隔幽明。

KNP0448(詩-內卷5-60)

漢城寓舍，盆梅贈答[69]

頓荷梅仙伴我凉，客窓蕭灑夢魂香。

東歸恨未攜君去，京洛塵中好艶藏。

【吾鄉禮安，在嶺南最北，陸路由鳥嶺而行，則曰南行，水路由竹嶺而歸，則

曰東行，皆指禮安而言也。】

---

68 己巳年(1569년, 宣祖2, 69세) 2월 서울에서 쓴 시이다. 定本의 부전지에 "己巳
二月"이라고 하였다.

69 己巳年(1569년, 宣祖2, 69세) 3월 3일 서울에서 쓴 시이다. 이 시는《梅花詩帖》
과 奇大升의《高峯先生續集》卷1에도 실려 있다.《高峯先生續集》에는〈己巳春, 在漢
城寓舍, 得盆梅, 常對案上, 將行贈別〉로 되어 있다.

盆梅答[70]

聞說陶仙我輩凉，待公歸去發天香。
願公相對相思處，玉雪清眞共善藏。[71]

靜存 李仲久病中，聞余行，强起追別於廣津，且以三絶見贐，次韻奉呈[72]

(詩-內卷5-62)

兒女常嫌別淚潸，坎流時往亦時還。
情深此日駒城子，兩老方知作別難。

(詩-內卷5-63)

撥病來追歸去舟，春風灑淚碧江流。

---

70 己巳年(1569년, 宣祖2, 69세) 3월 3일 서울에서 쓴 시이다. 이 시는《梅花詩帖》
과 奇大升의《高峯先生續集》卷1에도 실려 있다.《高峯先生續集》에는〈梅花答〉으로
되어 있다.

71 善藏 : 養校에 "此下第二十四板〈次明彥 和叔二絶〉，當入于此。"로 되어 있다.

72 己巳年(1569년, 宣祖2, 69세) 3월 6일 서울에서 쓴 시로 추정된다. 定本에는
〈次靜存贈別韻 '靜存 李仲久病中，聞余行，强起追別於廣津，且以三絶見贐，次韻奉
呈〉로 되어 있다. 定本에 제목이 둘인 것은, 원래 제목이었던 뒤 제목을 요약하여
앞 제목으로 바꾸었는데 미처 뒤 제목을 삭제하지 못한 것으로 보인다.

如何不念平生契？ 欲破眞休作假休。

(詩-內卷5-64)

宦情無望蜀，人事有懲莉。

感深優許退，寧怕强留行。

【若用靜存之說，混乞退之路不得通矣。故云⁷³。】

KNP0451(詩-內卷5-65)

過龜潭，戲贈李而盛⁷⁴

依舊龜潭遶⁷⁵隱城，山人今與我同行。

杖藜欲共尋遊迹，其奈山前雨忽冥。

KNP0452(詩-內卷5-66)

而盛談瀑布勝致⁷⁶

玉潤源頭掛玉流，披荒君始發天幽。

---

73 故云 : 定本의 주묵추기에 "〈依舊龜潭〉、〈玉潤源頭〉、〈君比鮎〉、〈列坐方舟〉在此。"가 있다.

74 己巳年(1569년, 宣祖2, 69세) 3월 13일 丹陽에서 쓴 시로 추정된다.

75 遶 : 上本에는 "繞"로 되어 있다.

76 己巳年(1569년, 宣祖2, 69세) 3월 13일 丹陽에서 쓴 시로 추정된다. 定本의 주묵추기에 "同上。"이라고 하였고, 부전지에 "兩詩, 己巳三月歸鄕時。"라고 하였다.

乞身歸路還多礙，不向雲間作勝遊。

答韓仲昷[77]

君比鮎魚上竹竿，我如病鶴出雲間。
思山鬱鬱撫羈枕，卻羨琴堂猶放閒[78]。

季春，至陶山，山梅贈答。二首[79]

(詩-內卷5-68)

梅贈主
寵榮聲利豈君宜，白首趨塵隔歲思。
此日幸蒙天許退，況來當我發春時。

---

77 己巳年(1569년, 宣祖2, 69세) 3월 14일 榮州에서 쓴 시로 추정된다. 定本의 주묵 추기에 "同上。"이라고 하였다. "昷"은 柳校에 "'昷'恐從水。"라고 하였다.

78 放閒 : 定本의 추기에 "〈楓岳舊聞〉在下。"가 있다.

79 己巳年(1569년, 宣祖2, 69세) 3월 17일 禮安에서 쓴 시로 추정된다. 이 시는 《梅花詩帖》에도 실려 있다. 定本의 〈季春, 至陶, 山梅贈答〉의 부전지에 "己巳孟夏"라고 하였고, 庚本·擬本·甲本에는 〈季春, 至陶山, 山梅贈答〉으로 되어 있으며, 上本에는 〈季春, 至陶山, 山梅贈答〉으로 되어 있다.

主答

非緣和鼎得君宜, 酷愛清芬自詠思。
今我已能來赴約, 不應嫌我負明時。

KNP0455(詩-內卷5-70)

次韻奇明彦追和盆梅詩見寄[80]

任他饕虐雪兼風, 窓裏清孤不接鋒。
歸臥故山思不歇, 仙眞可惜在塵中。

KNP0456(詩-內卷5-71~72)

乞退還田里, 金仁伯正言追寄詩。二首 次韻奉答[81]

(詩-內卷5-71)

落落平生志, 寥寥古聖經。
有求身矻矻, 無得鬢星星。
道恐歸虛說, 人悲遠典刑,
爲吟來警句, 心似酒初醒。

---

80 己巳年(1569년, 宣祖2, 69세) 4월 2일 禮安에서 쓴 시로 추정된다. 이 시는 《梅花詩帖》에도 실려 있다. 定本의 부전지에 "己巳"라고 하였다.

81 己巳年(1569년, 宣祖2, 69세) 4월 禮安에서 쓴 시로 추정된다.

能如砥柱志何流？改處雲收悔莫留。
若使此間消息得，分襟千里可無愁。

余友洪上舍應吉，求道甚切，不幸遭親喪，過毀滅性，痛哉！應吉
曾示余以《遊金剛山錄》，余爲之敘題，今不復能記其語。東歸船
上，偶逢一僧，乃所與導遊山者，能言當日探歷事甚悉。余感涕
久之，聊以一詩見情云[82]

楓嶽久聞天下勝，洪君可惜後來賢。
盈胸曾喜憑遊錄，隔世今嗟遇伴禪。
只爲相從同學道，非緣長往欲求仙。
冷烟風雨驪江上，回首平生思惘然。

次韻奇明彦。二首[83]

明時何故變仍生，天戒丁寧盍愼庚？

---

82 己巳年(1569년, 宣祖2, 69세) 3월 6～10일 驪州에서 쓴 시로 추정된다.

83 己巳年(1569년, 宣祖2, 69세) 9월 30일 禮安에서 쓴 시로 추정된다. 樊本에는

轉迈嘉祥由聖學，獻芹深切畎忠情。

【眞西山有《畎忠堂記》，言畎畝不忘君之意。】

(詩-內卷5-75)

萬事由來在我生，靜看消息月辛庚。
誰能謦[84]欬吾君側，只有同人識此情。

KNP0459(詩-內卷5-76)
奉和奇明彥頓夢韻[85]

明庭鵁鷺日追陪，夢裏歡顏得我開。
漆室有憂公識取，知音不用待山梅。

KNP0460(詩-內卷5-77)
奉謝奇明彥惠尾扇[86]

一陣淸風鳳尾生，故人持送御三庚。
巖軒獨坐開襟處，似聽高談豁遠情。

〈次奇明彥。二首〉로 되어 있다.

84 謦 : 定本에는 "警欬"로 되어 있고, 上本에는 "警欬"로 되어 있다.

85 己巳年(1569년, 宣祖2, 69세) 6월 7일 禮安에서 쓴 시로 추정된다.

86 己巳年(1569년, 宣祖2, 69세) 6월 7일 禮安에서 쓴 시로 추정된다.

KNP0461(詩-內卷5-78)

歸山後，次韻李仲久見寄[87]

好爵雖同鶴和皐，殘骸難得强勞勞。
歸根落葉儘常理，拂幕飛花寧自高。
委質幾緣愚病躓，畢恩還爲聖明遭。
自慙不是茅山隱，臥聽松聲殷翠濤。

【吾鄉李孝節公賢輔先生退歸日，舟中絶句有云，"秋風落葉合歸根"，'拂幕飛花'，使范縝對竟陵王子良之語。'幕'卽簾幕之幕，如今遮日也。范縝本語，"落花拂於簾幌"，'幌'，帷帳也。非遮日也。若從本語，則當作拂幌。而拂幌音韻似不諧。換'幌'作'幕'，無乃未安，未安則作幌亦可。此句之意，混誤至崇品，亦偶然耳。非本意也。】

KNP0462(詩-內卷5-79)

暮春，歸寓陶山精舍，記所見[88]

早梅方盛晚初開，鵑杏紛紛趁我來。
莫道芳菲無十日，長留應得別春回。

【時山西·山北皆未花，而山舍杜鵑爛熳，杏花隨亦相次而發，今十餘日，而春事未闌云。】

---

87 己巳年(1569년，宣祖2，69세) 4월 禮安에서 쓴 시로 추정된다.
88 己巳年(1569년，宣祖2，69세) 3월 27일경 禮安에서 쓴 시로 추정된다. 이 시는 《梅花詩帖》에도 실려 있다. 《梅花詩帖》에는 〈山居偶題〉로 되어 있다.

KNP0463(詩-內卷5-80)

盧寮悔贈金而精一絶, 其題, 有"財猶膩也。近則汚人"之語, 警人深矣。次韻贈之[89]

可惜臨財欲易生, 幾人傾覆險途行。
因君共佩盧深戒, 莫使持心近不誠。

KNP0464(詩-內卷5-81)

奇明彦錄示和梅詩八絶, 久未酬報。今見仲約, 聊以一絶道意云[90]

八絶吟梅見素懷, 我藏雲壑子銀臺。
相思此日逢江夏, 恰似同銜款款杯。

KNP0465(詩-內卷5-82~87)

陶山月夜, 詠梅。六首[91]

(詩-內卷5-82)

獨倚山窓夜色寒, 梅梢月上正團團。

---

89 己巳年(1569년, 宣祖2, 69세) 9월 16일경 禮安에서 쓴 시로 추정된다. 定本의 부전지에 "己巳中秋"라고 하였다.

90 己巳年(1569년, 宣祖2, 69세) 5~7월 禮安에서 쓴 시로 추정된다.

91 己巳年(1569년, 宣祖2, 69세) 4월 禮安에서 쓴 시로 추정된다. 이 시는 《梅花

不須更喚微風至，自有清香滿院間。

(詩-內卷5-83)

山夜[92]寥寥萬境空，白梅涼月伴仙翁。
箇中唯有前灘響，揚似爲商抑似宮。

(詩-內卷5-84)

步屧中庭月趁人，梅邊行遶幾回巡。
夜深坐久渾忘起，香滿衣巾影滿身。

(詩-內卷5-85)

晚發梅兄更識眞，故應知我怯寒辰。
可憐此夜宜蘇病，能作終宵對月人。

(詩-內卷5-86)

往歲行歸喜裏香，去年病起又尋芳。
如今忍把西湖勝，博取東華軟土忙。

(詩-內卷5-87)

老艮歸來感晦翁，託梅三復嘆羞同。
一杯勸汝今何得？千載相思淚點胸。

詩帖〉에도 실려 있다. 定本에는 〈陶山月夜, 咏梅。六首〉로 되어 있고, 《梅花詩帖》
에는 〈陶山月夜詠梅〉로 되어 있다.

92 夜 : 樊本에는 "野"로 되어 있다.

KNP0466(詩-內卷5-88)

次韻星牧金伯純見訪[93]

五馬期從九月秋，丁丁伐木遠尋求。
臨河九曲因詩見，一棹何當上小舟？

KNP0467(詩-內卷5-89~90)

夏日幽居，琴夾之攜示金彦遇寄詩，就次二絶卻寄[94]

(詩-內卷5-89)

相望猶恨隔山雲，興味尋常無與分。
況是薰風解慍日，滿庭幽翠草[95]繽紛。

(詩-內卷5-90)

綠楊深處囀鶯黃，欲雨微風漏日光。
對酌琴君詠君句，薔薇初動玉梅香。

---

93 己巳年(1569년，宣祖2，69세) 10월 5일 禮安에서 쓴 시로 추정된다.

94 己巳年(1569년，宣祖2，69세) 4~5월 禮安에서 쓴 시로 추정된다.

95 翠草 ： 定本의 부전지에 "‘翠草’疑乙。"이라고 하였다.

贈金彦遇[96]

後凋主人堅素節，除書到門心不悅。
坐待梅花冰雪香，目擊道存吟不輟。

和金彦遇。二首[97]

留春相待感花仙，雪色檀香兩妙天。
寄謝後凋休好事，有絃無乃勝無絃。
【嘗謂陶公無絃琴事，雖有高致，似未免崇虛打乖之病。今來詩引此，以喻梅
之心事不必待花而知，恐亦有此病，故反其說以[98]復之。】

奪性移天斷接餘，猶供佳玩待人蘇。
何如拓地栽成百，香滿乾坤不淡枯？

---

96 己巳年(1569년, 宣祖2, 69세) 5월 禮安에서 쓴 시로 추정된다.

97 己巳年(1569년, 宣祖2, 69세) 3월 하순 禮安에서 쓴 시로 추정된다.

98 以 : 上本에는 "而"로 되어 있다.

KNP0470(詩-內卷5-94)

寄謝彦遇[99]

麴生疎我去無回，賓祭愁聞甕有埃。
不是與君多素分，豈能催送入山來？

KNP0471(詩-內卷5-95)

贈彦遇[100]

家雞君有庾公才，野鶩非王底索來。
自覺蒹葭難倚玉，會當空面卻須回。
【新書三四件，公不自題標，枉索於老拙，有同晉人家雞·野鶩之說，戲呈一
絶云。】

KNP0472(詩-內卷5-96~97)

**近觀柳子厚、劉夢得以學書相贈答諸詩，戲笑中猶有相勸勉之意，
令白頭翁不禁操觚弄墨之興，各取其末一絶，次韻奉呈彦遇**[101]

(詩-內卷5-96)

筆追王法謾虛名，習氣還同不樂京。

---

99 己巳年(1569년, 宣祖2, 69세) 5월 禮安에서 쓴 시로 추정된다.
100 己巳年(1569년, 宣祖2, 69세) 5월 26일 禮安에서 쓴 시로 추정된다. 上本에는
〈贈金彦遇〉로 되어 있다.

歸寫道經非我事，臨池忘老作眞行。

【王羲之雅好服食養性，不樂在京，故云。】

(詩-內卷5-97)

白首攻書恨未成，客來攜卷摠循名。

唯君筆力堪追古，莫惜加工振美聲。

KNP0473(詩-內卷5-98)

次韻，謝金彦遇惠石假山種菊[102]

方信同人好尙孚，菊山擎送慰今吾。

一杯笑領慇懃意，翠靄淸芬淡有無。

KNP0474(詩-內卷5-99~100)

抱淸主人金愼仲盆養梅花，至月晦日，溪莊大雪中，寄來梅一枝詩二絶。淸致可尙，次韻奉酬，因記得去春都下，得盆梅甚佳，未幾東歸，思之未已。於後倂及之[103]

(詩-內卷5-99)

盆中未臘梅花發，澗上窮陰雪片橫。

---

101 己巳年(1569년, 宣祖2, 69세) 5월(26일 이후) 禮安에서 쓴 시로 추정된다.
102 己巳年(1569년, 宣祖2, 69세) 9월 禮安에서 쓴 시로 추정된다.

折寄相思淸入骨, 挹淸眞箇不虛名。

(詩-內卷5-100)

痛憶京師二月中, 盆梅歸袖挹仙風。
那知此日高齋裏, 幻出黃鍾律未窮。

KNP0475(詩-內卷5-101〜102)

彦遇、惇叙同訪, 愼仲盆梅韻。二首[104]

(詩-內卷5-101)

至後微陽生九地, 盆梅驚動已先春。
誰能畫出兩騷客, 踏雪攜壺訪主人。

(詩-內卷5-102)

窓外雪風吹動地, 窓間梅蘂玉生春。
故應天護淸香別, 隔斷寒威餉與人。

103 己巳年(1569년, 宣祖2, 69세) 11월 30일 禮安에서 쓴 시로 추정된다. 이 시는
《梅花詩帖》에도 실려 있다.
104 己巳年(1569년, 宣祖2, 69세) 11〜12월 禮安에서 쓴 시로 추정된다. 이 시는
《梅花詩帖》에도 실려 있다.

彥遇〈雪中賞梅，更約月明〉韻[105]

雪映瓊枝不怕寒，更邀桂魄十分看。
筒中安得長留月，梅不飄零雪未殘？

愼仲贈彥遇、惇叙韻[106]

寸土能開子月梅，連娟跨臘未須催。
豈如病叟居寒谷，直到春深始見開。

又雪月中賞梅韻[107]

盆梅發淸賞，溪雪耀寒濱。
更著冰輪影，都輸臘味春。

---

105 己巳年(1569년, 宣祖2, 69세) 11~12월 禮安에서 쓴 시로 추정된다. 이 시는
《梅花詩帖》에도 실려 있다.
106 己巳年(1569년, 宣祖2, 69세) 11~12월 禮安에서 쓴 시로 추정된다. 이 시는
《梅花詩帖》에도 실려 있다.
107 己巳年(1569년, 宣祖2, 69세) 11~12월 禮安에서 쓴 시로 추정된다. 이 시는
《梅花詩帖》에도 실려 있다.

迢遙[108]閬苑境，婥約藐姑眞。
莫遣吟詩苦，詩多亦一塵。

KNP0479(詩-內卷5-106)
詠雪韻[109]

自掩袁生戶，誰尋戴隱區。
啾啾傍簷雀，矍矍失林烏。
愛喚鸝鶵杓，頻添榾柮爐。
何須蹇驢上，吟入灞橋圖？

KNP0480(詩-內卷5-107)
愼仲、惇叙雪中尋梅韻[110]

大雪漫漫朔吹飄，尋梅情境自迢遙。
令人卻憶韓公句，妙在行天馬度橋。

---

108 迢遙：定本의 부전지에 "注'迢遙'二字兩用云，指此詩也。"라고 하였다.
109 己巳年(1569년, 宣祖2, 69세) 11~12월 禮安에서 쓴 시로 추정된다.
110 己巳年(1569년, 宣祖2, 69세) 11~12월 禮安에서 쓴 시로 추정된다.

KNP0481(詩-內卷5-108)

雪後晚望韻[111]

七七仙翁幻手催，琪花頃刻遍林開。
玄冥亦解留佳玩，不使微風一片摧。
【寂寞[112]王子猷，回船剡溪路，迢遙戴安道，雪夕誰與度。此坡翁雪詩語也。
迢遙二字，詠雪甚好，不覺兩用之耳[113]。】

KNP0482(詩-內卷5-109)

貞夫人金氏挽詞[114]

延安金譜舊簪纓，今復移天得顯榮。
半世已多徵吉夢，中途何遽作哀惸？
恩霑夜隧年雙九，慶到兒官月缺盈。
弱草驚塵誰不痛，歸依還幸是同塋。

---

111 己巳年(1569년, 宣祖2, 69세) 11∼12월 禮安에서 쓴 시로 추정된다.

112 寞 : 上本에는 "莫"으로 되어 있다.

113 寂寞……之耳 : 두주에 "此註，當在上〈雪中尋梅〉詩下。"라고 하였다.

114 己巳年(1569년, 宣祖2, 69세) 2월 서울에서 쓴 시로 추정된다. 이 시는《溫溪先生逸稿》卷3에도 실려 있다.《溫溪先生逸稿》에는 〈貞夫人挽詞〉로 되어 있다.

KNP0483(詩-內卷5-110~111)

次權章仲梅花下吟。二首[115]

(詩-內卷5-110)

將身得返舊山雲，萬事筌蹄不用分。
只喜山翁雙鬢雪，千紅萬紫照繽紛。

(詩-內卷5-111)

爾來瓶子挈鵝黃，天向梅窓洗月光。
夢覺起來拚數酌，微吟眞覺滿懷香。

KNP0484(詩-內卷5-112~113)

奉次前示堂字韻絕句。二首[116]

(詩-內卷5-112)

兩翁相對坐溪堂，澆飯清談替擧觴。
日暮送君門獨掩，小庭幽砌自彷徨。

(詩-內卷5-113)

秋深景色好亭堂，樂事何煩爛酒觴？
莫怪老人稀伴侶，相攜隨處可彷徨。

---

115 己巳年(1569년, 宣祖2, 69세) 3월 하순 禮安에서 쓴 시로 추정된다.
116 己巳年(1569년, 宣祖2, 69세) 9월 禮安에서 쓴 시로 추정된다.

KNP0485(詩-內卷5-114~115)

鄭檢詳子中寄詩二首，已而，來告別之京，次韻奉贈[117]

(詩-內卷5-114)

奔命辭山憶去年，幾回東望戀悠然？

陶潛已問歸時路，許氾何求隱處田？

痼疾烟霞依舊在，忱情魏闕尚餘懸。

與君況復逢還別，回首春風思更綿。

(詩-內卷5-115)

忽覺眉間喜氣浮，爲君延佇對芳洲。

千紅萬紫如相識，野蕨山蔌亦可羞。

友義思敦惟善責，君恩圖報只身修。

請看天放山巖老，有許愁中無一愁。

KNP0486(詩-內卷5-116~117)

東湖舟上，奇明彥先有一絕，朴和叔繼之，席上諸公，咸各贈言，
滉臨行，不能盡酬，謹用前二絕韻，奉謝僉辱相送之厚意云[118]

(詩-內卷5-116)

列坐方舟盡勝流，歸心終日爲牽留。

---

117 己巳年(1569년, 宣祖2, 69세) 3월 25일 禮安에서 쓴 시로 추정된다.

118 己巳年(1569년, 宣祖2, 69세) 3월 5일 서울에서 쓴 시로 추정된다. 이 시는

願將漢水添行硯，寫出臨分無限愁。

〈詩-內卷5-117〉

許退寧同賜玦環？ 羣賢相送指鄉關。

自慙四聖垂恩眷，空作區區七往還。

KNP0487〈詩-內卷5-118～119〉

次答金龍宮 舜舉[119]

〈詩-內卷5-118〉

白髮趨朝意緒茫，患深梟鶴短兼長。

虛名縱被曾成誤，苦節猶思晚補亡。

天地有恩寬老疾，巖廊多事辨驪黃。

兩詩來慶雖堪荷，只愧[120]褒言太欠商。

〈詩-內卷5-119〉

夢裏春歸已杳茫，思君長夏柰愁長。

居窮正似韓延座，遇病還如孔覿亡。

魚樂本無分物我，木生那更願靑黃。

奇大升의《高峯先生續集》卷1과 朴淳의《思菴先生文集》卷1, 李純仁의《孤潭逸稿》
卷1에도 퇴계선생 차운시로 실려 있다. 定本의 부전지에 "春發程時"라고 하였다.

119 己巳年(1569년, 宣祖2, 69세) 4월 禮安에서 쓴 시로 추정된다.

120 愧 : 上本에는 "媿"로 되어 있다.

君看競利人間者，不恥要錢子母商。

KNP0488(詩-內卷5-120~121)

次韻忠淸監司兪泓之。二首[121]

(詩-內卷5-120)

乞退辭天上，言歸指嶺南。
杯傳可興館，舟泝達川潭。
世事歖高論，仙區聳歷探。
詩來言過重，吟對碧山慙。

(詩-內卷5-121)

故國藏蹤日，中原別恨春。
那知棠案筆，能記鹿羣身。
好鳥迎詩哢，幽花照墨新。
酬書更回首，何日得重親？

---

121 《退溪先生年表月日條錄》卷4에는 己巳年(1569년, 宣祖2, 69세) 4월 忠州에서
지은 시로 되어 있으나 내용으로 보아 退溪가 예안으로 돌아온 뒤에 지은 시로 추정
된다.

奉呈安孝思[122]

去歲相逢酒一巡，今年相望首搔頻。
我疑遁世騎牛客，公是長生授棗人。
靜室陶山看古易，高亭蘆浦樂餘春。
和詩十首公休索，累牘聯篇亦一塵。

辨存齋辨物理之極處無不到詩。二首[123]

人巧能雕物，雕寧巧得人。
謂知能格物，取譬恐非倫。

雕而能詣極，詣者豈非人。
謂物雕能詣，言何太不倫？

---

122 己巳年(1569년, 宣祖2, 69세) 3월 이후 禮安에서 쓴 시로 추정된다.

123 己巳年(1569년, 宣祖2, 69세) 未詳이다.

贈別禹景善正字之關西[124]

昔日蒙君訪野夫，長安重見豈曾圖。
非無對衆開顏面，不似臨溪講典謨。
正學只應功在熟，浮名一任事歸迂。
丈夫別恨非兒女，愼勿因循作小儒。

【昨聞指點之語，令人寒粟在身，此拙句勿浪示人，好行好行。】

次韻，答禹景善。二首[125]

(詩-內卷5-126)

故人在日下，寄我一封書。
我恨稽全退，君嫌近美除。
未期論舊學，空憶共精廬。
宦海多飜覆，寧忘賦《遂初》？

【乞辭未得，退而非全退，故云。】

---

124 己巳年(1569년, 宣祖2, 69세) 1월 1일경 서울에서 쓴 시로 추정된다.
125 己巳年(1569년, 宣祖2, 69세) 6월 8일 禮安에서 쓴 시로 추정된다. 定本의 부전
지에 "己巳夏"라고 하였다.

(詩-內卷5-127)

山趣無他只晏如, 回頭時復獨愁予。

明年好待[126]花君子, 不向雲霞恨索居。

【蓮沼水冷不宜蓮。別作小塘, 明年, 擬種養西麓, 近無人棲息。】

KNP0493(詩-內卷5-128~133)

次韻禹景善菊問答。六首[127]

(詩-內卷5-128~130)

問菊

(詩-內卷5-128)

常嫌物性[128]有遷移, 美者無幾惡轉滋。

豈謂滿庭霜下傑, 半成蓬艾亦離支。

(詩-內卷5-129)

今年夏潦坤成痺, 黃菊渝貞欲入時。

尚有小叢依舊色, 含芳無乃恥同期。

---

126 待 : 上本에는 "對"로 되어 있다.

127 己巳年(1569년, 宣祖2, 69세) 9월(10일 이후) 禮安에서 쓴 시로 추정된다. 定本의 부전지에 "己巳秋"라고 하였고, 養校에 "‘菊’下五字,《目錄》見脫。"이라고 하였다.

128 性 : 甲本에는 ‘情’으로 되어 있는데 두주에 "‘情’, 一本作‘性’。"이라고 하였다. 庚本·擬本에는 "情"으로 되어 있다.

(詩-內卷5-130)

東園霜露日幽尋，尙憶從前趣興深。
不有數叢金間綠，一尊何處玩餘陰？

(詩-內卷5-131~133)
菊答

(詩-內卷5-131)

坤黃天賦我何移？憔悴猶承雨露滋。
滿地風霜三徑裏，陶翁相待好樽支。

(詩-內卷5-132)

紛紛受變知何事？漠漠懷貞向此時。
爲報靈均休歎息，殘芳猶足與君期。

(詩-內卷5-133)

衆芳蕪沒已難尋，變到金英怪亦深。
不信黃裳元自吉，枉將妖氣眩晴陰。

KNP0494(詩-內卷5-134~141)

仙遊洞八詠【庚午】[129]

(詩-內卷5-134)

松亭待月

松爲作者七人哉. 月友成三待影來。

坐覺千巖成玉界, 一尊今夜共徘徊。

(詩-內卷5-135)

广巖修禊[130]

千古<u>山陰</u>勝事傳, 與君終日賞風烟。

視今視昔都休問, 風詠從來樂自然。

(詩-內卷5-136)

苑串尋僧

踏破林間古逕苔, 禪房花木爲誰栽。

箇中自趁幽閒趣, 不是尋僧問法來。

(詩-內卷5-137)

黃楊賞春

春入桃源日載陽, 巖花澗草發天香。

---

129 庚午年(1570년, 宣祖3, 70세). 禮安에서 쓴 시이다.

130 禊 : 定本에는 "稧"로 되어 있고, 甲本에는 "稧"로 되어 있으며 樊本·上本에는 "稧"로 되어 있다.

444 校勘標點 退溪全書 1

洞仙此日遺蹤杳，呼我爲仙亦不妨。

(詩-內卷5-138)

沙坪牧牛

叱石爲羊近怪神，騎牛遁世亦驚人。
何如牧豎烟蕪裏，一笛斜陽弄晚春？

(詩-內卷5-139)

仙洞訪鶴

洞裏仙禽省見稀，丹砂爲頂雪爲衣。
幾時月白風清夜，載得雲間子晉歸。

(詩-內卷5-140)

花山採藥

仙山靈雨長瓊苗，採服人言自蛻超。
欲問仙翁求寶訣，不嫌身老見功遙。

(詩-內卷5-141)

歧灘釣魚

懶向湖西踏軟紅，清溪垂釣白雲中。
傍人莫說非熊卜，怕遣沙鷗不近翁。

KNP0495(詩-內卷5-142)

贈李居士[131]

仙洞居士攜一筇,月嶽龜潭訪陶翁。
自云走遍諸名山,明朝笑入淸涼中。
歸來別我不作留,飄若一片空雲浮。
聊和八詠贈子去,好逐洞仙遊處遊。

KNP0496(詩-內卷5-143)

無題[132]

靑山白雲成仙翁,寄聲欲問雲千重。
唯有仙山李居士,時與往來靑山中。

KNP0497(詩-內卷5-144)

陶山暮春偶吟[133]

浩蕩春風麗景華,葱瓏佳木滿山阿。
一川綠水明心鏡,萬樹紅桃絢眼霞。

---

131 庚午年(1570년, 宣祖3, 70세) 禮安에서 쓴 시이다.
132 庚午年(1570년, 宣祖3, 70세) 禮安에서 쓴 시이다.
133 庚午年(1570년, 宣祖3, 70세) 3월 禮安에서 쓴 시이다.

造化豈容私物物，羣情自是競哇哇。
山禽不識幽人意，款曲嚶鳴至日斜。

KNP0498(詩-內卷5-145~146)
次奇明彥。二首[134]

(詩-內卷5-145)
去歲分襟憶泝流，君行今復此遲留。
故應去國同懷抱，渭水終南如許愁。
【明彥辭官去，宿于東湖南岸箕城亭舍。】

(詩-內卷5-146)
湖嶺相尋只夢魂，覺來明月滿山門。
願將心事隨明月，寫向君庭不作煩。

KNP0499(詩-內卷5-147~148)
庚午季秋，尋伊洞泉石，招宏仲同遊，宏仲已先往矣[135]

(詩-內卷5-147)
野菊時聞撲馬香，幽尋泉石傍斜陽。

---

134 庚午年(1570년, 宣祖3, 70세) 3월 21일 禮安에서 쓴 시로 추정된다.
135 庚午年(1570년, 宣祖3, 70세) 9월 禮安에서 쓴 시이다.

欲招君去同遊賞，人道君先入杳茫。

(詩-內卷5-148)

王母城前小有天，丹楓碧澗映寒烟。
何當鑿出瑤池水，滿種蓮花更可憐？

KNP0500(詩-內卷5-149~151)

追寄李伯春按使。三首【伯春以方伯，來訪陶山，將有呈辭還京之意。】[136]

(詩-內卷5-149)

原隰驅馳事萬端，又煩旌節入雲山。
猶多百病纏身處，得見淸標玉映寒。

(詩-內卷5-150)

一尊相對破愁端，別去從今隔萬山。
他日不堪登望處，天淵臺上眼空寒。

(詩-內卷5-151)

百算全無可一端，旣歸還入有如山。
唯將白首虞人義，日望恩休病眼寒。

---

136 庚午年(1570년, 宣祖3, 70세) 3월 禮安에서 쓴 시이다. 이 시는 李陽元의《鷺渚
遺事》卷1에도 〈退溪先生原韻〉이라는 제목으로 실려 있다.

龜巖精舍[137]

洛水呈書啓聖神，箕疇千載炳彝倫。
誰知揭號巖栖客，不學成都賣卜人。

居敬齋[138]

一寸膠無千丈渾，玉淵秋月湛寒源。
端居日夕如臨履，箇是存存道義門。

明義齋[139]

義路如砥坦且明，一昏心燭故難行。
欲知大寐如醒處，唯在研[140]精積久生。

---

137 庚午年(1570년, 宣祖3, 70세) 6월(16일 이후) 禮安에서 쓴 시로 추정된다.
138 庚午年(宣祖3, 1570년, 70세) 6월(16일 이후) 禮安에서 쓴 시로 추정된다.
139 庚午年(宣祖3, 1570년, 70세) 6월(16일 이후) 禮安에서 쓴 시로 추정된다.
140 研 : 上本에는 "嘴"으로 되어 있다.

KNP0504(詩-內卷5-155)

大觀臺[141]

謏聞偏見世爭譁，<u>渭水</u><u>涇</u>流各自多。
試上高臺觀遠大，聖門論道更如何？

KNP0505(詩-內卷5-156)

不欺堂[142]

<u>曾</u>思心法日星懸，人鬼關門更截然。
獨臥獨行毋敢慢，尋常何地不爲天？

KNP0506(詩-內卷5-157)

解夢【<u>龜巖</u>來書，"嘗夢得書，示以'心心心心、時時時時'云云。"因以一絶解之。**】**[143]

千里巖棲豈易尋？夢中書札亦論心。
此心操攝無餘法，念念時時著[144]一欽。

---

141 庚午年(宣祖3, 1570년, 70세) 6월(16일 이후) 禮安에서 쓴 시로 추정된다.
142 庚午年(宣祖3, 1570년, 70세) 6월(16일 이후) 禮安에서 쓴 시로 추정된다.
143 庚午年(宣祖3, 1570년, 70세) 1월 禮安에서 쓴 시로 추정된다. 이 시는 李楨의 《龜巖先生文集》卷1에도 차운시로 실려 있다.

KNP0507(詩-內卷5-158)

又次龜巖夢見四心字、時字一絕，卻寄[145]

吾心明似鏡光寒，自恐磨治力易闌。
賴有故人同此意，夢中相勉亦忱肝。

KNP0508(詩-內卷5-159~161)

次韻金道盛。三絕[146]

(詩-內卷5-159)

聞昔潯陽歸臥客，結廬人境每關門。
平生歎[147]仰高風處，不要逃喧自絕喧。

(詩-內卷5-160)

君身正似鱗將變，我學還如蕺未嘗。
歲晏送君歸勉業，寒齋塊處意偏長。

---

144 著 : 定本에는 "着"으로 되어 있다.

145 庚午年(宣祖3, 1570년, 70세) 1월 禮安에서 쓴 시로 추정된다. 이 시는 李楨의
《龜巖先生文集》卷1에도 차운시로 실려 있다.

146 庚午年(宣祖3, 1570년, 70세) 11월 8~15일 禮安에서 쓴 시로 추정된다. 이
시는 金隆의 《勿巖先生文集附錄》에도 실려 있다. 《勿巖先生文集附錄》에는 〈次道盛
韻【三首】〉로 되어 있다.

147 歎 : 定本에는 "嘆"으로 되어 있다.

澗上霜扉深且迥, 山童蜎縮晚慵開。
關門絕俗吾何敢? 怕有衝寒問字來。

KNP0509(詩-內卷5-162)
奉次金子昂【睟】和余天淵臺韻[148]

每上江臺獨喟然, 如今君亦詠天淵。
沂公妙處淳公發, 千載誰能續舊編?
【子思"鳶飛魚躍"之旨, 明道以爲與"必有事焉而勿正"之意同, 知此然後, 知
天淵之妙。】

KNP0510(詩-內卷5-163)
次子昂〈精舍曉起, 聞雞有感〉韻[149]

雞鳴喔喔警人聞, 舜蹠孳孳事劇雲。
悟歎[150]獨吟山月下, 知君善利不迷分。

---

148 庚午年(宣祖3, 1570년, 70세) 8~9월 禮安에서 쓴 시로 추정된다. 定本의 부전
지에 "庚午孟冬。"이라고 하였다.

149 庚午年(宣祖3, 1570년, 70세) 8~9월 禮安에서 쓴 시로 추정된다.

150 歎 : 定本·樊本·上本에는 "嘆"으로 되어 있다.

示金彦遇[151]

萬化機緘妙且淵，春深無處覓中邊。
當時不有思和點，此理誰知在眼前？

落帽峯次吳謙仲韻[152]

翠微高處共登來，佳節欣逢景物催。
千峀揷天如玉立，一溪對席似環迴。
黃花露浥鮮金映，赤葉霜寒爛錦堆。
好遣西風吹白髮，整冠詩老亦堪咍。

寄題權章仲棲城山。二首[153]

(詩-內卷5-166)

少年遊迹記城山，形勝山川縹緲間。

---

151 庚午年(宣祖3，1570년，70세) 3월 禮安에서 쓴 시로 추정된다.
152 庚午年(宣祖3，1570년，70세) 9월 禮安에서 쓴 시로 추정된다.
153 庚午年(宣祖3，1570년，70세) 11월 8일 禮安에서 쓴 시이다.

白首喜聞棲息事，欲攜書去更盤桓。

(詩-內卷5-167)

蘭若山高水逈臨，白雲青竹好遊尋。
誰知五十年前事，感槩[154]題詩思不禁？

KNP0514(詩-內卷5-168~179)

金愼仲挹清亭。十二詠[155]

(詩-內卷5-168)

望山

何處無雲山？清凉更清絶。
亭中日延望，清氣透人骨。

(詩-內卷5-169)

聽江

前溪寂寥過，遠江還有聲。
世人箏笛耳。誰參靜裏聽？

---

154 槩：저본의 두주에 "'槩'恐'慨'。"라고 하였다. 養校에 "'槩'恐'慨'。"라고 하였다.
李校에 "'恐'慨'，先生手本多作槩。"라고 하였다.
155 庚午年(宣祖3, 1570년, 70세) 3월 禮安에서 쓴 시로 추정된다.

(詩-內卷5-170)

待月

昨夜庭中月，今宵出海遲。

停杯待三友，孤諷謫仙詞。

(詩-內卷5-171)

迎風

徐來赤壁秋，起自青蘋末。

亭上羲皇人，披襟何快活？

(詩-內卷5-172)

讀書

書傳千古心，讀書知不易。

卷中對聖賢，所言皆吾事。

(詩-內卷5-173)

會友

孔門論會友，以文仍輔仁。

非如市道交，利盡成路人。

(詩-內卷5-174)

宴坐

我坐禪亦坐，禪虛我不同。

揮戈讓隱几，奇功收此中。

（詩-內卷5-175）

晚步

倦來起徐行，扶杖散腰膝。

草堂只看山，雲谷無答客。

（詩-內卷5-176）

養鶴

長身古君子，在庭多歲月。

何須騎上天？正好參讀《易》。

（詩-內卷5-177）

釣魚

多事動客星，無心遇獵熊。

竹絲風裊裊，簑笠雨濛濛。

（詩-內卷5-178）

蒔花

開落百花事，乾坤造化心。

栽培遍庭院，佳玩久逾深。

（詩-內卷5-179）

種蔬

聖門學誠癡，貧居種何妨？

日涉陶園趣，寧須食鯉魴？

KNP0515(詩-內卷5-180~181)

巖栖讀《啓蒙》, 示諸君。二首[156]

(詩-內卷5-180)

白首重[157]尋《易》學書, 幾多疎謬共修除?
方知麗澤深滋益, 覰到先天一太虛。

(詩-內卷5-181)

七十居山更愛山, 天心《易》象靜中看。
一川風月須閒管, 萬事塵埃莫浪干。

KNP0516(詩-內卷5-182~184)

易東書院示諸君。三首[158]

(詩-內卷5-182)

儒館經營洛水邊, 幸同今日會羣賢。
初來《易》道乾坤闢, 漸賁文猷日月懸。
好待後人能契發, 恭聞此學在精專。
莫將外慕相撓奪, 無價明珠得自淵。

---

156 庚午年(宣祖3, 1570년, 70세) 5월 13일경 禮安에서 쓴 시로 추정된다. 이 시는
李純仁의 《孤潭逸稿》 卷4 《附錄》에도 제1수가 실려 있다.
157 重 : 樊本에는 "溫"으로 되어 있고, 그 두주에 "本草作'重'."이라고 하였다. 上本
에는 "溫"으로 되어 있다.
158 庚午年(宣祖3, 1570년, 70세) 5월 초순 禮安에서 쓴 시로 추정된다.

(詩-內卷5-183)

麗季程朱教始東，只¹⁵⁹今諸說滿區中。
當年首發公徵史，繼世眞傳孰任躬？
主敬龍門千聖法，明倫鹿洞一原¹⁶⁰功。
吾儕講習非他緒，切戒尋常事捉風。

(詩-內卷5-184)

一粟吾生海外身，可憐賢聖未同辰。
若非雲谷千言鑑，何異蘧廬一宿人？
入眼山光靑似染，滿庭草色翠如匀。
與君共此閒中樂，珍重相看日日新。

KNP0517(詩-內卷5-185)

齋中夜起看月¹⁶¹

精一齋中玩月明，拓窓孤坐湛凝情。
梧桐漸轉空階影，蟋蟀無停暗壁聲。
四序迭侵人易感，一宵全寂院逾淸。
神襟了了燭幽鑑，更覺先賢爲後生。

【右示金彥遇、李大用、趙士敬、金愼仲、琴聞遠、金惇叙、琴壎之、尹起

---

159 只 : 上本에는 "至"로 되어 있다.

160 原 : 上本에는 "源"으로 되어 있다.

161 庚午年(宣祖3, 1570년, 70세) 7월 4~14일 禮安에서 쓴 시로 추정된다.

伯、朴居中，兼示姪宰、孫兒安道·純道。時共讀《心經》，故於末及之。】

KNP0518(詩-內卷5-186)

次前韻，追寄彦遇上舍[162]

一昨羣居好講明，幾多開發滯常情？
義同自直蓬麻植，樂似相宣金石聲。
愧我久昏神鑒炯，憑君新澡玉淵淸。
只嫌趁日匆匆過，畢竟工夫著處生。

KNP0519(詩-內卷5-187~188)

次李伯春韻。二首[163]

(詩-內卷5-187)

自愧窮山一病身，朱輀初荷枉前春。
那知去作花山別，更此重臨玉節新？
萬事古來眞轉燭，百年今始可安神。
溪山邈邈如相失，幾日同成畫裏人？

【來詩，"偶坐眞成畫裏人。"】

---

162 庚午年(宣祖3，1570년，70세) 7월 17일경 禮安에서 쓴 시로 추정된다.
163 庚午年(宣祖3，1570년，70세) 8월 21일 禮安에서 쓴 시로 추정된다. 이 시는
李陽元의 《鷺渚遺事》 卷1에도 실려 있다.

(詩-內卷5-188)

野翁疎散不謀身，自喜頻逢有脚春。
共對山光濃又淡，寧知世態故還新？
愁催白髮吾如約，興適清詩子若神。
聞道丈夫能自樹，勸公須作讀書人。

KNP0520(詩-內卷5-189~198)

次韻集勝亭十絶[164]

(詩-內卷5-189)

郡城曉角

角聲催曉落牀頭，縹緲山城隱畵樓。
吏起雞鳴渾不管，遊[165]仙枕上夢初收。

(詩-內卷5-190)

山寺暮鐘[166]

薄暮禪居隱翠峯，鐘[167]聲來自有無中。
倩工欲畵烟鐘[168]景，其奈聲聲入太空？

---

164 庚午年(宣祖3, 1570년, 70세) 禮安에서 쓴 시이다.
165 遊 : 定本·庚本·擬本·甲本에는 "游"로 되어 있다.
166 鐘 : 定本·庚本·擬本·甲本·樊本·上本에는 "鍾"으로 되어 있다.
167 鐘 : 定本·庚本·擬本·甲本·樊本·上本에는 "鍾"으로 되어 있다.
168 鐘 : 定本·庚本·擬本·甲本·樊本·上本에는 "鍾"으로 되어 있다.

(詩-內卷5-191)

遠林白烟

漠漠脩[169]林傍遠村，風生虛籟杳無聞。

太平莫道無形象，看取朝烟一帶痕。

(詩-內卷5-192)

長橋落照

古渡長橋入眼看，歸雲平遠暮鴉[170]還。

主人登眺饒詩興，思在明霞落照間。

(詩-內卷5-193)

堂洞春花

一春花事發玄坤，錦繡千堆映洞門。

亭上百杯餘興在，欲隨春去問花源。

(詩-內卷5-194)

鶴峯秋月

鶴駕峯頭掛月輝，亭闌渾作水晶微。

夜深手把無絃弄，不恨如今聽者稀。

---

169 脩：定本·庚本·擬本·甲本에는 "修"로 되어 있다.

170 鴉：定本·庚本·擬本·甲本에는 "鵶"로 되어 있다.

(詩-內卷5-195)

蘆浦牧笛

一笛斜陽咽未休，平蕪橫過斷原頭。

須知牧豎生平樂，不在商歌寓飯牛。

(詩-內卷5-196)

箭灘漁火

月下靑熒微復揚，雨中猶見閃茫洋。

朝來小市從溪店，喜見金橫玉偃光。

(詩-內卷5-197)

北山行雨

頃刻橫斜走白烟，滿空銀竹北山前。

捲簾快覩驅煩暑，一枕淸風穩睡眠。

(詩-內卷5-198)

南郊飛雪

窮陰垂地雪飛天，銀海漫漫漲野川。

獨自倚闌看更好，不知寒粟遍高肩。

KNP0521(詩-內卷5-199)

贈具景瑞[171]

柏潭主人病去銓，歸[172]趁菊花霜露天。

借問何如作行止？ 笑指白雲心悠然。

KNP0522(詩-內卷5-200~201)

庚午寒食，將往展先祖墓於安東，後凋主人金彦遇，擬於其還邀
入賞梅，余固已諾之。臨發，適被召命之下，旣不敢赴，惶恐輟
行，遂至愆期，爲之悵然有懷，得四絶句，若與後凋梅相贈答者，
寄呈彦遇，發一笑也[173]

(詩-內卷5-200)

後凋堂下一株梅，春晚冰霜獨擅開。
豈謂天書下前日，能令佳約坐成頹？

(詩-內卷5-201)

梅不欺余余負梅，幽懷多少阻相開。
風流不有陶山社，心事年來也盡頹。

<hr />

171 庚午年(宣祖3, 1570년, 70세) 9월 18~22일 禮安에서 쓴 시로 추정된다. 初本
(20책, 書簡)의 추기에 "書簡尾〈示具景瑞〉"라고 하였다. 이 시는 具鳳齡의《柏潭集》
에도 〈次退溪先生韻〉의 元韻으로 실려 있다.

172 歸 : 初本(20책, 書簡)의 추기에 "'歸'一作'來'。"라고 하였다.

173 庚午年(宣祖3, 1570년, 70세) 2월 20일 禮安에서 쓴 시이다. 이 시는《梅花詩
帖》에도 실려 있다.

KNP0523(詩-內卷5-202~203)

後凋梅答[174]

(詩-內卷5-202)

聞君逃祿自前春，釣月耕雲儘可人。
更惹塵機來負我，不知誰復與相親。

(詩-內卷5-203)

騷情非淺後凋春，苦節君休訝主人。
與我已成心契密，不應桃李更交親。

【昨聞彥遇以堂制頗奢，恐不稱梅韻爲病，故末絕云。】

KNP0524(詩-內卷5-204~205)

余贈彥遇詩，謂："雖負尋梅於彼，亦有陶山梅，足以自慰。"已而彥遇來訪溪上，歷陶社，云："梅被寒損特甚，著花未可必。"余聞之，將信將疑，用彥遇韻以自遣，且以示彥遇。二首[175]

(詩-內卷5-204)

結社陶梅八九條，佇看眞白發春孤。

---

174 庚午年(宣祖3, 1570년, 70세) 2월 20일 禮安에서 쓴 시로 추정된다. 定本에는 〈後凋梅答。二絶〉로 되어 있다.

175 庚午年(宣祖3, 1570년, 70세) 2월 하순 禮安에서 쓴 시로 추정된다. 이 시는 《梅花詩帖》에도 실려 있다. 《梅花詩帖》에는 〈余贈彥遇詩，謂：'雖負尋梅於彼，亦有陶山梅，足以自慰。'已而彥遇來訪溪上，歷陶社，云：'梅被寒損特甚，著花未可必。'

翻[176]思託地高寒甚，莫是天香太損無？

(詩-內卷5-205)

雪虐風饕戰許條，摧傷烈氣更貞孤。
君廚俊及雖凋謝，樹屋烟爐詎盡無？

KNP0525(詩-內卷5-206)

陶山梅爲冬寒所傷，歎贈金彦遇，兼示愼仲、惇叙【每句用'梅'字，效
陶淵明〈止酒〉、王介甫〈勸學〉詩體也。】[177]

與君賞梅曾有諾，及到梅香我負約。
心期獨在山中梅，溪夢夜夜探梅萼。
昨日梅社共君來，梅興索漠[178]令人哀。
八梅風烟但空枝，一梅數萼猶未開。
杖藜[179]吟梅遶百匝，冥項胡爲我梅厄？
不比君家梅得暖，梅社風多寒更虐。
我欲牋天籲梅冤，我欲作辭招梅魂。
梅冤悄結天所憐，梅魂歸來我所溫。

余聞之，將信將疑，用彦遇韻以自遣，且以示彦遇【溪上】〉으로 되어 있다.
176 翻 : 上本에는 "翻"으로 되어 있다.
177 庚午年(宣祖3, 1570년, 70세) 2월 하순 禮安에서 쓴 시로 추정된다. 이 시는
《梅花詩帖》에도 실려 있다.
178 漠 : 定本의 부전지에 "'漠'疑'寞'。"이라고 하였다.
179 杖藜 : 上本에는 "藜杖"으로 되어 있다.

向來桃李妬梅白，奢華競笑梅孤潔。

但使吾梅本根在，一閟英華梅豈缺？

何況一梅之發可動人，梅乎肯與千紅百紫爭一春？

我願朝朝走訪一梅君，西京之末只有吳門梅子眞。

KNP0526(詩-內卷5-207)
溪齋夜起，對月詠梅[180]

羣玉山頭第一仙，冰肌雪色夢娟娟。

起來月下相逢處，宛帶仙風一粲然。

KNP0527(詩-內卷5-208)
次韻彥遇見寄[181]

造化全孤秀，乾坤賦妙功。

綴冰非爍日，團雪不驚風。

幸值佳期至，那知勝賞空？

明年開滿[182]樹，來看月明中。

---

180 庚午年(宣祖3, 1570년, 70세) 3월 禮安에서 쓴 시로 추정된다. 이 시는《梅花詩帖》에도 실려 있다. "詠"이 定本에는 "咏"으로 되어 있다.

181 庚午年(宣祖3, 1570년, 70세) 3월 禮安에서 쓴 시로 추정된다. 이 시는《梅花詩帖》에도 실려 있다. "寄"는 養校에 "'寄',《目錄》作'月'."이라고 하였다.

KNP0528(詩-內卷5-209)

都下盆梅, 好事<u>金而精</u>付<u>安道</u>孫兒, 船載寄來, 喜題一絶云[183]

脫卻[184]紅塵一萬重, 來從物外伴癯翁。
不緣好事君思我, 那見年年冰雪容？

KNP0529(詩-內卷5-210)

次韻奉酬<u>安孝思</u>見寄[185]

寄詩存問又今巡, 魚目慙酬玉案頻。
絶境久疑眞洞府, 長生卽是老仙人。
病來歸臥<u>幽貞社</u>, 夢裏尋遊[186]<u>集勝</u>春。
珍重相期閒日月, 會看東海自揚塵。

---

182 滿 : 上本에는 "萬"으로 되어 있다.

183 庚午年(宣祖3, 1570년, 70세) 3월 27일 禮安에서 쓴 시로 추정된다. 이 시는 《梅花詩帖》에도 실려 있다. 《梅花詩帖》에는 〈都下梅盆, 好事<u>金</u>精付<u>安道</u>孫兒, 船載寄來, 喜題一絶云〉으로 되어 있다.

184 卻 : 樊本・上本에는 "脚"으로 되어 있다.

185 庚午年(宣祖3, 1570년, 70세) 禮安에서 쓴 시이다.

186 遊 : 定本・庚本・擬本・甲本에는 "游"로 되어 있다.

KNP0530(詩-內卷5-211)

映蓮堂[187]

全秀才<u>纉</u>求和其家亭題律，甚懇，愧久未果，今以一絶答
其意。

聞說君家占地靈，碧溪靑嶂繞園亭。
自嗟老病無由見，將和題詩卻且停。

KNP0531(詩-內卷5-212)

玉成堂[188]

<u>崑</u>珍雖是稟精英，不琢而磨器不成。
更把<u>鄒</u>書苦心訓，乾乾終日服《西銘》。

KNP0532(詩-內卷5-213)

明誠齋[189]

明誠旨訣《學》兼《庸》，<u>白鹿</u>因輪[190]兩進功。

---

187 庚午年(宣祖3，1570년，70세) 禮安에서 쓴 시이다.
188 庚午年(宣祖3，1570년，70세) 禮安에서 쓴 시이다.
189 庚午年(宣祖3，1570년，70세) 禮安에서 쓴 시이다.

萬理一原非頓悟, 眞心實體在專攻。

KNP0533(詩-內卷5-214)

采蓮精舍[191]

賞愛蓮花無極翁, 襟懷光霽月兼風。
一般意思那無寓? 通直分明在眼中。

KNP0534(詩-內卷5-215)

次韻南義仲陶山雜興[192]

曠絶天開洞, 高明地抱陽。
幽居觀物化, 同寓襲蘭香。
菊色團楓色, 山光映水光。
圖書滿四壁, 心事一何長?

---

190 因輪 : 樊本·上本의 두주에 "'因輪', 一作'云當'。"이라고 하였다.

191 庚午年(宣祖3, 1570년, 70세) 禮安에서 쓴 시이다.

192 庚午年(宣祖3, 1570년, 70세) 9월 24~28일 禮安에서 쓴 시로 추정된다. 이
시는 南致利의 《賁趾先生文集》卷1에도 실려 있다.

KNP0535(詩-內卷5-216)

寄宰姪[193]

五十年來再到人，如今遊跡又成陳。
只應鳴玉臺前水，天樂鏘鏘萬古新。

KNP0536(詩-內卷5-217~218)

范蘭溪云："百慮煩擾，至靜者自若。"崔見叔府伯以爲疑，某謂："非無此理，但'自若'二字，可疑耳。"以二絶論其旨[194]

(詩-內卷5-217)

止水如心靜爲體，動時波洶靜難尋。
縱饒不靜非無靜，浪息依然水靜深。

(詩-內卷5-218)

體隨用失如無靜，性不終亡本固存。
只說靜爲元自若，蘭溪無乃太深言？

---

193 庚午年(宣祖3，1570년，70세) 禮安에서 쓴 시이다.

194 庚午年(宣祖3，1570년，70세) 11월 10일 禮安에서 쓴 시로 추정된다.

而得寓精舍，四絕見投，今和其三[195]

(詩-內卷5-219)

常恨山居事未全，白頭歸臥尙牽纏。
勸君視我爲深戒，纔近榮途莫太前。

(詩-內卷5-220)

孔聖猶箴擇里人，曾云文會輔成仁。
老來更覺疎爲學，慚愧空還又待春。

(詩-內卷5-221)

地中雷起見天心，三字符言當誨箴。
有鏡不磨空自歎[196]，直愁終未免塵侵。

---

195 庚午年(宣祖3，1570년，70세) 11월 15일경 禮安에서 쓴 시로 추정된다.
196 歎 ： 定本·庚本·擬本·樊本에는 "嘆"으로 되어 있다.

校勘標點 **退溪全書** 1

2024년 7월 31일 초판 1쇄 펴냄

지은이 이황
펴낸이 김흥국
펴낸곳 보고사

등록 1990년 12월 13일 제6-0429호
주소 경기도 파주시 회동길 337-15
전화 031-955-9797
팩스 02-922-6990
메일 bogosabooks@naver.com
http://www.bogosabooks.co.kr

ISBN 979-11-6587-752-1 94150
       979-11-6587-751-4 (세트)

정가 35,000원